독학사

3단계
국어국문학과

국어음운론

SD에듀
(주)시대고시기획

머리말

학위를 얻는 데 시간과 장소는 더 이상 제약이 되지 않습니다. 대입 전형을 거치지 않아도 '학점은행제'를 통해 학사학위를 취득할 수 있기 때문입니다. 그중 독학학위제도는 고등학교 졸업자이거나 이와 동등 이상의 학력을 가지고 있는 사람들에게 효율적인 학점 인정 및 학사학위 취득의 기회를 줍니다.

학습을 통한 개인의 자아실현 도구이자 자신의 실력을 인정받을 수 있는 스펙으로서의 독학사는 짧은 기간 안에 학사학위를 취득할 수 있는 가장 빠른 지름길로 많은 수험생들의 선택을 받고 있습니다.

독학학위취득시험은 1단계 교양과정 인정시험, 2단계 전공기초과정 인정시험, 3단계 전공심화과정 인정시험, 4단계 학위취득 종합시험의 1~4단계 시험으로 이루어집니다. 4단계까지의 과정을 통과한 자에 한해 학사학위 취득이 가능하고, 이는 대학에서 취득한 학위와 동등한 지위를 갖습니다.

이 책은 독학사 시험에 응시하는 수험생들이 단기간에 효과적인 학습을 할 수 있도록 다음과 같이 구성하였습니다.

01 **단원 개요**
핵심이론을 학습하기에 앞서 각 단원에서 파악해야 할 중점과 학습목표를 정리하여 수록하였습니다.

02 **핵심이론**
2023년 시험부터 적용되는 개정 평가영역을 철저히 반영하였으며, 시험에 꼭 출제되는 내용을 '핵심이론'으로 선별하여 수록하였습니다.

03 **실전예상문제**
해당 출제영역에 맞는 핵심포인트를 분석하여 구성한 '실전예상문제'를 수록하였습니다.

04 **최종모의고사**
최신출제유형을 반영한 '최종모의고사(2회분)'를 통해 자신의 실력을 점검해 볼 수 있으며, 실제 시험에 임하듯이 시간을 재고 풀어본다면 시험장에서의 실수를 줄일 수 있을 것입니다.

국어음운론은 음운론의 기초적인 개념과 핵심 영역을 살펴보는 과목입니다. 명쾌한 표현 정리와 설명, 실증적 예시를 통해 보다 쉽게 국어음운론에 접근할 수 있도록 하였습니다. 또한 이론을 서술할 때 객관성, 중립성을 지키려 노력하였으며, 이를 통해 일반음운론의 보편성과 국어음운론의 특수성을 전체적으로 파악하고 이해할 수 있도록 하였습니다. 수험생 여러분의 건승을 기원합니다.

저자 드림

BDES

독학학위제 소개

독학학위제란?

「독학에 의한 학위취득에 관한 법률」에 의거하여 국가에서 시행하는 시험에 합격한 사람에게 학사학위를 수여하는 제도

- ✓ 고등학교 졸업 이상의 학력을 가진 사람이면 누구나 응시 가능
- ✓ 대학교를 다니지 않아도 스스로 공부해서 학위취득 가능
- ✓ 일과 학습의 병행이 가능하여 시간과 비용 최소화
- ✓ 언제, 어디서나 학습이 가능한 평생학습시대의 자아실현을 위한 제도
- ✓ 학위취득시험은 4개의 과정(교양, 전공기초, 전공심화, 학위취득 종합시험)으로 이루어져 있으며 각 과정별 시험을 모두 거쳐 학위취득 종합시험에 합격하면 학사학위 취득

독학학위제 전공 분야 (11개 전공)

국어
국문학

영어
영문학

심리학

경영학

컴퓨터
공학

간호학

법학

행정학

가정학

유아
교육학

정보
통신학

※ 유아교육학 및 정보통신학 전공 : 3, 4과정만 개설
　(정보통신학의 경우 3과정은 2025년까지, 4과정은 2026년까지만 응시 가능하며, 이후 폐지)
※ 간호학 전공 : 4과정만 개설
※ 중어중문학, 수학, 농학 전공 : 폐지 전공으로 기존에 해당 전공 학적 보유자에 한하여 응시 가능

※ SD에듀는 현재 4개 학과(심리학과, 경영학과, 컴퓨터공학과, 간호학과) 개설 완료
※ 2개 학과(국어국문학과, 영어영문학과) 개설 진행 중

독학학위제 시험안내

과정별 응시자격

단계	과정	응시자격	과정(과목) 시험 면제 요건
1	교양		• 대학(교)에서 각 학년 수료 및 일정 학점 취득
2	전공기초	고등학교 졸업 이상 학력 소지자	• 학점은행제 일정 학점 인정 • 국가기술자격법에 따른 자격 취득
3	전공심화		• 교육부령에 따른 각종 시험 합격 • 면제지정기관 이수 등
4	학위취득	• 1~3과정 합격 및 면제 • 대학에서 동일 전공으로 3년 이상 수료 (3년제의 경우 졸업) 또는 105학점 이상 취득 • 학점은행제 동일 전공 105학점 이상 인정 (전공 28학점 포함) ➜ 22.1.1. 시행 • 외국에서 15년 이상의 학교교육과정 수료	없음(반드시 응시)

응시방법 및 응시료

• 접수방법 : 온라인으로만 가능
• 제출서류 : 응시자격 증빙서류 등 자세한 내용은 홈페이지 참조
• 응시료 : 20,400원

독학학위제 시험 범위

• 시험 과목별 평가영역 범위에서 대학 전공자에게 요구되는 수준으로 출제
• 시험 범위 및 예시문항은 독학학위제 홈페이지(bdes.nile.or.kr) ➜ 학습정보 ➜ 과목별 평가영역에서 확인

문항 수 및 배점

과정	일반 과목			예외 과목		
	객관식	주관식	합계	객관식	주관식	합계
교양, 전공기초 (1~2과정)	40문항×2.5점 =100점	–	40문항 100점	25문항×4점 =100점	–	25문항 100점
전공심화, 학위취득 (3~4과정)	24문항×2.5점 =60점	4문항×10점 =40점	28문항 100점	15문항×4점 =60점	5문항×8점 =40점	20문항 100점

※ 2017년도부터 교양과정 인정시험 및 전공기초과정 인정시험은 객관식 문항으로만 출제

합격 기준

■ 1~3과정(교양, 전공기초, 전공심화) 시험

단계	과정	합격 기준	유의 사항
1	교양	매 과목 60점 이상 득점을 합격으로 하고, 과목 합격 인정(합격 여부만 결정)	5과목 합격
2	전공기초		6과목 이상 합격
3	전공심화		

■ 4과정(학위취득) 시험 : 총점 합격제 또는 과목별 합격제 선택

구분	합격 기준	유의 사항
총점 합격제	• 총점(600점)의 60% 이상 득점(360점) • 과목 낙제 없음	• 6과목 모두 신규 응시 • 기존 합격 과목 불인정
과목별 합격제	• 매 과목 100점 만점으로 하여 전 과목 (교양 2, 전공 4) 60점 이상 득점	• 기존 합격 과목 재응시 불가 • 1과목이라도 60점 미만 득점하면 불합격

시험 일정

■ 국어국문학과 3단계 시험 과목 및 시간표

구분(교시별)	시간	시험 과목명
1교시	09:00~10:40(100분)	국어음운론, 한국문학사
2교시	11:10~12:50(100분)	문학비평론, 국어정서법
중식 12:50~13:40(50분)		
3교시	14:00~15:40(100분)	구비문학론, 국어의미론
4교시	16:10~17:50(100분)	한국한문학, 고전시가론

※ 시험 일정 및 세부사항은 반드시 독학학위제 홈페이지(bdes.nile.or.kr)를 통해 확인하시기 바랍니다.

※ SD에듀에서 개설되었거나 개설 예정인 과목은 빨간색으로 표시하였습니다.

독학학위제 과정

1단계
교양과정 01

대학의 교양과정을 이수한
사람이 일반적으로 갖추어야 할
학력 수준 평가

02 **2단계**
전공기초

각 전공영역의 학문을 연구하기
위하여 각 학문 계열에서 공통적으로
필요한 지식과 기술 평가

3단계
전공심화 03

각 전공영역에서의 보다
심화된 전문지식과 기술 평가

04 **4단계**
학위취득

학위를 취득한 사람이
일반적으로 갖추어야 할 소양 및
전문지식과 기술을 종합적으로 평가

DIRECTION
독학학위제 출제방향

국가평생교육진흥원에서 고시한 과목별 평가영역에 준거하여 출제하되, 특정한 영역이나 분야가 지나치게 중시되거나 경시되지 않도록 한다.

교양과정 인정시험 및 전공기초과정 인정시험의 시험방법은 객관식(4지택1형)으로 한다.

단편적 지식의 암기로 풀 수 있는 문항의 출제는 지양하고, 이해력 · 적용력 · 분석력 등 폭넓고 고차원적인 능력을 측정하는 문항을 위주로 한다.

독학자들의 취업 비율이 높은 점을 감안하여, 과목의 특성상 가능한 경우에는 학문적이고 이론적인 문항 뿐만 아니라 실무적인 문항도 출제한다.

교양과정 인정시험(1과정)은 대학 교양교재에서 공통적으로 다루고 있는 기본적이고 핵심적인 내용을 출제 하되, 교양과정 범위를 넘는 전문적이거나 지엽적인 내용의 출제는 지양한다.

이설(異說)이 많은 내용의 출제는 지양하고 보편적이고 정설화된 내용에 근거하여 출제하며, 그럴 수 없는 경우에는 해당 학자의 성명이나 학파를 명시한다.

전공기초과정 인정시험(2과정)은 각 전공영역의 학문을 연구하기 위하여 각 학문 계열에서 공통적으로 필요한 지식과 기술을 평가한다.

전공심화과정 인정시험(3과정)은 각 전공영역에 관하여 보다 심화된 전문적인 지식과 기술을 평가한다.

학위취득 종합시험(4과정)은 시험의 최종 과정으로서 학위를 취득한 자가 일반적으로 갖추어야 할 소양 및 전문지식과 기술을 종합적으로 평가한다.

전공심화과정 인정시험 및 학위취득 종합시험의 시험방법은 객관식(4지택1형)과 주관식(80자 내외의 서술형)으로 하되, 과목의 특성에 따라 다소 융통성 있게 출제한다.

독학학위제 단계별 학습법

1 단계 평가영역에 기반을 둔 이론 공부!

독학학위제에서 발표한 평가영역에 기반을 두어 효율적으로 이론을 공부해야 합니다. 각 장별로 정리된 '핵심이론'을 통해 핵심적인 개념을 파악합니다. 모든 내용을 다 암기하는 것이 아니라, 포괄적으로 이해한 후 핵심내용을 파악하여 이 부분을 확실히 알고 넘어가야 합니다.

2 단계 시험 경향 및 문제 유형 파악!

독학사 시험 문제는 지금까지 출제된 유형에서 크게 벗어나지 않는 범위에서 비슷한 유형으로 줄곧 출제되고 있습니다. 본서에 수록된 이론을 충실히 학습한 후 '실전예상문제'를 풀어 보면서 문제의 유형과 출제의도를 파악하는 데 집중하도록 합니다. 교재에 수록된 문제는 시험 유형의 가장 핵심적인 부분이 반영된 문항들이므로 실제 시험에서 어떠한 유형이 출제되는지에 대한 감을 잡을 수 있을 것입니다.

3 단계 '실전예상문제'를 통한 효과적인 대비!

독학사 시험 문제는 비슷한 유형들이 반복되어 출제되므로, 다양한 문제를 풀어 보는 것이 필수적입니다. 각 단원의 끝에 수록된 '실전예상문제'를 통해 단원별 내용을 제대로 학습하였는지 꼼꼼하게 확인하고, 실력을 점검합니다. 이때 부족한 부분은 따로 체크해 두고, 복습할 때 중점적으로 공부하는 것도 좋은 학습 전략입니다.

4 단계 복습을 통한 학습 마무리!

이론 공부를 하면서, 혹은 문제를 풀어 보면서 헷갈리고 이해하기 어려운 부분은 따로 체크해 두는 것이 좋습니다. 중요 개념은 반복학습을 통해 놓치지 않고 확실하게 익히고 넘어가야 합니다. 마무리 단계에서는 '최종모의고사'를 통해 실전연습을 할 수 있도록 합니다.

COMMENT

합격수기

저는 학사편입 제도를 이용하기 위해 2~4단계를 순차로 응시했고 한 번에 합격했습니다.
아슬아슬한 점수라서 부끄럽지만 독학사는 자료가 부족해서 부족하나마 후기를 쓰는 것이 도움이 될까 하여
제 합격전략을 정리하여 알려드립니다.

#1. 교재와 전공서적을 가까이에!

학사학위 취득은 본래 4년을 기본으로 합니다. 독학사는 이를 1년으로 단축하는 것을 목표로 하는 시험이
라 실제 시험도 변별력을 높이는 몇 문제를 제외한다면 기본이 되는 중요한 이론 위주로 출제됩니다. SD
에듀의 독학사 시리즈 역시 이에 맞추어 중요한 내용이 일목요연하게 압축ㆍ정리되어 있습니다. 빠르게
훑어보기 좋지만 내가 목표로 한 전공에 대해 자세히 알고 싶다면 전공서적과 함께 공부하는 것이 좋습니
다. 교재와 전공서적을 함께 보면서 교재에 전공서적 내용을 정리하여 단권화하면 시험이 임박했을 때 교
재 한 권으로도 자신 있게 시험을 치를 수 있습니다.

#2. 시간확인은 필수!

쉬운 문제는 금방 넘어가지만 지문이 길거나 어렵고 헷갈리는 문제도 있고, OMR 카드에 마킹까지 해야
하니 실제로 주어진 시간은 더 짧습니다. 1번에 어려운 문제가 있다고 해서 시간을 많이 허비하면 쉽게 풀
수 있는 마지막 문제들을 놓칠 수 있습니다. 문제 푸는 속도도 느려지니 집중력도 떨어집니다. 그래서 어
차피 배점은 같으니 아는 문제를 최대한 많이 맞히는 것을 목표로 했습니다.
① 어려운 문제는 빠르게 넘기면서 문제를 끝까지 다 풀고 ② 확실한 답부터 우선 마킹한 후 ③ 다시 시험
지로 돌아가 건너뛴 문제들을 다시 풀었습니다. 확실히 시간을 재고 문제를 많이 풀어 봐야 실전에 도움이
되는 것 같습니다.

#3. 문제풀이의 반복!

여느 시험과 마찬가지로 문제는 많이 풀어 볼수록 좋습니다. 이론을 공부한 후 실전예상문제를 풀다 보니
부족한 부분이 어딘지 확인할 수 있었고, 공부한 이론이 시험에 어떤 식으로 출제될지 예상할 수 있었습니
다. 그렇게 부족한 부분을 보충해가며 문제 유형을 파악하면 이론을 복습할 때도 어떤 부분을 중점적으로
암기해야 할지 알 수 있습니다. 이론 공부가 어느 정도 마무리되었을 때 시계를 준비하고 최종모의고사를
풀었습니다. 실제 시험시간을 생각하면서 예행연습을 하니 시험 당일에는 덜 긴장할 수 있었습니다.

학위취득을 위해 오늘도 열심히 학습하시는 동지 여러분에게도 합격의 영광이 있으시길 기원하면서 이만 줄입니다.

이 책의 구성과 특징

| 단원 개요 |

음운론은 국어음운론의 기본이 되는 언어학의 하위 학문분야이
되어 의미를 전달하는 기능을 하는 음소 혹은 음운을 중심으로
바로 국어음운론이다. 음성학(phonetics)은 객관적 소리 자체
청자의 귀에 전달되어 소리로 인식되기까지의 과정 등을 연구

| 출제 경향 및 수험 대책 |

음운론과 음성학의 개념과 차이점, 음소와 운소, 음절, 한국어

01 단원 개요

핵심이론을 학습하기에 앞서 각 단원에
서 파악해야 할 중점과 학습목표를 정리
하여 수록하였습니다.

제 **1** 장 | **음운론**

제1절 음운론의 개념

1 언어의 특징

'언어는 인간만이 가지고 있는 것인가'라는 의문을 가질 수 있다. 동물행동학자들은 동물도 언어를 가지고 있다고
하는데, 그 예로 침팬지나 그 외의 유인원들은 인간이 하는 말을 알아듣고 거기에 대해 합당한 반응을 보인다고
한다. 이는 침팬지나 다른 유인원뿐만 아니라 개나 고양이, 그리고 다른 동물들에서도 목격할 수 있는 현상이
기도 하다. 동물행동학자들의 시각에서 보면 동물도 언어를 가지고 있다고 주장할 수 있을 것이다.
하지만 침팬지나 그 밖의 유인원, 그리고 다른 동물들에게 사람들의 말하는 부분을 익히게 하는 노력은 실패로
돌아갔다. 해부학적으로 인간의 성대 및 조음 기관과 같은 구조를 가진 동물이 없기 때문이다. 따라서 말을 하는
능력은 인간만이 가지고 있는 고유한 영역이다.

동물의 의사소통과 크게 차이가 나는 인간 언어의 특징은 '창조성'에 기반하고 있다는 것이다. 이 외에도 인간이
가지고 있는 고유한 언어는 '규칙 지배성', '자의성(恣意性)', '추상성', '사회성' 등의 특징들을 가지고 있는데,
이런 특징들이 인간의 언어를 더욱 언어답게 만들어 준다고 할 수 있다.

(1) 창조성

창조성이라는 말은 언중들이 이전에는 말하거나 들어보지 않았던 새로운 문장과 표현들을 말하고 이해할 수
있는 능력을 가리킨다. 동물들의 의사소통 도구인 꿀벌의 8자 춤, 새의 울음소리, 늑대의 울음소리 등은 유한
적이지만, '창조성'에 기반한 인간의 언어는 유한한 어휘로 무한한 문장을 만들어 냄으로써 다양하고 세밀한
화자의 의사를 청자에게 전달할 수 있는 것이다.

다음 예시 문장은 필자가 직접 만든 문장이다. 해당 문장의 내용은 현실 세계에서는 좀처럼 일어나기 힘든
것이지만 이 문장을 만들어 낸 필자나 이 문장을 읽는 독자나 서로 이 문장이 그리고 있는 내용을 전달하고
이해하는 데에 아무 문제가 없다. 이것이 언어의 창조성이라는 특성 덕분이다.

철스 아버지의 등에 업혀 있는 외계인의 머리 색깔은 빨주노초파남보 일곱 빛깔의 무지갯빛인데 그것을

02 핵심이론

독학사 시험의 출제경향에 맞춰 시행처
의 평가영역을 바탕으로 '핵심이론'을
정리하여 수록하였습니다.

03 실전예상문제

학습자가 해당 교과정에서 반드시 알아야 할 내용을 문제로 정리하였습니다. '실전예상문제'를 통해 객관식 · 주관식 문제를 충분히 연습할 수 있도록 구성하였습니다.

제 1 편   실전예상문제

제1장   음운론

01 다음 중 음운론의 연구 대상이 <u>아닌</u> 것은?

① 음절 구조
② 모음 체계
③ 음운 규칙
④ 문장 순서 제약

01 음운론의 연구 대상은 음절 구조, 자음 체계, 모음 체계, 음소배열론, 변별적 자질, 음운 현상, 음운 규칙과 제약 등이다.

02 다음 중 운소에 해당하지 <u>않는</u> 것은?

① 말소리의 길이
② 말소리의 세기
③ 자음
④ 말소리의 높낮이

02 음운은 음소와 운소(prosodeme)가 합쳐진 말이다. 운소는 음소 또는 음절(음운, syllable)에 얹혀 기능하는 소리의 '길이 · 세기 · 높낮이' 등이다. 음운론적으로 기능하는 경우에는 운율적 언어단위를 말한다.

03 다음 설명 중에서 옳지 <u>않은</u> 것은?

03 한국어의 음절 구조는 (C)V(C)이다.

---

04 최종모의고사

실전감각을 기르고 최종점검을 할 수 있도록 '최종모의고사(총 2회분)'를 수록하였습니다.

제1회   최종모의고사 | 국어음운론

제한시간: 50분 | 시작 ___시 ___분 ~ 종료 ___시 ___분

⊟ 정답 및 해설 257p

01 혀의 뒷부분이 연구개를 완전히 막았다가 파열이 되면서 기류가 구강을 통해서 나오는 소리들만 옳게 고른 것은?

① /ㅇ/
② /ㄱ, ㅇ/
③ /ㄱ, ㅋ, ㄲ/
④ /ㄱ, ㅋ, ㄲ, ㅇ/

02 다음 설명 중 옳지 <u>않은</u> 것은 무엇인가?

① 일반적으로 자음과 모음 각각을 음소라고 한다.
② 음운은 음소와 운소가 합쳐진 말이다.
③ 운소는 음소나 음절에 얹혀서만 기능하는 초분절적 요소이다.
④ 음운은 음절과 동일한 뜻으로 쓰인다.

CONTENTS
목차

제 1 편

음운론과 음성학

| 단원 개요 |

음운론은 국어음운론의 기본이 되는 언어학의 하위 학문분야이다. 음운론(phonology)은 한 언어 내에서 다른 말소리와 의미가 구별되어 의미를 전달하는 기능을 하는 음소 혹은 음운을 중심으로 말소리를 연구하는 분야이다. 그중 한국어를 대상으로 하는 음운론이 바로 국어음운론이다. 음성학(phonetics)은 객관적 소리 자체인 음성을 소리 내는 방법, 위치, 음성 자체의 음향적 성질, 말소리가 청자의 귀에 전달되어 소리로 인식되기까지의 과정 등을 연구한다.

| 출제 경향 및 수험 대책 |

음운론과 음성학의 개념과 차이점, 음소와 운소, 음절, 한국어의 자음 및 모음 체계 등 단원 내용에 대한 전반적 이해가 요구된다.

제 1 장 | 음운론

제1절 음운론의 개념

1 언어의 특징

'언어는 인간만이 가지고 있는 것인가'라는 의문을 가질 수 있다. 동물행동학자들은 동물도 언어를 가지고 있다고 하는데, 그 예로 침팬지나 그 외의 유인원들은 인간이 하는 말을 알아듣고 거기에 대해 합당한 반응을 보인다고 한다. 이는 침팬지나 다른 유인원뿐만 아니라 개나 고양이, 그리고 다른 동물들에게서도 목격할 수 있는 현상이기도 하다. 동물행동학자들의 시각에서 보면 동물도 언어를 가지고 있다고 주장할 수 있을 것이다.

하지만 침팬지나 그 밖의 유인원, 그리고 다른 동물들에게 사람들의 말하는 부분을 익히게 하려는 노력은 실패로 돌아갔다. 해부학적으로 인간의 성대 및 조음 기관과 같은 구조를 가진 동물이 없기 때문이다. 따라서 말을 하는 능력은 인간만이 가지고 있는 고유한 영역이다.

동물의 의사소통과 크게 차이가 나는 인간 언어의 특징은 '창조성'에 기반하고 있다는 것이다. 이 외에도 인간이 가지고 있는 고유한 언어는 '규칙 지배성', '자의성(恣意性)', '추상성', '사회성' 등의 특징들을 가지고 있는데, 이런 특징들이 인간의 언어를 더욱 언어답게 만들어 준다고 할 수 있다.

(1) 창조성

창조성이라는 말은 언중들이 이전에는 말하거나 들어보지 않았던 새로운 문장과 표현들을 말하고 이해할 수 있는 능력을 가리킨다. 동물들의 의사소통 도구인 꿀벌의 8자 춤, 새의 울음소리, 늑대의 울음소리 등은 유한 적이지만, '창조성'에 기반한 인간의 언어는 유한한 어휘로 무한한 문장을 만들어 냄으로써 다양하고 세밀한 화자의 의사를 청자에게 전달할 수 있는 것이다.

다음 예시 문장은 필자가 직접 만든 문장이다. 해당 문장의 내용은 현실 세계에서는 좀처럼 일어나기 힘든 것이지만 이 문장을 만들어 낸 필자나 이 문장을 읽는 독자나 서로 이 문장이 그리고 있는 내용을 전달하고 이해하는 데에 아무 문제가 없다. 이것이 언어의 창조성이라는 특성 덕분이다.

> 찰스 아버지의 등에 업혀 있는 외계인의 머리 색깔은 빨주노초파남보 일곱 빛깔의 무지갯빛인데 그것을 보고 있는 아이들은 눈이 부셔 눈을 감아버렸다.

(2) 규칙 지배성

한국어를 모어(mother tongue)로 쓰는 화자라면 다음에 제시된 두 예문 (가)와 (나) 중 어느 것이 자연스럽고 올바른 표현인지를 판단하는 데 아무 문제가 없을 것이다. 그러면 한국어를 쓰는 화자는 어떻게 예문 (가)가 잘못되었다는 것을 알 수 있었을까? 이는 한국어의 문법 규칙을 어겼기 때문이다. 예문 (가)는 '수정과와'와 '떡을'이 붙어 있지 않고 떨어져 있으며, 주어와 동사도 원래 있어야 할 위치에 있지 않다. (가)가 잘못된 문장이라는 것을 언중이 아는 이유는 바로 언어가 가지는 규칙을 언중들이 인지하고 판단하기 때문이다. 이처럼 언중은 언어 규칙에 따라 언어를 사용한다.

> (가) 수정과와 먹었다 철수는 떡을.
> (나) 철수는 수정과와 떡을 먹었다.

(3) 자의성

'자의성(恣意性)'이라는 말은 언어에서 소리(형식)와 의미(내용)의 관계가 필연적이지 않음을 나타내는 특성이다. 언어는 당연히 소리와 의미가 결합되었기 때문에 우리가 언어를 쓰면서 서로 마음과 의견을 나타내고 청자와 화자 간에 의사소통을 하는 것이라고 생각할 수 있다. 하지만 언어가 자의적 특징을 가지고 있음을 나타내는 예는 수도 없이 많다. 해방 이후 계속 써오던 '국민학교'라는 말이 1995년 김영삼 정부 시절 '초등학교'라는 말로 바뀌었고, 이 이후에 '초등학교'로 잘 정착되어 쓰이고 있는 것이 소리와 의미가 필연적으로 연결되어 있지 않다는 것을 보여준다. 또한, 15세기에는 '불휘'로 쓰였던 단어가 현재는 '뿌리'로 바뀌어 쓰이는 것도 소리와 의미가 필연적인 관계에 있지 않음을 보여주는 또 다른 예이다.

(4) 추상성

언어는 자세한 상황이나 사실을 묘사하는 것에 약한 측면이 있다. 작문 시간에 선생님께서 '다보탑'의 사진을 보여주시면서 사진을 보고 다보탑을 아주 세밀한 부분까지 자세하게 묘사하는 글을 써보라고 하거나, 전날 밤 9시부터 자정까지 학생들이 하거나 그들에게 일어난 일을 10분 단위로 끊어 자세하게 글로 써 보라는 과제를 준다면 대부분의 학생들은 당황할 것이다. 이것은 언어가 추상성이라는 특성을 가지고 있기 때문이다. 언어는 어떤 사물이나 사건을 사진을 찍듯이 자세하게 묘사하는 데에는 약하다. 그래서 '묘사문'을 쓰기가 어려운 것이다.

하지만 추상성이 이렇게 부정적으로만 나타나는 것은 아니다. 우리는 '사랑, 기쁨, 슬픔, 보람, 환희, 비애' 등의 추상적 단어를 아무 부담 없이 사용한다. 그리고 이런 단어를 쓰는 화자, 듣는 청자 모두 서로를 이해시키고 이해하는 데 아무 문제가 없다. 이처럼 '추상적'인 내용에 대해서는 '추상성'이라는 특징이 강점으로 나타난다.

(5) 사회성

언어의 두 축인 소리와 의미의 관계가 사회적으로 결정된 후에는 개인이 마음대로 바꿀 수 없는 특성을 언어의 사회성이라고 한다. 우리는 '자의성'을 공부하면서 소리와 의미의 관계는 필연적이지 않고 자의적이라는 것을 알게 되었다. 하지만 '사회성'이라는 또 다른 언어의 특성 때문에 개인이 마음대로 소리와 의미의 관계를 변경하면서 말을 하고 글을 쓸 수 없는 것이다.

예를 들어 어떤 이가 상대방의 눈을 가리키면서 '네 입은 왜 이리 작으니?'라고 한다면 그 말을 듣는 이는 많이 의아해할 것이다. 분명히 상대방이 자신의 '눈'을 가리키면서 '입'을 작다고 하니 그럴 수밖에 없다. 이는 사회적으로 모두 따르기로 한 '얼굴에서 시각을 담당하는 기관 = 눈'이라는 관계를 화자가 어겼기 때문이다.

[참고]

FOXP2 유전자

본문에서 언급한 인간과 동물의 성대 및 조음 기관과 관련한 해부학적 차이 이외에 인간이 인간만의 고유한 언어를 가지고 있는 또 하나의 이유는 인간의 유전자와 동물의 유전자의 차이에서 찾을 수 있다. 2001년에 옥스퍼드 대학의 과학자들이 'FOXP2'라는 유전자가 인간의 언어와 관련이 있음을 발견하고, 일 년 후에는 독일 막스플랑크 연구소의 과학자들이 침팬지와 인간이 'FOXP2' 유전자에서 차이를 보임을 알아냄으로써 인간이 왜 인간만의 언어를 가지고 있는지에 대한 유전학적 설명의 길을 열어 놓았다.[1]

세계 언어의 형태적 유형론과 한국어의 유형

세계 언어를 형태 유형론적으로 분류할 때에는 크게 4가지의 언어 유형으로 분류하는데, 고립어(孤立語), 교착어(膠着語), 굴절어(屈折語), 포합어(抱合語)가 그것이다. 고립어는 어형 변화나 접사 따위가 없고, 그 실현 위치에 의하여 단어가 문장 속에서 가지는 여러 가지 관계가 결정되는 언어로 중국어, 타이어, 베트남어 등이 있다. 교착어는 실질적인 의미를 가진 단어(형태소) 또는 어간에 문법적인 기능을 가진 요소(접사 또는 어미)가 차례로 결합함으로써 문장 속에서의 문법적인 역할이나 관계의 차이를 나타내는 언어로, 굴절어의 경우와는 달리 어간에서의 어형 교체가 전혀 일어나지 않는 특징이 있다. 한국어, 튀르키예어, 일본어 등이 여기에 포함되는데, 최근에는 교착어라는 용어 대신 첨가어(添加語)라는 용어를 쓰기도 한다.

굴절어는 어형과 어미의 변화로써 단어가 문장 속에서 가지는 여러 가지 관계를 나타내는 언어를 이르는데, 라틴어가 대표적인 언어이고 영어도 이 유형에 속한다. 포합어는 동사를 중심으로 앞뒤에 인칭 접사나 목적을 나타내는 어사를 결합하거나 삽입하여 한 단어로써 한 문장과 같은 의미와 형식을 가지게 되는 언어이다. 에스키모어, 아이누어, 아메리카 원주민의 언어 등이 여기에 속한다.

---

1) 강범모, 『언어: 풀어쓴 언어학 개론』(개정판 3판), 한국문화사, 2010.

2 음운론이란 중요

언어는 기본적으로 소리와 의미의 결합이라고 할 수 있다. 말소리도 언어의 한 부분이기 때문에 두 가지 측면을 가지는데, 그중 한 가지는 말소리 자체의 기제이다. 언어에 사용되는 객관적 소리 자체인 음성을 소리 내는 방법, 위치, 음성 자체의 음향적 성질, 말소리가 청자의 귀에 전달되어 소리로 인식되기까지의 과정 등을 연구하는 **음성학**(phonetics)이 이를 중심 주제로 삼는 연구 분야이다. 이 음성학에 대한 내용은 해당 편의 제2장에서 자세히 다룰 예정이다.

다른 한 가지는 **음운론**(phonology)이다. 어떤 언어 체계 내에서 한 소리가 다른 소리와 구별되면서 의미를 전달하는 기능을 하게 되는데, 언어 사용자는 이 수준에서 말소리를 구분하고 그 소리가 속해 있는 단어의 의미를 구별하여 듣게 된다. 이와 같이 언어 사용자의 지식으로서 다른 소리와 구별되는 소리 혹은 언어 체계 내에서 기능을 갖는 소리를 **음소** 혹은 **음운**이라고 한다. 이 음소 혹은 음운을 중심으로 말소리를 연구하는 분야가 바로 음운론인 것이다.

> **더 알아두기**
>
> **음소와 운소**
>
> 언중들이 일반적으로 말하는 자음과 모음 각각을 음소(音素, phoneme)라고 할 수 있다. 따라서 과거에는 현재 음운론이라고 하는 이 부분의 학문명을 음소론이라고 하기도 했다. 그렇다면 음운은 무엇일까? 음운은 원래 음소와 운소(韻素, prosodeme)가 합쳐진 말이다. 운소는 음소 또는 음절(音節, syllable)에 얹혀 기능하는, 소리의 '길이·세기·높낮이' 등이 음운론적으로 기능하는 경우의 운율적 언어단위를 말한다. 운소는 음소나 음절에 얹혀서만 기능하는 초분절적 요소인데, 음운론에서 이 부분도 다루기 때문에 음소와 운소를 합쳐 음운이라고 지칭하게 되었다. 그런데 이 음운이라는 단어가 때에 따라서는 음소와 동일한 뜻으로 쓰이기도 하면서 현재는 음운을 음소와 동일한 의미로 받아들이게 된 것이다.

제2절 음운론 연구의 대상과 범위

음소와 운소, 그리고 음소가 모여 구성하는 **음절 구조**가 음운론에서 기본적으로 연구되는 세부 연구 대상이다. 또 각각의 언어에서 쓰이는 자음들과 모음들이 모여 각각 **자음 체계, 모음 체계**를 이루게 되는데, 이 자음 체계와 모음 체계도 음운론에서 다루는 부분이다.

한국어의 경우 자음과 모음이 모여 한 글자를 이루는 것을 **음절**이라고 한다. 한국어의 음절 구조는 (C)V(C)이다. 여기서 C는 자음, V는 모음을 의미하고 '( )'는 없어도 됨을 의미한다. 이는 초성, 중성, 종성 중 초성과 종성 없이 중성만 가지고도 음절을 이룰 수 있다는 의미이다. '아이', '우유'에서 '아', '이', '우', '유'의 초성은 'ㅇ'으로, 초성 자리에 온 'ㅇ'은 음가가 없는(zero sound) 경우이기 때문에 이들은 중성만 가지고 음절을 이루는 예에 해당한다.

영어의 경우에는 (CCC)V(CCCC)의 음절 구조를 가지고 있는데, 이때 초성에 오는 세 개의 자음군의 경우 아무 자음이나 자음 세 개가 연달아 올 수 있는 것이 아니고 첫 자음은 /s/, 두 번째 자음은 /p/, /t/, /k/ 중 한 개의 자음, 세 번째 자음은 /l/, /r/ 중 한 개의 자음이 와야 한다는 규칙이 있다. 이처럼 한 음절 내에 자음군이나 모음군이 오는 경우 어떤 소리들이 와야 하는지에 대해 연구하는 부분을 **음소배열론**(phonotactics)이라고 하는데, 이 부분도 음운론에서 연구 대상으로 하는 부분이다.

음소들은 각각의 소리들을 구성하는 음성적 또는 음운적 특징들을 가지고 있는데, 이러한 음성적 특징들을 **자질**(feature)이라고 한다. 각각의 소리들은 다른 소리들과 구별되는 특징을 가지고 있는데, 이를 '변별적'이라고 한다. 이렇게 소리들이 서로 구별되는 것은 각 소리의 특징이 다른 데서 기인하기 때문에 자질들을 일반적으로 '**변별적 자질**(distinctive feature)'이라고 하며, 이 변별적 자질도 음운론에서 연구 대상으로 하는 부분이다.

어느 언어든지 자음과 모음이 어우러져 음절을 구성하고 음절이 모여 단어(형태소)를 만든다. 자음과 모음이 앞뒤로 올 때에는 자음과 모음의 음가가 원래의 음가대로 나오는 경우도 있고, 자음이나 모음의 음가가 앞뒤에 오는 자음이나 모음의 영향으로 바뀌는 경우도 있다. 이런 현상을 '**음운 현상**'이라 하고, 이런 음운 현상이 일어나는 규칙을 '**음운 규칙**'이라고 한다. 음운 현상과 음운 규칙도 음운론의 연구 대상이다.

최근에는 이런 음운 규칙들이 왜 일어나는지에 대한 원인까지도 설명하고 있는데 이 원인은 '제약'이라는 개념으로 설명된다. A라는 '제약'을 어기지 않기 위해 B라는 음운 규칙이 적용되어 그 제약이 발생하지 않게 한다는 것이다. 예를 들어 "/ㄷ/, /ㄸ/, /ㅌ/은 '/i/'나 '/j/' 앞에 올 수 없다."는 제약을 어기지 않기 위해 구개음화 규칙이 적용되어 '같이 → [가티] → [가치]'와 같은 음운 현상이 나타나게 된다. 이 '**제약**'도 음운론에서 연구 대상으로 포함하고 있다.

제 2 장 | 음성학

제1절 음성 기관과 음성의 산출 과정

음성 기관은 사람이 말소리를 내는 것에 관여하는 기관이라 할 수 있다. 음성 기관은 크게 발동부(발동 기관), 발성부(발성 기관), 조음부(발음부, 발음 기관)로 나눌 수 있다. 차례대로 다음과 같이 설명할 수 있다.

1 발동부 중요

대부분의 일이 그렇듯이 어떤 일의 결과물이 산출되려면 그 일을 추진하는 추진력이 필요한데, 발성도 이와 비슷하다. 일단 말소리가 생성되기 위해서는 소리를 내기 위한 추진력이 필요하다. 이 일을 하는 곳이 바로 발동부이다. 좀 더 자세히 언급하자면 우리가 말소리를 내기 위한 힘의 원천이 되는 기관, 즉 폐장(허파)이 이 역할을 하는 것이다. 폐장에서 나가는 날숨은 에너지를 가지고 있고, 이 날숨이 폐장에서 성대까지를 연결하는 기도(trachea)를 통해 성대에 도달하게 된다. 발동부의 역할은 여기까지이다. 성대 밑 부분까지 온 날숨은 이제 성대를 지나면서 소리(voice)를 낼 준비를 끝내게 된다.

말소리를 추진하는 발동부를 좀 더 세밀하게 들여다보면 성문이나 연구개도 해당될 수 있다. 하지만 이곳에서 나는 소리는 극소수이고, 이 부분에서 나는 소리를 쓰지 않는 언어도 많으므로 본서에서는 이에 대한 자세한 설명은 생략한다.

2 발성부 중요

성대(vocal folds)는 한 쌍의 근육막으로 이루어져 있다. 평상시에는 이 두 개의 근육이 벌어져 열려있는 상태로 아무런 소리가 나지 않는다. 심호흡을 할 때는 이 두 개의 근육의 벌어지는 정도가 더 커지게 된다. 따라서 평상시 말을 하지 않는 상태에서는 폐에서 나온 공기가 성대의 저항을 받지 않고 쉽게 인두(pharynx)와 구강, 때로는 비강을 거쳐 입 밖으로 나오게 된다. 하지만 발성을 할 때는 성대의 간격이 좁혀져서 폐장의 날숨이 성대를 떨게(vibrating) 만든다.

이렇게 성대가 떠는 것을 발성이라고 하며, 이 부분에서 발성이 일어나기 때문에 '발성부'라고 하는 것이다. 성대가 떠는 원리는 베르누이의 원리(Bernoulli's principle)에서 찾을 수 있는데, 이는 간격이 좁혀진 두 개의 성대 근육 사이를 호기가 지나가면서 공기의 흐름이 빨라지면 두 개의 성대 근육 사이의 압력이 낮아져서 성대가 닫히려고 하고, 그때 밑에서 호기가 올라와 성대를 다시 열어 놓는 현상이다. 이런 과정이 반복되면서 성대가 떨게 되는 것이다.

발성부와 관련했을 때 소리는 두 개로 나눌 수 있는데, 성대가 떨리는 상태에서 나는 음을 유성음(voiced sounds), 성대가 떨리지 않는 상태에서 나는 음을 무성음(voiceless sounds)이라고 한다. 전 세계에서 쓰이는 거의 대부분의 모음이 유성음이고, 자음에는 유성음도 있고 무성음도 있다. 한국어 자음 중 비음인 'ㅁ, ㄴ, ㅇ'과 유음인 'ㄹ'이 유성음이고, 장애음은 무성음으로 이루어져 있다. 폐쇄음 'ㅂ, ㅍ, ㅃ, ㄷ, ㅌ, ㄸ, ㄱ, ㅋ, ㄲ', 마찰음 'ㅅ, ㅆ, ㅎ', 파찰음 'ㅈ, ㅊ, ㅉ'이 모두 무성음에 해당한다.

> **더 알아두기**
>
> **베르누이의 원리**
> 베르누이의 원리가 적용되는 대표적인 현상은 축구에서 바나나킥이라고 불리는 스핀킥, 야구에서 투수들이 던지는 커브볼, 비행기가 뜨는 원리에서 찾을 수 있다. 공기의 흐름이 빠른 쪽의 압력이 낮아져서 반대쪽에서 미는 힘이 생기게 된다. 그래서 바나나킥과 커브가 나타나게 되고 비행기의 날개는 위쪽은 유선형으로 되어있고 아래쪽은 평평하게 되어 있어 공기가 흐를 때 위쪽의 공기흐름이 빨라지고 압력이 낮아져서 아래에서 위로 미는 힘이 생겨 이것이 양력(揚力)으로 작용하게 되는 것이다.
>
> **장애음**
> 폐쇄음, 마찰음, 파찰음을 함께 아울러 이르는 용어이다. 해당 음들은 각각 구강 내에서 두 개의 부분이 서로 완전히 막히거나, 아주 가깝게 접근하거나, 폐쇄가 일어났다 마찰 형태로 끝나는 음들로 모두 장애를 통해 소리가 나는 공통점이 있기 때문에 장애음이라고 불린다. 이 장애음은 저해음(沮害音)으로 불리기도 한다.

3 조음부 (중요)

구강과 비강 내의 기관이 조음부에 해당되는데, 구체적인 자음과 모음이 이 부분을 지나면서 조음된다. 조음 기관은 윗조음자(upper articulators, 상부 조음자, 조음점)와 아래 조음자(lower articulators, 하부 조음자, 조음체)로 나뉘는데 다음 그림 중 상단의 1~9번을 윗조음자, 하단의 1~13번을 아래 조음자라고 한다.

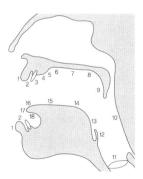

[조음 및 발성기관][2]

1. 바깥 입술 2. 안쪽 입술 3. 이 4. 치경(치조) 5. 후치경(후치조) 6. 전경구개 7. 경구개 8. 연구개 9. 구개수 10. 인두 11. 성문 12. 후두개 13. 설근 14. 후설 15. 전설 16. 설단 17. 설첨 18. 혀 밑

---

2) ko.wikipedia.org/wiki/%ED%8C%8C%EC%9D%BC:Places_of_articulation.svg

이 중 발성자의 의지에 따라 마음대로 움직일 수 있는 부분은 아래 조음자에 해당되는 기관들이다. 이는 두개골의 구조와 관련이 있는데, 다음의 인간 두개골 그림에서 볼 수 있듯이, 아래 조음자는 하악골(mandible) 부분에 얹혀 있다. 따라서 두개골의 윗부분에 연결되어 있는 하악골 부분의 아래 조음자만이 자유롭게 움직일 수 있는 것이다. 두개골의 윗부분에 얹혀 있는 윗조음자의 경우 마음대로 움직일 수 없다.

조음의 측면에서 보면 아래 조음자가 윗조음자보다 더 큰 역할을 한다고 볼 수 있다. 자유롭게 움직일 수 있기 때문에 말소리를 주도적으로 만들어 낸다고 할 수 있는 것이다. 특히 아래 조음자에 속하는 혀의 경우, 자음과 모음 중 대부분의 소리에 관여하기 때문에 그 중요성이 더욱 높다. 만약 혀에 이상이 와서 제대로 움직일 수 없는 상황이 온다면 말을 하는 데 치명적인 어려움을 겪게 된다.

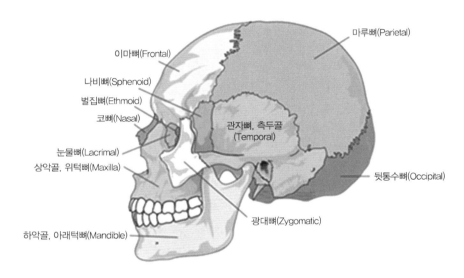

[인간 두개골 측면][3]

윗조음자부터 한국어에서 어떤 음들의 조음에 관여하는지 살펴보자. 윗입술은 양순음(bilabial : /ㅂ, ㅍ, ㅁ/) 을 조음하는 데 쓰이고, 치경은 치경음(치조음, alveolar) /ㄷ, ㅌ, ㄸ, ㅅ, ㅆ, ㄴ, ㄹ/을 조음하는 데 쓰인다. 경구개는 구개음(경구개음, palatal) /ㅈ, ㅊ, ㅉ/을, 연구개는 연구개음(velar) /ㄱ, ㅋ, ㄲ, ㅇ[ŋ]/을 조음하는 데 쓰인다.

아래 조음자들도 개별 음들의 조음과 관련이 있다. 아랫입술은 윗입술과 협업하여 양순음(bilabial) /ㅂ, ㅍ, ㅁ/ 을 조음하는 데 쓰이고, 혀는 설첨, 설단, 후설, 설근 부분이 가장 가까이 있는 윗조음자와 폐쇄, 마찰, 파찰 등의 다양한 조음 방법(manner of articulation)으로 호응하여 다양한 말소리를 만들어 낸다. 모음도 혀의 위치와 관련하여 다양한 모음들이 조음된다. 이는 말소리의 조음과 관련하여 혀의 영향력을 가늠할 수 있는 부분이라 할 수 있다.

---

3) http://en.wikipedia.org/wiki/File:Human_skull_side_simplified_(bones).svg

제2절 음성의 분류 방법

음성은 크게 **자음**과 **모음**으로 나눌 수 있다. 사람에도 여자와 남자가 있듯이 말소리도 그 성질을 달리 하는 자음과 모음이라는 두 가지 종류의 소리가 있는 것이다. 한국어의 경우 자음과 모음이 모여 한 글자를 이루는데 이것이 바로 음절(syllable)이다.

앞에서도 설명하였듯이 한국어의 음절 구조는 (C)V(C)이다. 이 구조를 보면 모음은 음절에서 꼭 있어야 하고, 모음 단독으로도 음절을 구성할 수 있다. 자음은 없어도 되는 존재이고, 모음이 없으면 음절을 구성할 수 없음을 확인할 수 있다. 따라서 모음은 '모(母)'라는 글자에서 알 수 있듯이 어머니처럼 단독으로 음절을 구성할 수 있지만, 자음은 '자(子)'라는 글자에서 알 수 있듯이 '어린 자녀'처럼 어머니의 도움 없이는 음절을 구성할 수 없는 말소리인 것이다.

위의 설명까지가 음절 구성 여부와 관련된 설명이고, 자음과 모음의 음성적 특징과 관련하여 설명하면 모음은 윗조음자와 아래 조음자가 멀찍이 떨어져 접촉점을 찾을 수 없는 말소리이고, 자음의 경우는 윗조음자와 아래 조음자가 완전히 붙거나 아주 가까이 접근해 소음을 내거나 하여 접촉점 또는 접촉 구간을 찾을 수 있는 말소리이다. 따라서 이러한 연유로 자음과 모음의 분류 기준이 다를 수밖에 없다.

1 자음의 분류 방법

세계적으로 통용되는 자음의 분류 기준은 다음과 같이 크게 다섯 가지로 나눌 수 있다.

(1) 성대의 상태(유성음·무성음)

성대의 상태에 따라 두 개의 성대가 부딪쳐서 떠는지 아닌지에 따라 떠는 경우 유성음, 떨지 않는 경우 무성음으로 나누는데, 한국어의 자음 중 /ㅂ, ㅍ, ㅃ, ㄷ, ㅌ, ㄸ, ㄱ, ㅋ, ㄲ, ㅅ, ㅆ, ㅈ, ㅊ, ㅉ, ㅎ/은 무성음이고 /ㅁ, ㄴ, ㄹ, ㅇ/[4]은 유성음이다.

(2) 구강음·비음

구강음과 비음(비강음)은 소리가 비강(鼻腔, nasal cavity)을 통과해서 나는지 아닌지에 따라 구별을 하는데, 비음인 /ㅁ, ㄴ, ㅇ/을 제외하고는 모두 구강음이다.

(3) 중앙조음·설측조음

중앙조음(central articulation)과 설측조음(lateral articulation)은 성대를 통과한 기류가 구강 또는 비강의 중앙을 통과해서 말소리가 나는지 아닌지에 따라 구분하는데, 기류가 혀의 양옆을 통과해서 나는 설측음 /ㄹ/을 제외하고는 모두 중앙조음이 된다.

---

4) 음운론에서는 음소를 나타낼 때 / / 안에 발음 기호를 넣어 표기하고, 변이음을 나타낼 때는 [ ] 안에 발음 기호를 넣어 표기한다. 이에 대한 자세한 내용은 추후 학습할 제2편 제1장 제2절에 설명되어 있다.

(4) 조음 위치

조음 위치(place of articulation)는 조음 기관의 막음이나 좁힘이 이루어지는 자리를 말하는데, 조음 위치에 따라 자음을 분류하면 양순음(두입술소리, bilabial), 치조음(윗잇몸소리, alveolar), 경구개음(센입천장소리, palatal), 연구개음(여린입천장소리, velar), 성문음(후두음, 목청소리, glottal) 등이 있다.

① **양순음(ㅂ, ㅍ, ㅃ, ㅁ)**

양순음(兩脣音, bilabial)은 두 입술을 사용하여 내는 소리로서 'ㅂ, ㅍ, ㅃ, ㅁ'이 여기에 속한다. 'ㅂ, ㅍ, ㅃ, ㅁ'은 모두 두 입술을 폐쇄시켰다가 파열시켜 내는 소리이지만, 'ㅂ, ㅍ, ㅃ'은 공기가 구강으로만 통과해서 조음이 되는 데 비해 'ㅁ'은 공기가 비강으로 흐른다는 점에서 차이가 난다. 따라서 조음 방법으로 다시 나누면 'ㅂ, ㅍ, ㅃ'은 양순폐쇄음이며 'ㅁ'은 양순비음으로 분류된다.

② **치조음(치경음, ㄷ, ㅌ, ㄸ, ㅅ, ㅆ, ㄴ, ㄹ)**

치조음(齒槽音, alveolar)은 혀끝이 윗니 뒤의 조금 안쪽에 솟아 있는 치조 부분에 닿거나 근접해 발음되는 소리이다. '혀끝소리'라고도 하는데, 혀는 조음 기관 중 가장 활발하게 움직이므로 혀끝으로 만들어 내는 치조음으로 분류되는 자음의 수가 많고 종류도 다양하다. 한국어의 'ㄷ, ㅌ, ㄸ, ㅅ, ㅆ, ㄴ, ㄹ'이 모두 치조음에 해당되며 이들은 조음 방법에 따라 다시 구별된다. 'ㄷ, ㅌ, ㄸ'은 혀끝이 치조 부분을 막았다가 터뜨리는 치조폐쇄음, 'ㅅ, ㅆ'은 혀끝이 치조에 가까이 접근하여 마찰을 일으켜 내는 치조마찰음으로 분류된다. 'ㄴ'은 혀끝이 치조를 막는 것까지는 'ㄷ, ㅌ, ㄸ'과 같지만 '폐쇄 – 지속'의 과정을 거친 후 파열 과정에서 구강이 아니라 비강으로 기류가 흘러 나가도록 하는 치조비음이며 'ㄹ'은 혀끝을 치조 부분에 대지만 마찰이나 폐쇄를 일으키지 않고 소리를 내는 치조유음이다.

더 알아두기

폐쇄음의 명칭

폐쇄음은 파열음이라고도 하는데, 한국어 종성의 경우 파열이 일어나지 않는다. 그러므로 본서에서는 초성과 종성에서 공히 일어나는 과정인 '폐쇄'에 중점을 두어 폐쇄음이라고 지칭하였다.

---

③ **경구개음(구개음, ㅈ, ㅊ, ㅉ)**

경구개음(硬口蓋音, palatal)은 혀의 앞부분을 치조보다 조금 더 뒤쪽에 위치한 입천장의 단단한 부분(경구개)에 닿게 하여 장애를 일으켜서 내는 소리이다. 한국어의 경구개음에는 'ㅈ, ㅊ, ㅉ'이 있으며, 이들을 조음할 때 혀의 끝부분이 치조에 닿는 경우가 많아 'ㅈ, ㅊ'을 받침으로 하는 발음은 파열 과정이 발생하지 않아 불파된 치조음 [ㄷ]으로 발음되기도 한다. 경구개음에 속하는 자음은 조음 방법상 파찰음으로 분류된다.

④ **연구개음(ㄱ, ㅋ, ㄲ, ㅇ)**

연구개음(軟口蓋音, velar)은 혀의 뿌리 부분이 경구개보다 더 뒤쪽에 있는 입천장의 부드러운 부분(연구개)에 닿아 장애가 일어나서 발음되는 소리이다. 연구개음에는 'ㄱ, ㅋ, ㄲ, ㅇ'이 해당된다. 'ㄱ, ㅋ, ㄲ'은 혀의 뒷부분이 연구개를 완전히 막았다가 파열이 되면서 기류가 구강을 통해서 나오는 연구개폐쇄음, 'ㅇ'은 폐쇄에서 지속까지의 과정은 'ㄱ, ㅋ, ㄲ'과 같지만 파열을 비강으로 시켜 기류가 비강을 통해 흘러 나가도록 하는 연구개비음으로 조음 방법에서 차이가 있다.

⑤ **성문음(ㅎ)**

성대를 둘러싸고 있는 성문(聲門, glottis)에서 나오는 소리가 성문음(聲門音, glottal)이다. 전통적으로는 후두음(喉頭音)이라는 용어를 쓰기도 하는데, 후두음을 줄인 후음(喉音), 또는 목청소리라고도 한다. 한국어의 성문음에는 'ㅎ'이 있는데 성문음을 발음하기 위해서는 성대 사이의 거리를 가깝게 해서 그 사이의 좁은 통로를 기류가 통과하면서 소리가 나도록 하여야 한다. 이렇게 해서 마찰음인 'ㅎ'이 조음되는 것이다.

(5) 조음 방법

조음 방법(manner of articulation)은 조음 기관의 막음이나 좁힘이 이루어지는 방법으로 일차적으로 장애음(저해음)과 공명음(비장애음)으로 나뉜다. 장애음의 경우 입 안에 든 공기를 내보내는 방법에 따라 폐쇄음(막음소리, stop), 파찰음(불갈이소리, affricate), 마찰음(갈이소리, fricative)으로 나뉘며 비음(콧소리, nasal), 유음(흐름소리, liquid) 등은 공명음에 속한다.

① **폐쇄음(ㅂ, ㅃ, ㅍ, ㄷ, ㄸ, ㅌ, ㄱ, ㄲ, ㅋ)**

폐쇄음(閉鎖音)은 조음 위치에서 공기의 흐름을 완전히 막았다가 터뜨림으로써 발음하는 소리로 자음 중 가장 장애가 큰 소리이다. 폐쇄를 강조하여 폐쇄음이라고도 하고 파열을 강조하여 파열음이라고도 하는데, 초성의 폐쇄음은 'ㅂ, ㅃ, ㅍ, ㄷ, ㄸ, ㅌ, ㄱ, ㄲ, ㅋ' 등이 있다. 종성에서의 폐쇄음은 파열이 일어나지 않기 때문에 'ㅂ, ㄷ, ㄱ'이 대표음으로 난다. 폐쇄음은 조음 위치에 따라 3가지로 나뉘는데, 두 입술로 공기의 흐름을 막았다가 터뜨리며 내는 'ㅂ, ㅃ, ㅍ'은 양순폐쇄음이고, 혀끝을 치조 부분에 대어 공기의 흐름을 막았다가 터뜨리며 내는 'ㄷ, ㄸ, ㅌ'은 치조폐쇄음이 된다. 'ㄱ, ㄲ, ㅋ'은 혀의 뒷부분의 등 쪽을 연구개 부분에 대어 공기의 흐름을 막았다가 터뜨리는 연구개폐쇄음이 된다.

폐쇄음의 조음은 '폐쇄 – 지속 – 파열(개방)'의 단계를 거치는데, 파열 방식에 따라 실제 외부로 개방하여 파열을 일으키는 외파와 파열이 일어나지 않는 불파(미파)가 있다. 폐쇄음이 종성으로 쓰일 경우 공기가 터지지 않은 채 발음이 끝나는 소리를 불파음(不破音)이라고 하고, 종성에서 나는 'ㅂ, ㄷ, ㄱ' 등이 여기에 해당된다. 초성 폐쇄음처럼 터지는 소리는 외파음(外破音)에 해당된다.

> **더 알아두기**
>
> **대표음 ㅂ, ㄷ, ㄱ**
>
> 'ㅂ, ㅃ, ㅍ'이 파열이 일어나지 않을 때에는 'ㅂ'이 대표음으로, 'ㄷ, ㄸ, ㅌ'이 파열이 일어나지 않을 때에는 'ㄷ'이 대표음으로, 'ㄱ, ㄲ, ㅋ'이 불파될 때에는 'ㄱ'이 대표음으로 중화(neutralization)되어 소리 난다.

② **마찰음(ㅅ, ㅆ, ㅎ)**

마찰음(摩擦音)은 윗조음자와 아래 조음자가 공기의 흐름에 장애를 일으킬 때 폐쇄음처럼 완전히 폐쇄하는 것이 아니라 좁은 틈으로 공기를 빠르게 내보내면서 발생하는 마찰을 이용하여 내는 소리이다. 공기가 완전히 막히는 순간이 없고, 조음하는 동안에는 계속 공깃길을 열어 놓은 상태로 공기의 흐름이 끊어져서는 안 된다는 점에서 폐쇄음이나 파찰음과 다르다. 한국어 치조음 'ㅅ[s], ㅆ[s]'는 혀끝과 치조 사이에서 발음되는 치조마찰음이다. 다만 음성학적으로 치조음 이외에도 혓바닥의 앞부분을 입천장의 앞부분에 가까이 대서 좁은 틈을 만들어 발음하는 경구개마찰음(정확히는 치경구개마찰음) 'ㅅ[ɕ], ㅆ[ɕ']'이 있는데 '사, 싸, 서, 써, 소, 쏘, 수, 쑤, 스, 쓰, 세, 쎄, 솨, 쏴, 쉬, 쒸, 쉐, 쒜'로 발음되는 것은 'ㅅ' 발음을 치조마찰음 '[s], [s']'로 표시하며, '시, 씨, 샤, 쌰, 셔, 쎠, 쇼, 쑈, 슈, 쓔, 세, 쎄, 섀, 썌, 쉬, 쒸'의 경우에는 'ㅅ' 발음을 '[ɕ], [ɕ']'로 표시한다. 또 'ㅎ[h]'은 성대의 틈을 좁혀서 발음하는 성문마찰음이다.

③ 파찰음(ㅈ, ㅉ, ㅊ)

파찰음(破擦音)은 조음 위치에서 공기의 흐름을 완전히 막음으로써 시작하는 것이 폐쇄음과 비슷하지만, 폐쇄를 형성했다가 막힌 부분이 완전히 개방되지 않고 조금만 개방하여 그 좁은 틈으로 공기가 빠르게 지나가면서 마찰음과 비슷하게 조음되며 끝나는 점이 폐쇄음과 다르다. 'ㅈ, ㅉ, ㅊ'은 혓바닥의 앞부분을 입천장의 앞부분에 붙였다가 떼는 순간에 마찰음처럼 발음하는 경구개파찰음으로, 마찰음은 폐쇄음의 앞부분과 마찰음의 뒷부분을 합성한 소리라고 이해하는 것이 좋을 것이다.

④ 비음(ㅁ, ㄴ, ㅇ)

비음은 폐에서 나온 기류가 비강을 통과하면서 나는 소리로, 정확한 명칭은 비강폐쇄음이다. 비음을 제외한 다른 음들은 기류가 구강을 통과하면서 나기 때문에 구강음이라고 한다. 비음도 폐쇄음과 같이 '폐쇄 – 지속 – 파열'의 단계를 거친다. 다만 구강폐쇄음과 다른 점은 '폐쇄 – 지속'의 단계는 구강에서 이루어지지만 '파열'의 단계는 비강에서 이루어지기 때문에, 즉 기류가 비강을 통해 빠져 나오기 때문에 비음 또는 비음폐쇄음이라고 하는 것이다.

비음을 발음하면서 코를 막으면 코가 울리는 것을 느낄 수 있는데, 이는 비음의 경우 기류가 코를 통해 나옴을 알려 주는 증거이다. 비음을 조음할 때의 구강의 조음 기관의 상태는 구강폐쇄음을 조음할 때와 같지만 차이가 나는 부분이 있다. 비음 'ㅁ, ㄴ, ㅇ'은 길게 낼 수 있는데 반해서 구강폐쇄 'ㅂ, ㄷ, ㄱ'은 소리를 계속 낼 수가 없다. 허파에서 성문을 통과해 나오는 길은 입과 코 두 곳인데, 구강폐쇄음의 경우 한 번에 급격한 파열이 구강의 조음 위치에서 일어나면서 조음을 지속할 수 없기 때문이다. 반면 비음은 기류가 구강이 아닌 비강을 통해 상대적으로 덜 급격하게 빠져나가기 때문에 숨을 쉴 수 있는 한 비음의 소리는 계속 낼 수가 있다.

더 알아두기

'ㅇ'의 두 가지 음가

'ㅇ'은 두 가지의 음가를 가진다. 음절의 초성에 쓰이면 아무런 음가가 없지만 음절의 종성에 쓰이면 연구개비음을 나타낸다. 본서에서 중심적 개념인 음소로서 'ㅇ'을 지칭할 때에는 음가가 있는 연구개비음을 나타내는 것이다.

---

⑤ 유음(ㄹ)

유음(流音)은 조음 위치에서 공기의 흐름에 장애를 가장 적게 받는 소리로 청각적으로 흐르는 듯한 느낌을 준다고 하여 유음이라 불린다. 조음 기관이 접촉하는 방식과 공기가 흐르는 방식에 따라 설측음, 탄설음(설탄음), 전동음으로 나누어진다. 대표적인 한국어 유음 'ㄹ'은 환경에 따라 설측음과 탄설음으로 분류된다.

ㄱ 설측음

설측음(舌側音)으로서의 한국어 유음 'ㄹ[l]'은 혀끝을 윗잇몸에 붙이고 혀의 옆이 입안의 볼 쪽 벽에 닿지 않게 하여 통로를 양쪽에 만들어 놓은 상태에서 발음하는 소리로, 유음 역시 비음처럼 숨이 계속

되는 한 발음을 지속할 수 있다. 종성의 'ㄹ'과 그 뒤에 이어진 초성 'ㄹ'이 설측음으로 발음된다. 그런데 어중에서 유음이 연속으로 오는 경우, 특히 'ㅣ, ㅑ, ㅕ, ㅛ, ㅠ' 등의 모음 앞에서 이 설측음은 구개음화된 설측음 [ʎ]로 나타난다. 일반적으로 어두의 초성 'ㄹ'은 설측음으로 발음된다고 얘기하지만 화자에 따라서는 탄설음으로 발음하기도 한다.

ⓛ 탄설음(彈舌音)

탄설음 'ㄹ[ɾ]'은 혀끝을 윗잇몸에 한 번 잠깐 댔다 떼어 발음하는 소리이다. 접촉의 순간은 짧아야 하며, 조금만 길어지면 폐쇄음이 되어 [d] 소리처럼 발음된다. 탄설음의 특성상 설측음과 달리 숨이 계속되어도 발음을 지속하면 안 된다. 어두의 초성 'ㄹ'이 탄설음으로 발음되는 경우가 있으며, 어두의 초성이 아닌 두 번째 음절 이하의 모음 뒤 초성 'ㄹ'은 언제나 탄설음으로 발음된다.

더 알아두기

탄설음의 호칭

탄설음(설탄음)을 학자에 따라서는 혀가 떤다는 의미에서 설전음(舌顫音)으로 지칭하기도 한다.

ⓒ 전동음(顫動音)

전동음 'ㄹ[r]'은 혀끝을 윗잇몸에 여러 번 붙였다 떼어서, 즉 혀끝을 떨어서 발음하는 소리이다. 기본적으로 탄설음과 같은 조음 방식을 띠지만 여러 번 붙였다 뗀다는 데서 탄설음과는 차이가 있다. 숨이 계속되는 한 발음을 지속할 수 있다는 점에서는 설측음과 비슷하다. 의성·의태어에서 반복된 'ㄹ'을 재미나 과장을 위해 전동음으로 발음하는 사람이 간혹 있으나 일반적으로 한국어에서는 나타나지 않는 소리이다.

지금까지의 설명을 종합하여 한국어의 자음 체계를 정리하면 다음 표와 같다.

[한국어의 자음 체계]

조음 방법		조음 위치	양순음	치조음	경구개음	연구개음	성문음
장애음	폐쇄음 (파열음)	평음	ㅂ[p]	ㄷ[t]		ㄱ[k]	
		격음	ㅍ[pʰ]	ㅌ[tʰ]		ㅋ[kʰ]	
		경음	ㅃ[p']	ㄸ[t']		ㄲ[k']	
	파찰음	평음			ㅈ[ʧ]		
		격음			ㅊ[ʧʰ]		
		경음			ㅉ[ʧ']		
	마찰음	평음		ㅅ[s]			ㅎ[h]
		경음		ㅆ[s']			
공명음	비음		ㅁ[m]	ㄴ[n]		ㅇ[ŋ]	
	유음			ㄹ[l]			

> **［ 더 알아두기 ］**
>
> **기식과 긴장도**
>
> 일반적으로 다른 언어를 분류할 때는 중요한 기준이 아니지만 한국어의 자음과 관련하여 중요한 분류 기준
> 으로 나타나는 것이 '기식(aspiration)'과 '긴장도(tensity)'이다. 한국어의 자음 중 장애음의 경우, 폐쇄음
> 과 파찰음의 경우에는 3분지 음이 발생한다. 즉 '평음 – 기식음 – 경음'으로 나타나는데 'ㅂ – ㅍ – ㅃ(양순
> 폐쇄음)', 'ㄷ – ㅌ – ㄸ(치조폐쇄음)', 'ㄱ – ㅋ – ㄲ(연구개폐쇄음)', 'ㅈ – ㅊ – ㅉ(구개파찰음)'이 그것들이
> 다. 마찰음의 경우에만 '평음 – 경음'의 2분지 구조로 나타나는데, 'ㅅ – ㅆ(치조마찰음)'이 그 예이다.
> 기식은 숨 쉴 때 나오는 기운, 즉 입김을 의미하는데, 조음할 때 기식을 수반하는 소리는 유기음이며 기식을
> 수반하지 않고 조음되는 소리는 무기음이다. 유기음을 조음할 때 입 앞에 손바닥을 대 보면 입김이 매우
> 심하게 남을 느낄 수 있는데 그렇기 때문에 기식음, 거센소리 또는 격음이라고도 한다. 긴장도란 후두나
> 그 주변 근육, 구강 내의 근육이 긴장되는 성질로 한국어에서는 폐쇄음과 파찰음, 마찰음의 긴장 정도에
> 따라 경음(硬音, tensed sound)과 연음(軟音, laxed sound, 평음)으로 구분한다.
> 기식은 '기식음 – 평음 – 경음'의 순으로 강하고 긴장도의 경우에는 '경음 – 기식음 – 평음'의 순으로 강하
> 다. 한국어 장애음의 경우에는 다른 언어에서 일반적으로 나타나는 유・무성 대립이 아니고, 기본적으로
> 무성음인 장애음들이 기식과 긴장도의 두 분류 기준이 복합적으로 작용하는 3분지 대립이 일어나기 때문에
> 외국인들이 한국어의 장애음 3분지 대립을 익히기가 굉장히 어려운 것이다.

2 모음의 분류 방법

전 세계의 거의 대부분의 언어에서 모음은 기본적으로 유성음으로 발음된다. 따라서 자음 분류 기준으로 사용되
었던 유・무성음의 분류는 모음의 분류 기준으로 적합하지 않다. 자음 분류 기준으로 중요한 역할을 했던 조음
위치와 조음 방법의 분류 기준은 어떨까? 모음은 윗조음자와 아래 조음자가 가까이 접근해서 나는 소리가 아니기
때문에 이 두 가지 분류 기준도 역할을 제대로 하지 못한다. 또 모음은 기본적으로 구강음이고 중앙음이기 때문에
새로운 분류 기준이 필요하다.

그러면 모음을 분류하기 위한 기준으로는 어떤 것이 있을까? 모음 분류 기준은 모음의 조음 특성과 밀접한 관련
을 가지고 있다. 모음은 혀의 위치에 따라 다양하게 나타난다. 또한 입술의 둥글기도 모음을 분류하는 중요한
기준이 된다. 모음 분류 기준은 총 3개인데, 이 중 두 개가 혀의 위치와 관련이 있고 한 개가 입술의 둥글기와
관련된 것이다. 모음의 분류 기준에는 혀의 높낮이(the height of the body of the tongue), 혀의 앞뒤 위치(the
front – back position of the tongue), 입술의 둥글기(the degree of lip rounding)이다. 이들은 엄밀히 말하면
단순모음(單母音, 단모음)의 분류 기준인데, 단순모음이 안정화되어 있고 한 개의 발음 기호로 표기할 수 있어
모음의 분류 기준에 따라 명확히 정의하고 기술할 수 있기 때문이다.

> **더 알아두기**
>
> **단순모음과 이중모음**
>
> 다른 언어의 모음도 마찬가지이지만 모음은 단순모음과 이중모음(복모음, 複母音)으로 나뉜다. 단순모음은 처음 조음을 시작할 때의 구강 안의 혀나 구강 내의 다른 조음 기관의 위치가 조음이 끝날 때까지 변하지 않는 모음이다. 이와는 반대로 이중모음은 처음 조음을 시작할 때의 혀나 구강 내의 다른 조음 기관의 위치가 조음을 하는 동안 다른 모음의 위치로 바뀌어, 조음을 시작할 때의 모음과 끝날 때의 모음이 다른 모음을 말한다.
>
> **한국어의 단순모음 수**
>
> 한국어의 단순모음 수를 표준어에서는 8모음 체계를 일반적으로 상정한다. 하지만 표준어 규정 제2부 표준 발음법의 제2장 제4항은 한국어의 'ㅏ, ㅐ, ㅓ, ㅔ, ㅗ, ㅚ, ㅜ, ㅟ, ㅡ, ㅣ'는 단모음(單母音)으로 발음한다고 규정하고 있어 10모음 체계를 상정하고 있다. 그런데 'ㅚ, ㅟ' 두 개의 모음은 현재 70~80대 이상의 한국어 화자들 중 극소수만 단순모음으로 조음할 뿐, 대다수의 한국어 화자들은 이 두 모음을 이중모음으로 조음한다. 표준 발음법의 제2장 제4항의 [붙임]에서도 이 두 개의 모음을 이중모음으로 발음할 수 있다고 규정하여 8모음 체계도 허용하고 있다. 현재의 상황을 고려할 때 8모음 체계를 채택하는 것이 더욱 적합하다고 생각되지만 본서에서는 표준어 규정에 따라 10모음으로 상정하고 서술하였다.

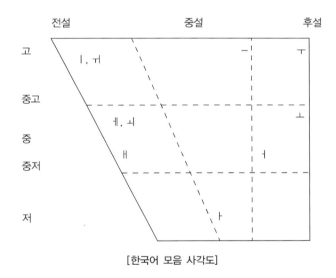

[한국어 모음 사각도]

(1) 혀의 높낮이

세계의 언어의 모음을 혀의 높낮이에 따라 분류할 때 단계를 2단계에서 5단계까지 나누는데, 한국어의 경우는 3단계나 4단계로 나누는 것이 일반적이다. 3단계 분류에 따라 모음을 분류하면 혀의 높이가 가장 높은 것을 고모음(高母音), 중간 높이의 것을 중모음(中母音), 가장 낮은 것을 저모음(底母音)으로 나누고, 4단계 분류에 따르면 고모음, 중고모음, 중저모음, 저모음으로 분류할 수 있다. 혀의 높이에 따른 분류는 필연적으로 입이 벌어지는 정도, 즉 개구도(開口度)와 관련을 맺게 되는데, 혀가 높은 위치에 있으면 입이 벌어지는 정도는 작아지고 혀가 낮은 위치에 오게 되면 크게 벌어진다. 개구도를 중심으로 모음을 분류하는 경우에는 고모음 대신에 폐모음(閉母音), 중모음 대신에 반개(半開)모음 또는 반폐(半閉)모음, 저모음 대신에 개모음(開母音)이라는 용어를 사용하게 된다. 4단계 분류에서는 '폐모음 – 반폐모음 – 반개모음 – 개모음'으로 분류할 수 있다.

고모음은 'ㅣ, ㅟ, ㅡ, ㅜ'이고 3단계 분류에서 중모음에 속하는 'ㅔ, ㅚ, ㅐ, ㅓ, ㅗ'는 4단계 분류에서는 중고모음 'ㅔ, ㅚ, ㅗ', 중저모음 'ㅐ, ㅓ'로 분류되며, 저모음은 'ㅏ'이다.

[한국어 단순모음의 혀의 높낮이에 의한 분류]

3단계 분류	해당 모음
고모음(폐모음)	ㅣ, ㅟ, ㅡ, ㅜ
중모음(반폐모음, 반개모음)	ㅔ, ㅚ, ㅐ, ㅓ, ㅗ
저모음(개모음)	ㅏ

4단계 분류	해당 모음
고모음(폐모음)	ㅣ, ㅟ, ㅡ, ㅜ
중고모음(반폐모음)	ㅔ, ㅚ, ㅗ
중저모음(반개모음)	ㅐ, ㅓ
저모음(개모음)	ㅏ

(2) 혀의 앞뒤 위치

일반적으로는 혀의 앞뒤 위치에 의한 분류라고 하지만 정확히 살펴보면 혀의 가장 높은 부분이 구강 내에서 앞쪽에 위치하는지, 뒤쪽에 위치하는지에 의한 분류라는 것을 알 수 있다. 'ㅣ'의 경우에는 혀의 가장 높은 부분이 앞쪽에 위치한다. 'ㅜ'의 경우에는 혀의 가장 높은 부분이 뒤쪽에 위치한다.

다음 표를 살펴보면 전설모음에는 'ㅣ, ㅟ, ㅔ, ㅚ, ㅐ'의 다섯 개의 모음이 있고, 중설모음에는 'ㅡ, ㅏ'가, 후설모음에는 'ㅜ, ㅗ, ㅓ'가 있다. 일부 학자들은 모음과 관련된 음운 현상을 기술하는 데 좀 더 나은 조건을 조성하기 위해 중설모음이라는 분류를 설정하지 않고 전설모음과 후설모음의 두 가지의 분류 기준으로 나누어 단순모음을 분류하기도 하는데, 이 경우 중설모음을 후설모음에 넣어 'ㅜ, ㅗ, ㅓ, ㅡ, ㅏ'가 모두 후설모음에 속하게 된다.

[한국어 단순모음의 혀의 가장 높은 부분의 앞뒤 위치에 의한 분류]

3단계 분류	해당 모음
전설모음	ㅣ, ㅟ, ㅔ, ㅚ, ㅐ
중설모음	ㅡ, ㅏ
후설모음	ㅜ, ㅗ, ㅓ

2단계 분류	해당 모음
전설모음	ㅣ, ㅟ, ㅔ, ㅚ, ㅐ
후설모음	ㅜ, ㅗ, ㅓ, ㅡ, ㅏ

(3) 입술의 둥글기

모음을 조음할 때 입술이 둥그렇게 오므려지느냐 그렇지 않느냐에 따라 원순모음(圓脣母音)과 평순모음(平脣母音) 또는 비원순모음(非圓脣母音)으로 분류한다. 원순과 평순모음을 분류할 때에는 단순히 입술의 모양만을 보는 것이 아니라 화자가 모음을 조음할 때 '의도성'이 있는지가 결정적 기준으로 작용한다. 'ㅏ'를 조음할 때 입모양만 보면 입술이 둥글게 되어 원순모음으로 분류해도 될 것 같지만 'ㅏ' 모음을 조음해 보면 의도하지 않아도 입모양이 동그랗게 됨을 지각할 수 있다. 따라서 'ㅏ' 모음은 '의도성'이 결여된 채 조음되기 때문에 평순모음으로 분류되는 것이다.

다음 표를 보면 원순모음에 비해 평순모음의 숫자가 더 많은 것을 알 수 있다. 'ㅟ, ㅚ'의 경우에는 원순모음으로 분류되었지만 단순모음으로 조음하는 사람이 소수이고 대부분은 이중모음으로 조음하기 때문에 단순모음 중 제대로 된 원순모음은 'ㅜ, ㅗ' 두 개에 지나지 않는다고 볼 수 있다. 'ㅜ, ㅗ'를 분석해 보면 이들은 후설모음이면서 중모음 이상의 혀의 높이를 가지고 있다. 따라서 전설모음이면서 원순모음, 저모음이면서 원순모음의 경우는 드물고 조음하기도 힘들다고 할 수 있다. 이를 통해 후설모음이면서 혀의 높이가 중모음 이상일 때 원순모음이 자연스럽게 생성된다는 사실을 알 수 있다.

[한국어 단순모음의 입술의 둥글기에 의한 분류]

분류	해당 모음
평순모음(비원순모음)	ㅣ, ㅡ, ㅔ, ㅓ, ㅐ, ㅏ
원순모음	ㅟ, ㅚ, ㅜ, ㅗ

지금까지의 설명을 종합하여 한국어의 단순모음 체계를 정리하면 다음 표와 같다.

[한국어의 단순모음 체계]

혀의 앞뒤 / 입술 모양 / 혀의 높이	전설모음		중설모음		후설모음	
	평순	원순	평순	원순	평순	원순
고모음	ㅣ	ㅟ	ㅡ			ㅜ
반고모음	ㅔ	ㅚ				ㅗ
반저모음	ㅐ				ㅓ	
저모음			ㅏ			

더 알아두기

음운론에서의 구조적 체계

음운론에서는 구조적 체계(structural system)를 중시한다. 이와 관련하여 중시하는 것이 대칭성(symmetry)이다. 다음 표를 보면 전설모음과 후설모음이 완벽한 대칭을 이루고 있음을 볼 수 있다. 이런 대칭성을 완성하고 이를 기반으로 해서 음운 현상을 논리적으로 설명하기 위해서, 현실적으로는 한국어의 단순모음이 8모음만 단순모음으로 조음됨에도 불구하고 10모음 체계를 강조하고, 중설모음이라는 분류 기준을 아예 설정하지 않은 채 전설모음과 후설모음의 두 개의 분류 기준으로 단순모음을 분류하는 것이다. 'ㅐ' 모음의 경우도 앞의 '(1) 혀의 높낮이' 내용 중 표 [한국어 단순모음의 혀의 높낮이에 의한 분류]에서 분류한 중모음(4단계 분류에서는 중저모음)에 넣는다면 대칭성이 깨어지기 때문에 다음 표에서는 'ㅐ'를 저모음으로 분류하여 대칭성을 유지하는 것이다.

[한국어의 단순모음 체계(음운론적 관점)]

혀의 앞뒤 입술 모양 혀의 높이	전설모음		후설모음	
	평순	원순	평순	원순
고모음	ㅣ	ㅟ	ㅡ	ㅜ
중모음	ㅔ	ㅚ	ㅓ	ㅗ
저모음	ㅐ		ㅏ	

제1장 음운론

01 다음 중 음운론의 연구 대상이 <u>아닌</u> 것은?

① 음절 구조

② 모음 체계

③ 음운 규칙

④ 문장 순서 제약

01 음운론의 연구 대상은 음절 구조, 자음 체계, 모음 체계, 음소배열론, 변별적 자질, 음운 현상, 음운 규칙과 제약 등이다.

02 다음 중 운소에 해당하지 <u>않는</u> 것은?

① 말소리의 길이

② 말소리의 세기

③ 자음

④ 말소리의 높낮이

02 음운은 음소와 운소(韻素, prosodeme)가 합쳐진 말이다. 운소는 음소 또는 음절(音節, syllable)에 얹혀 기능하는 소리의 '길이·세기·높낮이' 등이다. 음운론적으로 기능하는 경우에는 운율적 언어단위를 말한다.

03 다음 설명 중에서 옳지 <u>않은</u> 것은?

① 음성은 자음과 모음으로 나눌 수 있다.

② 한국어는 자음과 모음이 모여 음절을 이룬다.

③ 한국어의 음절 구조는 (C)V(C) 구조이다.

④ 한국어에서는 자음이 단독으로 음절을 구성할 수 있다.

03 한국어의 음절 구조는 (C)V(C)이다. 이 구조에서 모음은 음절에서 꼭 있어야 하고, 단독으로도 음절을 구성할 수 있다. 모음이 없이 자음 단독으로 음절을 구성할 수 없다.

정답 (01 ④   02 ③   03 ④)

04 음운은 원래 음소와 운소(韻素, prosodeme)가 합쳐진 말이다.

04 다음 중 음소와 운소를 아울러 이르는 말은?

① 음운
② 음절
③ 형태소
④ 문장

05 '자의성(恣意性)'은 언어에서 소리(형식)와 의미(내용)의 관계가 필연적이지 않음을 나타내는 특성이다.

05 언어의 형식과 내용의 관계가 필연적이지 않음을 나타내는 특성은?

① 창조성
② 자의성
③ 추상성
④ 사회성

06 교착어는 실질적인 의미를 가진 단어(형태소) 또는 어간에 문법적인 기능을 가진 요소(접사 또는 어미)가 차례로 결합함으로써 문장 속에서의 문법적인 역할이나 관계의 차이를 나타내는 언어이다. 한국어, 튀르키예어, 일본어 등이 이에 속한다.

06 언어의 형태 유형론적 분류에서 한국어가 해당되는 유형은?

① 고립어
② 교착어
③ 굴절어
④ 포합어

07 단어 '아이', '우유'에서 '아', '이', '우', '유'는 중성으로만 이루어진 음절이다.

07 다음 중 중성으로만 이루어진 단어끼리 묶인 것은?

① 고기, 구두
② 나비, 도로
③ 아이, 우유
④ 악수, 안과

정답 (04 ① 05 ② 06 ② 07 ③)

08 자음과 모음, 또는 단독 모음으로 한 글자를 구성하는 소리의 단위는?

① 음소
② 음운
③ 운소
④ 음절

09 다음 중 뜻을 가진 가장 작은 말의 단위는?

① 음소
② 음운
③ 운소
④ 형태소

10 다음 중 '학교'의 음절 수로 옳은 것은?

① 1개
② 2개
③ 3개
④ 4개

주관식 문제

01 음소 혹은 음운을 중심으로 말소리를 연구하는 분야를 쓰시오.

02 **정답**
창조성, 규칙 지배성, 자의성 등

02 언어의 특징을 세 가지 이상 쓰시오.

03 **정답**
실질적인 의미를 가진 형태소에 문
법적인 기능을 가진 요소가 일정한
순서대로 결합해 문장 속에서 문법
적인 관계를 나타낸다.

해설
한국어는 형태 유형론적으로 교착어
에 속한다. 교착어는 실질적인 의미
를 가진 형태소에 문법적인 기능을
가진 요소가 일정한 순서대로 결합
해 문장 속에서 문법적인 관계를 나
타내는 언어이다.

03 교착어의 특징을 약술하시오.

04 **정답**
음소배열론

04 한 음절 내에 자음군이 나타날 때 어떤 소리들이 와야 하는지에
대해 연구하는 분야를 쓰시오.

05 소리들이 서로 구별되는 것은 각 소리의 특징이 다른 데서 기인하는데, 이렇게 서로 구별되는 각 소리의 음성적 특징을 무엇이라고 하는지 쓰시오.

05 **정답**
변별적 자질

해설
음소들은 각각의 소리들을 구성하는 음성적 음운적 특징을 가지고 있는데 이러한 음성적 특징을 자질(feature)이라고 하고, 각각의 소리들은 다른 소리들과 구별되는 특징을 가지고 있는데 이렇게 소리가 구별되는 것을 '변별적'이라고 한다.

06 다음 내용에서 괄호 안에 들어갈 적절한 용어를 순서대로 쓰시오.

> 언어는 기본적으로 (㉠)와 (㉡)의 결합이라고 할 수 있다.

06 **정답**
㉠ 소리
㉡ 의미

해설
언어는 기본적으로 소리와 의미의 결합이라고 할 수 있다. 어떤 언어 체계 내에서 한 소리가 다른 소리와 구별되어 의미를 전달하는 기능을 하게 되는데, 언어 사용자는 이 수준에서 말소리를 구분하고 그 소리가 속해 있는 단어의 의미를 구별하여 듣게 된다.

07 언어의 특징 중 소리와 의미의 관계가 사회적으로 결정된 후에는 개인이 마음대로 바꿀 수 없는 특성을 무엇이라고 하는지 쓰시오.

07 **정답**
사회성

해설
개인이 마음대로 소리와 의미의 관계를 변경하면서 말을 하거나 글을 쓸 수 없는 것은 언어의 '사회성' 때문이다.

08 **정답**

언중은 언어 규칙에 따라 언어를 사용한다. 예를 들어 '수정과 먹었다 철수는 떡을.'이라는 문장이 잘못된 문장이라는 것을 언중이 아는 것은 이 문장이 한국어의 문법 규칙을 어겼기 때문이다.

09 **정답**

자의성

해설

해방 이후 계속 써오던 '국민학교'라는 말이 1995년 '초등학교'로 바뀌어 정착된 것과 15세기에는 '불휘'로 쓰였던 단어가 현재 '뿌리'로 바뀌어 쓰이는 것은 소리와 의미가 필연적으로 연결되어 있지 않다는 것을 보여주는 예이다.

10 **정답**

음소와 운소, 음절 구조, 자음 체계와 모음 체계, 음소배열론, 변별적 자질, 음운 현상과 음운 규칙, 제약

해설

가장 기본이 되는 음소와 운소, 음절 구조가 기본적으로 연구하는 부분이고, 자음과 모음이 모여 체계를 이루는 자음 체계와 모음 체계가 있다. 한 음절 내에 자음군이나 모음군이 오는 경우 어떤 소리들이 와야 하는지 연구하는 음소배열론, 각 소리들을 다른 소리들과 구별하는 변별적 자질, 자음이나 모음이 앞뒤의 자음이나 모음의 영향으로 바뀌는 음운 현상, 음운 현상이 일어나는 음운 규칙, 음운 규칙들이 일어나게 하는 제약 등이 음운론의 연구 대상에 포함된다.

---

08 언어의 특징 중 규칙 지배성에 대해 예를 들어 서술하시오.

09 다음 내용과 관계있는 언어의 특성은 무엇인지 쓰시오.

- '국민학교'라는 말이 1995년 '초등학교'라는 말로 바뀌어 정착되었다.
- 15세기의 '불휘'라는 단어가 현재는 '뿌리'로 바뀌어 쓰인다.

10 음운론의 연구 대상은 무엇인지 쓰시오.

제2장 음성학

01 혀의 앞뒤 위치를 3단계로 분류할 때 한국어의 단순모음 중 후설모음이면서 평순모음인 것은?

① ㅓ

② ㅗ

③ ㅜ

④ ㅡ

02 다음 중 한국어에서 무성음에 속하는 것은?

① 모음

② 비음

③ 유음

④ 마찰음

03 조음 기관이 완전히 막혔다가 한 번에 터질 때 나는 소리가 <u>아닌</u> 것은?

① ㄱ, ㅋ, ㄲ

② ㅈ, ㅊ, ㅉ

③ ㅂ, ㅍ, ㅃ

④ ㄷ, ㅌ, ㄸ

01 단순모음 중 후설모음에는 평순모음인 'ㅓ'와 원순모음인 'ㅜ, ㅗ'가 있다. 'ㅡ'는 중설모음이면서 평순모음에 해당된다.

02 성대가 떨리는 상태에서 나는 음을 유성음(voiced sounds), 성대가 떨리지 않는 상태에서 나는 음을 무성음(voiceless sounds)이라고 한다. 한국어에서는 모음은 유성음이고, 자음의 경우 비음과 유음은 유성음이지만 장애음은 무성음으로 이루어져 있다.

03 폐쇄음은 조음 위치에서 공기의 흐름을 완전히 막았다가 터뜨림으로써 발음하는 소리이다. 'ㅈ, ㅊ, ㅉ'은 파찰음으로, 폐쇄를 형성했다가 막힌 부분을 조금만 개방하여 좁은 틈으로 공기가 빠르게 지나가면서 마찰음과 비슷하게 조음되며 끝나는 소리이다.

정답 01 ① 02 ④ 03 ②

04 혀의 가장 높은 위치가 입천장으로부터 멀어져서 낮은 위치에 있으면 입이 벌어지게 되어 저모음(개모음)이라고 하고, 혀의 가장 높은 위치가 입천장에 가까이 있으면 자연스럽게 입을 닫게 되어 고모음(폐모음)이라고 한다.

05 한국어의 자음과 관련하여 중요한 분류 기준으로 나타나는 것이 '기식(aspiration)'과 '긴장도(tensity)'이다. 조음할 때 기식을 수반하는 소리는 유기음이며, 기식을 수반하지 않는 소리는 무기음이다. 또한 후두와 주변 근육, 구강 근육의 긴장 정도에 따라 경음과 평음으로 구분된다.

06 평상시에는 성대의 근육이 열려 있어서 폐에서 나온 공기가 성대의 저항을 받지 않고 쉽게 입 밖으로 나오지만 발성을 할 때는 성대의 간격이 좁혀져서 폐장의 날숨이 성대를 떨게(vibrating) 만든다.

04 혀의 가장 높은 위치가 입천장으로부터 멀어져서 발음되는 모음은?

① 저모음
② 고모음
③ 전설고모음
④ 후설고모음

05 다음 중 긴장도를 주요 기준으로 하여 구별한 것과 상대적으로 거리가 <u>먼</u> 것은?

① ㄱ - ㄲ
② ㄷ - ㅌ
③ ㅅ - ㅆ
④ ㅈ - ㅉ

06 다음 설명 중에서 옳지 <u>않은</u> 것은?

① 음성 기관은 발동부, 발성부, 조음부로 나뉜다.
② 성대는 한 쌍의 근육막으로 이루어져 있다.
③ 발성할 때 성대의 간격이 넓어져 폐장의 날숨이 성대를 떨게 한다.
④ 성대가 떠는 것을 발성이라고 한다.

정답 (04 ① 05 ② 06 ③)

07 다음 중 비음이 <u>아닌</u> 것은 무엇인가?

① ㄴ

② ㄹ

③ ㅁ

④ ㅇ

07 구강음과 비음은 소리가 비강(鼻腔, nasal cavity)을 통과해서 나는지 아닌지에 따라 구별된다. 비음인 `ㅁ, ㄴ, ㅇ'을 제외하고는 모두 구강음이다.

08 다음 중 자음을 조음 위치에 따라 분류한 것은?

① 비음

② 유음

③ 파찰음

④ 성문음

08 자음은 조음 위치에 따라 양순음, 치조음, 경구개음, 연구개음, 성문음 등으로 분류되고, 조음 방법에 따라 폐쇄음, 파찰음, 마찰음, 비음, 유음 등으로 분류된다.

09 다음 중 폐쇄음의 조음 단계로 옳은 것은?

① 폐쇄 – 지속 – 파열

② 폐쇄 – 파열 – 지속

③ 파열 – 지속 – 폐쇄

④ 파열 – 폐쇄 – 지속

09 폐쇄음은 `폐쇄 – 지속 – 파열(개방)'의 단계를 거쳐 조음된다.

정답 (07 ② 08 ④ 09 ①)

10 설측음(舌側音) '르[l]'은 혀끝을 윗잇몸에 붙이고 혀의 옆이 입안의 볼 쪽 벽에 닿지 않게 하여 통로를 양쪽에 만들어 놓은 상태에서 발음하는 소리이다.

10 한국어의 유음에서 혀끝을 윗잇몸에 붙이고 혀의 옆이 입안의 볼 쪽 벽에 닿지 않게 발음하는 소리는?

① 설측음
② 탄설음
③ 전동음
④ 설전음

11 조음 기관은 윗조음자(upper articulators)와 아래 조음자(lower articulator)로 나뉘는데, 윗조음자에는 윗입술, 치경, 경구개, 연구개 등이 있고, 아래 조음자에는 설근, 후설, 전설, 설단 등이 있다.

11 다음 조음 기관 중 윗조음자에 해당하지 <u>않는</u> 것은?

① 윗입술
② 치경
③ 구개
④ 설단

12 음성학(phonetics)은 언어에 사용되는 객관적 소리 자체인 음성을 소리 내는 방법, 위치, 음성 자체의 음향적 성질, 말소리가 청자의 귀에 전달되어 소리로 인식되기까지의 과정 등을 연구하는 분야이다.

12 언어에 사용되는 객관적 소리 자체인 음성의 소리 내는 방법, 위치, 음향적 성질, 청자에게 전달되는 과정 등을 연구하는 분야는?

① 음운론
② 음성학
③ 형태론
④ 문법론

정답 10 ① 11 ④ 12 ②

13 다음 중 자음 'ㄷ'과 'ㅌ'이 구별되는 주된 성질은?

① 기식성

② 지속성

③ 파열성

④ 긴장도

13 기식은 숨 쉴 때 나오는 기운을 말하는데 조음할 때 기식을 수반하는 소리는 유기음이며 기식을 수반하지 않는 소리는 무기음이다. 유기음은 기식음, 거센소리 또는 격음이라고도 한다.

14 다음 중 연구개음에 대한 설명으로 옳은 것은?

① 연구개는 'ㄷ, ㅌ, ㄸ' 소리가 나는 조음 위치이다.

② 연구개는 입천장의 뒤쪽에 위치한 부드러운 부분이다.

③ 연구개음의 폐쇄음은 구강음만 있다.

④ 연구개음은 경구개보다 앞쪽에서 조음되는 소리이다.

14 연구개음(軟口蓋音, velar)은 혀의 뒷부분이 경구개보다 조금 더 뒤쪽에 위치한 입천장의 부드러운 부분(연구개)에 닿아 장애가 일어나서 발음되는 소리이다. 연구개폐쇄음 'ㄱ, ㅋ, ㄲ'과 연구개비음 'ㅇ'이 해당된다.

15 다음 중 모음 'ㅣ, ㅟ, ㅡ, ㅜ'가 포함되는 분류는?

① 고모음

② 중모음

③ 저모음

④ 개모음

15 [문제 하단의 표 참고]

»»Ｏ

4단계 분류	해당 모음
고모음(폐모음)	ㅣ, ㅟ, ㅡ, ㅜ
중고모음(반폐모음)	ㅔ, ㅚ, ㅗ
중저모음(반개모음)	ㅐ, ㅓ
저모음(개모음)	ㅏ

정답 (13 ① 14 ② 15 ①)

16 혀는 설첨, 설단, 후설, 설근 부분이 윗 조음자와 다양한 조음 방법(manner of articulation)으로 호응하여 다양한 말소리를 만들어 낸다. 모음도 혀의 위치와 관련하여 다양한 모음들이 조음된다.

16 아래 조음자에 속하며 자음과 모음 중 대부분의 소리에 관여하는 중요한 조음 기관은?

① 혀
② 입술
③ 치경
④ 경구개

17 한국어의 자음 중 /ㅂ, ㅍ, ㅃ, ㄷ, ㅌ, ㄸ, ㄱ, ㅋ, ㄲ, ㅅ, ㅆ, ㅈ, ㅊ, ㅉ, ㅎ/은 무성음이고, /ㅁ, ㄴ, ㄹ, ㅇ/은 유성음이다.

17 다음 한국어의 자음 중 유성음이 <u>아닌</u> 것은?

① ㅁ
② ㄴ
③ ㄹ
④ ㅎ

18 'ㄴ'은 혀끝이 치조를 막는 것까지는 'ㄷ, ㅌ, ㄸ'과 같지만, '폐쇄 – 지속'의 과정을 거친 후 파열 과정에서 구강이 아니라 비강으로 기류가 흘러 나가도록 하는 치조비음이다.

18 치조음에 대한 설명으로 옳지 <u>않은</u> 것은?

① 치조음은 치경음, 혀끝소리라고도 한다.
② 혀끝이 치조 부분에 닿거나 근접해 발음되는 소리이다.
③ 'ㄷ, ㅌ, ㄸ, ㅅ, ㅆ, ㄴ, ㄹ'이 모두 치조음에 해당된다.
④ 'ㄴ'은 파열 과정에서 구강으로 기류가 흘러 나가도록 한다.

19 조음 방법은 조음 기관의 막음이나 좁힘이 이루어지는 방법으로 장애음(저해음)과 공명음(비장애음)으로 나뉜다. 장애음의 경우 입 안에 든 공기를 내보내는 방법에 따라 폐쇄음(막음소리, stop), 파찰음(불갈이소리, affricate), 마찰음(갈이소리, fricative)으로 나뉘고, 비음(콧소리, nasal), 유음(흐름소리, liquid) 등은 공명음에 속한다.

19 다음 중 공명음에 속하는 것은?

① 유음
② 폐쇄음
③ 파찰음
④ 마찰음

정답 (16 ① 17 ④ 18 ④ 19 ①)

20 다음 중 한국어의 원순모음끼리 옳게 짝지어진 것은?

① ㅏ, ㅜ
② ㅗ, ㅟ
③ ㅓ, ㅚ
④ ㅐ, ㅡ

»»○

분류	해당 모음
평순모음(비원순모음)	ㅣ, ㅡ, ㅔ, ㅓ, ㅐ, ㅏ
원순모음	ㅟ, ㅚ, ㅜ, ㅗ

21 다음 중 경구개마찰음으로 발음되는 것은?

① 시
② 솨
③ 쉬
④ 스

주관식 문제

01 모음의 분류 기준 세 가지를 모두 쓰시오.

---

20 [문제 하단의 표 참고]

21 한국어 치조음 'ㅅ[s], ㅆ[s']'은 혀끝과 치조 사이에서 발음되는 치조마찰음이다. 다만 음성학적으로 치조음 이외에도 혓바닥의 앞부분을 입천장의 앞부분에 가까이 대서 좁은 틈을 만들어 발음하는 경구개마찰음 'ㅅ[ɕ], ㅆ[ɕ']'이 있는데, '샤, 쌰, 셔, 쎠, 소, 쏘, 수, 쑤, 스, 쓰, 세, 쎄, 솨, 쏴, 숴, 쒀, 쉐, 쒜'로 발음되는 'ㅅ' 발음은 치조마찰음 '[s], [s']로 표시하며, '시, 씨, 샤, 쌰, 셔, 쎠, 쇼, 쑈, 슈, 쓔, 셰, 쎼, 섀, 쌔, 쉬, 쒸'의 경우에는 'ㅅ' 발음을 '[ɕ], [ɕ']'로 표시한다.

01 **정답**
혀의 높낮이, 혀의 앞뒤 위치, 입술의 둥글기
해설
모음은 혀의 높낮이에 따라 고모음, 중모음과 저모음으로, 혀의 앞뒤 위치에 따라 전설모음, 중설모음과 후설모음으로, 입술의 둥글기에 따라 원순모음과 평순모음으로 분류한다.

정답 20 ② 21 ①

02 **정답**
ㅂ, ㅍ, ㅃ, ㅁ

해설
양순음은 두 입술을 폐쇄시켰다가 파열시켜 내는 소리로, 'ㅂ, ㅍ, ㅃ, ㅁ'이 있다.

02 한국어의 자음 중 양순음에 속하는 자음을 모두 쓰시오.

03 **정답**
이중모음

해설
처음 조음을 시작할 때의 조음 기관의 위치가 조음을 하는 동안 다른 모음의 위치로 바뀌어, 조음을 시작할 때의 모음과 끝날 때의 모음이 다른 모음을 이중모음이라고 한다.

03 조음을 시작할 때와 끝날 때가 다른 모음을 쓰시오.

04 **정답**
㉠ 불파음
㉡ 외파음

04 다음 내용에서 괄호 안에 들어갈 적절한 용어를 순서대로 쓰시오.

폐쇄음이 종성으로 쓰일 경우 공기가 터지지 않은 채 발음이 끝나는 소리를 (㉠)이라고 하고, 초성 폐쇄음처럼 터지는 소리는 (㉡)이라고 한다.

05 음성 기관을 크게 세 가지로 분류하여 쓰시오.

06 음성 기관 중 발동부에 대해 서술하시오.

07 성대가 떠는 원리로 축구의 스핀킥, 야구의 커브볼, 비행기에
적용되는 원리를 쓰시오.

05 **정답**
발동부, 발성부, 조음부

해설
음성 기관은 사람이 말소리를 내는
것에 관여하는 기관으로 크게 발동
부(발동 기관), 발성부(발성 기관),
조음부(발음부, 발음 기관)로 나눌
수 있다.

06 **정답**
폐장에서 날숨이 기도를 통해 성대
에 도달한다. 날숨은 성대를 지나면
서 소리를 낼 준비를 한다.

해설
말소리가 생성되기 위한 힘의 원천
이 되는 기관은 폐장(허파)이다. 폐
장에서 날숨이 기도(trachea)를 통
해 성대에 도달하고, 날숨은 성대를
지나면서 소리(voice)를 낼 준비를
한다.

07 **정답**
베르누이의 원리

해설
성대가 떠는 원리는 베르누이의 원
리(Bernoulli's principle)에서 찾을
수 있는데, 간격이 좁혀진 두 개의 성
대 근육 사이를 호기가 지나가면서
공기의 흐름이 빨라지면 두 개의 성
대 근육 사이의 압력이 낮아져서 성
대가 닫히려고 하고, 그때 밑에서 호
기가 올라와 성대를 다시 열어 놓는
다. 이런 과정이 반복되면서 성대가
떨게 된다.

08 【정답】
㉠ 유성음
㉡ 무성음

【해설】
발성부와 관련해 두 개의 소리로 나눌 수 있다. 성대가 떨리는 상태에서 나는 음을 유성음(voiced sounds), 성대가 떨리지 않는 상태에서 나는 음을 무성음(voiceless sounds)이라고 한다.

09 【정답】
조음부는 구강과 비강 내의 기관이 해당된다. 조음기관은 윗조음자와 아래 조음자로 나뉜다. 윗조음자는 윗입술, 치경, 경구개, 연구개로 각각 양순음, 치경음, 경구개음, 연구개음을 조음하는 데 쓰인다. 아래 조음자는 아래 입술이 양순음을 조음하는 데 쓰이고, 혀는 다양한 자음과 모음이 조음되게 한다.

10 【정답】
혀의 앞부분을 치조보다 조금 더 뒤쪽에 위치한 입천장의 단단한 부분(경구개)에 닿게 하여 장애(폐쇄 후 마찰)를 일으켜서 내는 소리로, 구개음이라고도 한다. 한국어의 경구개음에는 'ㅈ/ㅊ/ㅉ'이 있다.

08 다음 내용에서 괄호 안에 들어갈 적절한 용어를 순서대로 쓰시오.

> 발성부와 관련해 성대가 떨리는 상태에서 나는 음을 (㉠), 성대가 떨리지 않는 상태에서 나는 음을 (㉡)이라고 한다.

09 조음부에 대해 서술하시오.

10 경구개음에 대해 서술하시오.

제 2 편

음운(음소)과 변이음

| 단원 개요 |

음운(음소)과 변이음은 국어음운론뿐만 아니라 다른 언어의 음운론에서도 가장 기본이 되는 개념이다. 제1편 제1장에서도 밝혔듯이 어떤 언어 체계 내에서 한 소리는 다른 소리와 구별되어 의미를 전달하는 기능을 하게 되는데, 언어 사용자는 이 수준에서 말소리를 구분하고 그 소리가 속해 있는 단어의 의미를 구별하여 듣게 된다. 이와 같이 언어 사용자의 지식으로써 다른 소리와 구별되는 소리, 혹은 언어 체계 내에서 기능을 갖는 소리를 음소 혹은 음운이라고 한다. 변이음은 이음이라고도 불리는데, 음성학적으로는 다른 소리로 분류할 수 있지만 언어를 사용하는 언중들의 관점에서는 한 개의 음소로 받아들여지는 소리들을 한 음소의 변이음이라고 한다. 예를 들어, 한국어에서 'ㅂ' 소리에 해당하는 음소 /p/는 초성에서 [p], 유성음과 유성음 사이에서 [b]로 나타나는데, 이 [p]와 [b]가 모두 음소 /p/의 변이음이 되는 것이다. 음운론에서는 음소를 나타낼 때 / / 안에 발음 기호를 넣어 표기하고, 변이음을 나타낼 때는 [ ] 안에 발음 기호를 넣어 표기한다. 이에 대한 자세한 내용은 해당 편의 제1장 제2절에 설명되어 있다. 제1장에서 이 부분을 중점적으로 다루고, 제2장에서는 음소의 설정과 관련하여 최소대립쌍, 상보(적) 분포, 음성적 유사성, 자유 변이 등의 개념에 대해서 공부하게 된다.

| 출제 경향 및 수험 대책 |

음소와 변이음의 개념과 차이점, 음운의 설정, 최소대립쌍, 상보(적) 분포, 음성적 유사성, 자유 변이의 개념 등 단원 내용에 대한 전반적 이해 및 개별 개념에 대한 철저한 학습이 필요한 것으로 분석된다.

제 1 장 | 음운과 변이음

제1절   음운(음소) 종요

'음운론'이란 학문명에서 알 수 있듯이, 음운론의 중심 연구 대상은 '음운'이다. 음운은 원래 음소와 운소가 합쳐져서 생긴 단어라는 것을 제1편에서 이미 설명한 바 있다. 운소에 대한 자세한 설명은 제3편에서 하도록 하고, 여기서는 음소에 대해서 자세한 설명을 하도록 하겠다.

'음소'는 '어떤 한 언어의 단어(형태소) 단위에서 언중이 한 **단어(형태소)**와 다른 단어(형태소)의 뜻을 구별하게 하는 최소의 음성 단위'라고 할 수 있다. 즉, 어떤 언어 체계 내에서 한 소리가 다른 소리와 구별되어 의미를 전달하는 기능을 하게 되는데, 언어 사용자는 이 수준에서 말소리를 구분하고 그 소리가 속해 있는 단어의 의미를 구별하여 듣게 된다. 이와 같이 언어 사용자의 지식으로서 다른 소리와 구별되는 소리 혹은 언어 체계 내에서 '의미 구별'이라는 기능을 갖는 소리를 음소 혹은 음운이라고 한다.

'팔'과 '발'이라는 단어를 예로 들었을 때, 두 개의 단어가 다른 의미라는 것은 한국어를 쓰는 사람이라면 모르는 사람이 없을 것이다. 이 두 단어가 다른 단어가 되게 하는 중요 요소는 바로 각 단어의 초성인 'ㅍ'과 'ㅂ'이다. 이 두 음소의 음성적 차이가 두 단어를 구별하게 하는 요인이 된 것이다. 그리고 음소를 '뜻을 구별하게 하는 최소의 음성 단위'라고 정의하였는데, 한국어를 쓰는 한국인이라면 이 'ㅍ'과 'ㅂ'이라는 음소를 더 나눌 수 있다고 생각하는 사람은 없을 것이다. 따라서 이 'ㅍ'과 'ㅂ'은 '뜻을 구별하게 하는(더 이상 나눌 수 없는) 최소의 음성 단위'라는 조건에 부합하므로 한국어에서 '음소'라고 분류되는 것이다.

제2절   변이음 종요

변이음(變異音, allophone)은 음소가 실제 발현되는 상황에서 조음되는 '음성적 실현형'이라고 할 수 있다. 음소가 심리적·추상적으로 우리 머릿속에 들어있는 **심리적 중심체**(中心體)라고 한다면, 변이음은 음소가 실제로 실현되는 상황에서 환경에 따라 음성적으로는 세부적으로 다르게 실현되는 소리들을 말한다. 이 변이음은 이음(異音)이라고도 하는데, 변이음과 이음은 완전히 동일한 의미이기 때문에 둘 중 어느 용어를 써도 같은 의미로 받아들여진다. 한 음소의 변이음의 경우 실제적인 음성 환경에서 음성적 성질을 갖는 소리를 표기하기 때문에 우리 머릿속의 추상적 말소리를 표기하는 음소의 표기와는 세부적인 표기 차이를 보이는 것이 일반적이다. 변이음들은 이들이 나타나는 환경에 따라 세부적인 음성적 성질에서 차이를 보이게 되는데, 같은 음소에 속하는 변이음이라 하더라도 이런 세부적인 음성적 성질을 반영하기 위해 다른 음성기호를 쓰거나 세부적인 음성 표기 기호를 덧붙여 그 차이를 표시하게 된다.

음소의 경우에는 '/ /' 기호 안에 그 음소에 해당하는 음성기호를 넣고, 변이음의 경우에는 '[ ]' 기호 안에 그 변이음에 해당하는 음성기호를 넣어 각각의 음소와 변이음을 나타낸다. '/ /' 기호는 언중의 머릿속에 들어있는 심리적, 추상적 말소리를 표기하고 있어 '음소적' 또는 '음운적' 소리를 나타내는 반면 '[ ]' 기호는 실제 소리가 실현되는 물리적, 음성적 환경에서 나타나는 소리를 표기하고 있어 '물리적' 또는 '음성적' 소리를 나타내고 있다고 할 수 있다. 따라서 음운론에서 다루는 음소의 경우에는 '/ /', 실제적인 환경에서 나타나는 물리적 말소리를 다루는 음성학에서의 말소리(음성)는 '[ ]' 안에 소리의 음성기호를 넣고 있어 변이음이 음소와는 달리 음성적 성질을 더욱 구체화시켜 표현되는 말소리라는 것을 알 수 있다.

한국어 음소와 변이음의 경우 원칙적으로는 로만 알파벳(Roman Alphabet)에 기반을 둔 국제음성기호(IPA, International Phonetic Alphabet)를 써야 하지만, 이 기호를 쓰는 대신 한국어의 자모를 음성기호로 대치해서 쓰는 경우가 많다. 본서에서도 국제음성기호와 한국어의 자모를 병행해서 사용하도록 하겠다.

'방법'이란 단어에서 첫 음절의 'ㅂ'과 두 번째 음절의 초성 'ㅂ'과 종성 'ㅂ'을 살펴보도록 하자. 세 개의 소리들은 기본적으로 음소 /ㅂ/(/p/)의 변이음인데, 한국어를 쓰는 언중들은 이 세 개의 'ㅂ'을 모두 같은 음소 /ㅂ/으로 인지할 것이다. 하지만 이 세 개의 변이음을 음성적인 관점에서 비교해 보면 첫 음절의 초성에서 나타나는 'ㅂ'은 파열이 일어나면서 기식이 발생하기 때문에 [ㅂʰ]([pʰ])로 소리 나고, 두 번째 음절의 초성 'ㅂ'은 유성음인 앞 음절의 종성 'ㅇ[ŋ]'과 두 번째 음절 중성인 모음 'ㅓ' 사이에서 소리 나기 때문에 유성음화되어 [b]로 소리 나고, 두 번째 음절의 종성 'ㅂ'은 받침의 위치에서 소리 나기 때문에 파열이 일어나지 않아 [ㅂ⌐]([p⌐])로 소리 난다. 이 세 개의 말소리 [pʰ], [b], [p⌐][1]가 음소 /ㅂ/의 변이음들인 것이다.

---

1) 학자에 따라서는 이 세 개의 변이음 중 첫 번째 것을 파열이 일어난다는 것을 표시하기 위해 [p<], 세 번째 것은 파열이 일어나지 않는다는 것을 표시하기 위해 [p>]로 표기하기도 한다.

제 **2** 장 │ 음운의 설정

제1절 **최소대립쌍** 종요

앞선 제1장에서 음소와 변이음에 대해서 알아보았는데, 해당 설명을 통해 음소의 정의는 무엇인지, 한 음소의 변이음은 어떻게 실현되는지에 대한 내용을 알 수 있었다. 그렇다면 우리가 어떤 말소리들을 접했을 때 과연 이 소리들이 각각의 음소인가를 어떻게 판별할 것인가에 대해서도 관심을 가질 수밖에 없다. 어떤 말소리들이 개별 음소들인지를 판별하는 대표적인 방법이 바로 **최소대립쌍**(minimal pair)을 만들어 살펴보는 것이다. 이 최소대립쌍은 '최소변별쌍'이라고도 하는데, 이 최소대립쌍에서 구별되는 소리들은 각각의 음소들로 분류하게 된다. 최소대립쌍의 실제 예를 가지고 살펴보도록 하자. '불 – 풀 – 뿔' 세 개의 단어는 각각 다른 의미를 가지고 있다. 이 세 개의 1음절 단어는 중성과 종성이 동일하게 /ㅜ/와 / ㄹ/이고 초성만 /ㅂ/, /ㅍ/, /ㅃ/으로 다르다. 이처럼 다른 음운 환경은 같고 비교되는 말소리 부분만 다르게 나타나는 단어들의 대립쌍을 최소대립쌍이라고 한다. 여기서 제시한 최소대립쌍에서의 세 개의 단어들은 각각 다른 의미를 가지고 있고, 이 다른 의미를 가지도록 만든 것은 각 단어의 초성에서 나타나는 세 개의 소리인 /ㅂ/, /ㅍ/, /ㅃ/인데 이들 각각이 바로 각각의 음소가 되는 것이다.

이번에는 모음의 예를 가지고 최소대립쌍을 살펴보도록 하자. '물 – 말'이 바로 그 예인데, 두 단어의 초성과 종성은 동일하다. 중성에서 차이가 있는데 첫 번째 단어의 중성은 /ㅜ/, 두 번째 단어의 중성은 / ㅏ/이다. 이 두 개의 단어는 뜻의 차이가 있고 또 중성이 이 두 단어의 의미 차이를 가지게 하니 /ㅜ/와 / ㅏ/는 각각 개별 음소를 이루는 것이다. 이처럼 최소대립쌍은 개별 음소를 찾아내는 좋은 방법임을 알 수 있다.

제2절 **상보 분포와 음성적 유사성** 종요

제1절에서 개별 음소를 판단하는 좋은 방법인 '최소대립쌍'에 대해서 알아보았다. 이 최소대립쌍을 통해 우리는 다른 환경은 동일하고 음절의 같은 위치에서 나는 다른 말소리들에 의해 해당 단어들이 다른 뜻을 갖게 될 때, 그 다른 말소리들을 각각의 음소로 구별하게 된다는 것을 배웠다. 그렇다면 변이음은 어떤 방법으로 찾아낼 수 있을까? 음소와 변이음은 분명히 다른 기제를 가지고 있기 때문에 변이음을 찾아내는 방법은 음소를 변별해 내는 방법과 다를 수밖에 없다.

음소를 변별해 낼 때는 '최소대립쌍'이라는 방법을 사용하였지만 한 음소의 변이음들을 찾아낼 때는 그 변이음들이 '상보 분포(상보적 분포, complementary distribution)' 또는 '배타적 분포(exclusive distribution)'에 있는지를 살펴본다. 앞에서 '방법'이란 단어에 들어있는 세 개의 'ㅂ'에 대해서 설명하였는데, 이들 세 개의 'ㅂ'은 같은 음소 /ㅂ/이지만 실제 음성적으로 나타나는 소리는 각각 [pʰ], [b], [p˺]로 세 개의 다른 변이음을 이루고 있다. 그런데 이들을 잘 살펴보면 [pʰ]는 첫 음절의 초성에서, [b]는 유성음과 유성음 사이에서, [p̚]는 받침의 위치에서 소리 난다. 이들은 해당 변이음들이 나타나는 환경에서만 나타나는 것으로, 나타나는 위치가 철저하게 구분된다고 해서 상보적 분포 또는 **배타적 분포**라고 부른다.

이와는 달리 최소대립쌍 '불 – 풀 – 뿔'에서 음소로 분류되는 /ㅂ/, /ㅍ/, /ㅃ/의 경우 각 단어의 초성에 놓이면서 위치가 겹친다. 이처럼 개별 음소들의 경우에는 동일한 위치에 나타날 수 있다. 각각의 개별 음소들이 동일 위치에 오는 경우를 **대립적 분포**(contrastive distribution)라고 하는데 이것은 한 음소의 변이음들이 상보적 분포를 이루는 것과는 대비된다. 따라서 음소들의 경우는 대립적 분포에 있고 한 음소의 변이음들은 상보적 분포에 있다고 할 수 있다.

그렇다면 '상보적 분포에 있다고 모두 한 음소의 변이음이라고 할 수 있는 것인지'에 대해 의문을 가질 수 있다. 한국어에서 /ㅇ/과 /ㅎ/은 나타나는 위치가 다르다. 비록 철자법으로는 이 두 개의 음소가 초성과 종성 위치에 모두 올 수 있지만 실제적으로 음가를 갖는 위치는 상보적 분포에 있다. /ㅇ/의 경우는 종성, /ㅎ/의 경우 초성에서만 음가가 나타난다. 앞에서 설명한 상보적 분포라는 기준을 적용하면 이 두 개의 음소는 음소가 아니라 한 음소의 변이음이 되어야 한다. 그런데 우리는 이 두 개의 자음을 각각의 음소로 분류하고 아무 이의 없이 받아들인다.

여기서 음소를 분류하는 두 번째 기준 '음성적 유사성'이 등장한다. /ㅇ/과 /ㅎ/은 서로 상보적 분포를 이루고 있으나 일반적인 변이음들이 음성적 유사성을 가지고 있는 것과는 달리 둘 사이에는 **음성적 유사성**이 전혀 없다. /ㅇ/은 연구개비음이자 유성음인데 비해, /ㅎ/은 성문마찰음이고 무성음이다. 따라서 이 둘이 상보적 분포를 이룬다고 해도 음성적 유사성이 없기 때문에 변이음이 아닌 각각의 음소로 분류되는 것이다. 이 결과를 놓고 볼 때 변이음을 판단하는 기준과 관련하여 음성적 유사성이 있는지가 상보적 분포에 우선한다고 할 수 있다.

> **더 알아두기**
>
> 'ㅇ'과 'ㅎ' 두 자음은 철자법상으로는 초성과 종성에서 모두 자연스럽게 쓰인다. '엄마', '경찰', '하객', '낳다'가 그 예들이다. 그렇지만 발음에 있어서는 그 양상이 다르다. '엄마'의 경우 첫 음절의 초성 'ㅇ'은 음가가 없고, '경찰'이란 단어 첫 음절 종성에 나타나는 'ㅇ'만 [ŋ]의 음가를 가진다. 'ㅎ'의 경우는 그 반대이다. '하객'에서 보듯이 음절 초성에서는 [h] 음가가 있지만 '낳다'에서는 첫 음절 종성의 'ㅎ'이 두 번째 음절 초성 'ㄷ'과 결합하여 음운 변화를 겪은 후 두 번째 음절의 초성으로 넘어가 [나타]가 된다. '낳아'라는 단어를 보면 좀 더 명확해지는데 첫 음절 종성의 'ㅎ'은 음가가 없어 [나아]로 발음된다. 이처럼 'ㅇ'과 'ㅎ'은 음가가 나타나는 위치가 종성과 초성으로 각각 정해져 있다.

제3절 ┃ 자유 변이 (종요)

우리는 앞에서 최소대립쌍을 통해 다른 환경이 같을 때, 같은 위치에서 나는 다른 의미를 만들어 내는 각각의 소리들을 '음소'라고 규정했고, 이와는 달리 서로 중복되지 않는 다른 위치에서 나면서 한 개의 '음소'로 인식되는 소리들을 '변이음'이라고 설명했다. 우리가 한 가지 더 살펴보아야 할 것이 있다. 같은 위치에서, 화자들이 같은 소리로 인식하지만(따라서 단어의 뜻을 변화시키지 않지만) 음성적으로 보았을 때는 차이가 있는 한 음소의 변이음들이 오는 경우가 있는데 이를 **자유 변이**(free variation)라고 한다. 이 자유 변이는 다른 말로 '수의 변이(隨意變異)'라고 하기도 한다. 이 자유 변이가 일어나는 경우 화자는 같은 소리(화자가 의도하는 '소리'는 음소)를 발음한다고 생각하지만 실제로는 한 음소의 변이음을 상황에 따라 자유롭게 바꾸어 발음하게 되는데, 한국어의 경우 모음과 모음 사이, 또는 [ㄹ]과 모음 사이에서 /ㄱ/의 변이음인 [g]와 [ɣ], /ㅂ/의 변이음인 [b]와 [β]가 자유 변이된다. 예를 들면 '먹어'의 경우 [məgə]와 [məɣə]가 자유 변이되고, '갈비'의 경우 [kalbi]와 [kalβi]가 자유 변이된다.

영어에서도 자유 변이가 나타난다. 'stop'이란 단어를 발음할 때 마지막에 자음으로 오는 /p/를 동일 화자라도 어느 경우에는 파열을 일으키지 않는 [p̚]로 어느 경우에는 파열을 시켜 [pʰ]로 발음하는데 이것도 자유 변이의 예라고 할 수 있다. 지금까지의 설명을 정리하면 동일한 위치에서 뜻을 변화시키지 않은 채 동일한 음소의 변이음들이 자유로이 교체되어 들어오는 현상을 자유 변이라고 할 수 있다.

제1장 음운과 변이음

01 언어 사용자의 지식으로서 다른 소리와 구별되는 소리 혹은 언어 체계 내에서 '의미 구별'이라는 기능을 갖는 소리를 음소라고 한다.

01 한 언어의 단어 단위에서 한 단어와 다른 단어의 뜻을 구별하게 하는 최소의 음성 단위는?

① 운소
② 음소
③ 음성
④ 형태소

02 첫 음절의 초성에서 나타나는 'ㅂ'은 파열이 일어나면서 기식이 발생하기 때문에 [ㅂʰ]([pʰ])로 소리 나고, 두 번째 음절의 초성 'ㅂ'은 유성음인 앞 음절의 종성 'ㅇ[ŋ]'과 두 번째 음절 중성인 모음 'ㅓ' 사이에서 소리 나기 때문에 유성음화되어 [b]로 소리 난다. 또한 두 번째 음절의 종성 'ㅂ'은 받침의 위치에서 소리 나기 때문에 파열이 일어나지 않아 [ㅂ˥]([p˥])로 소리 난다. 이 세 개의 말소리 [pʰ], [b], [p˥]가 음소 /ㅂ/의 변이음들이다.

02 '방법'이란 단어에서 음소 /ㅂ/의 변이음이 아닌 것은?

① [pʰ]
② [ŋ]
③ [b]
④ [p˥]

03 음성학에서는 실제적인 환경에서 나타나는 물리적 말소리(음성)를 연구한다.

03 다음 중 음소에 대한 설명으로 옳지 않은 것은?

① 음소는 음성학의 주된 연구 대상이다.
② 음소와 운소를 음운이라고 한다.
③ 음소는 의미를 구별하는 기능이 있다.
④ 음소는 언중이 다른 말소리와 구별하는 말소리이다.

정답 (01 ② 02 ② 03 ①)

04 다음 중 음운론의 중심 연구 대상은?

① 음소
② 문단
③ 단어
④ 문장

05 '팔'과 '발'이라는 두 단어를 구별하게 하는 음소 두 가지는?

> ㉠ ㅍ
> ㉡ ㅂ
> ㉢ ㅏ
> ㉣ ㄹ

① ㉠, ㉡
② ㉠, ㉢
③ ㉡, ㉢
④ ㉡, ㉣

| 주관식 | 문제 |

01 음소의 정의를 약술하시오.

---

04 음운은 음운론의 중심 연구 대상이다. 음운론이란 학문명이 보여주는 것도 '음운'이 음운론의 중심 연구 대상이라는 것을 알려주고 있다. 음운은 원래 음소와 운소가 합쳐져서 생긴 단어이다.

05 '팔'과 '발'이라는 두 단어가 다른 단어가 되게 하는 중요 요소는 바로 각 단어의 초성인 'ㅍ'과 'ㅂ'이다. 이 두 음소의 음성적 차이가 두 단어를 구별하게 하는 요인이 된 것이다.

01 정답
뜻을 구별하게 하는 최소의 음성 단위
해설
언중의 머릿속에서 다른 말소리와 구별되는 말소리, 혹은 언어 체계 내에서 기능을 갖는 소리를 음소 혹은 음운이라고 한다.

정답 04 ① 05 ①

02 **정답**

음소가 실제로 실현되는 상황에서 환경에 따라 음성적으로는 세부적으로 다르게 실현되는 소리들

해설

음소가 심리적·추상적으로 우리 머릿속에 들어있는 심리적 중심체(中心體)라고 한다면, 변이음(變異音, allophone)은 음소가 실제로 실현되는 상황에서 환경에 따라 음성적으로는 세부적으로 다르게 실현되는 소리들을 말한다.

02 변이음이란 무엇인지 약술하시오.

03 **정답**

이음

해설

변이음은 이음(異音)이라고도 하는데, 이 둘은 완전히 동일한 의미이기 때문에 어떤 용어를 써도 무방하다.

03 변이음을 이르는 다른 명칭은 무엇인지 쓰시오.

제2장 음운의 설정

01 다음 중 최소대립쌍이 <u>아닌</u> 것은?

① 물 – 말
② 송 – 중
③ 닥 – 탁 – 따
④ 불 – 풀 – 뿔

02 다음 중 음소를 변별해 낼 때 사용하는 방법은?

① 최소대립쌍
② 상보적 분포
③ 배타적 분포
④ 대립적 분포

03 각각의 개별 음소들이 동일 위치에 오는 경우를 무엇이라고 하는가?

① 상보적 분포
② 배타적 분포
③ 대립적 분포
④ 자유 변이

01 ①의 '물 – 말'은 1음절 단어로 각각 다른 의미를 가지고 있다. 두 개의 단어의 초성과 종성은 동일하지만 중성에서 차이가 있는데, 첫 번째 단어의 중성은 /ㅜ/, 두 번째 단어의 중성은 /ㅏ/이다. 이처럼 다른 음운 환경은 같고 비교되는 말소리 부분만 다르게 나타나는 단어들의 대립쌍을 최소대립쌍이라고 한다.

02 음소를 변별해 낼 때는 '최소대립쌍'이라는 방법을 사용한다. 한 음소의 변이음들을 찾아낼 때는 그 변이음들이 '상보 분포(상보적 분포, complementary distribution)' 또는 '배타적 분포'에 있는지를 살펴본다.

03 각각의 개별 음소들이 한 음절 내에서 동일 위치에 오는 경우를 '대립적 분포(contrastive distribution)'라고 하는데 이것은 한 음소의 변이음들이 '상보적 분포'를 이루는 것과는 대비된다. 따라서 음소들의 경우는 대립적 분포에 있고, 한 음소의 변이음들은 상보적 분포에 있다고 할 수 있다.

정답 01 ② 02 ① 03 ③

04 /ㅇ/과 /ㅎ/은 서로 상보적 분포를 이루고 있으나 일반적인 변이음들이 음성적 유사성을 가지고 있는 것과는 달리 둘 사이에는 음성적 유사성이 '전혀' 없다. /ㅇ/은 연구개비음이고 유성음인데 비해, /ㅎ/은 성문마찰음이고 무성음이다. 따라서 이 둘이 상보적 분포를 이룬다고 해도 음성적 유사성이 없기 때문에 변이음이 될 수 없고 각각의 음소로 분류되는 것이다.

04 다음 중 변이음으로 분류하는 기준 두 가지를 옳게 고른 것은?

① 상보적 분포, 음성적 유사성
② 대립적 분포, 음성적 유사성
③ 배타적 분포, 자유 변이
④ 대립적 분포, 자유 변이

05 변이음을 판단하는 기준과 관련하여 '음성적 유사성'이 있는지가 '상보적 분포'에 우선한다고 할 수 있다.

05 변이음을 판단할 때 상보적 분포보다 우선하는 기준은?

① 최소대립쌍
② 배타적 분포
③ 음성적 유사성
④ 자유 변이

주관식 문제

01 **정답**
최소대립쌍은 다른 음운 환경은 같고 비교되는 말소리 부분만 다르게 나타나는 단어들의 대립쌍이다. 예를 들어 '불 – 풀 – 뿔' 세 개의 단어는 각각 다른 의미를 가지고 있고 중성과 종성이 동일하게 /ㅜ/와 /ㄹ/이며, 초성만 /ㅂ/, /ㅍ/, /ㅃ/으로 다르다.

01 최소대립쌍에 대해 예를 들어 서술하시오.

정답 (04 ① 05 ③)

02 다음 내용에서 괄호 안에 들어갈 적절한 용어를 순서대로 쓰시오.

> 각각의 개별 음소들이 동일 위치에 오는 경우를 (㉠)
> 분포라고 하는데, 이것은 한 음소의 변이음들이 (㉡) 분
> 포를 이루는 것과는 대비된다. 따라서 음소들의 경우는
> (㉠) 분포에 있고, 한 음소의 변이음들은 (㉡) 분포
> 에 있다고 할 수 있다.

02 **정답**
  ㉠ 대립적
  ㉡ 상보적

03 상보적 분포에 대해 예를 들어 서술하시오.

03 **정답**
  나타나는 위치가 철저하게 정해져서
  각각의 변이음들이 나타나는 것을
  상보적 분포, 또는 배타적 분포라고
  한다. '방법'이란 단어에서 세 개의
  'ㅂ'은 같은 음소 /ㅂ/이지만 실제 음
  성적으로 나타나는 소리는 순서대로
  $[p^h]$, $[b]$, $[p^\neg]$로 세 개의 다른 변이
  음을 이루고 있다.

  해설
  '방법'이란 단어에 있는 세 개의 'ㅂ'
  에 대해서 설명하였는데, 이들 세 개
  의 'ㅂ'은 같은 음소 /ㅂ/이지만 실제
  음성적으로 나타나는 소리는 순서대
  로 $[p^h]$, $[b]$, $[p^\neg]$로 세 개의 다른 변
  이음을 이루고 있다. $[p^h]$는 첫음절
  의 초성에서, $[b]$는 유성음과 유성음
  사이에서, $[p^\neg]$는 받침의 위치에서
  소리 나고, 이들이 나타나는 환경에
  서만 이 변이음들이 나타난다. 이렇
  게 철저하게 나타나는 위치가 정해
  져서 각각의 변이음들이 나타난다고
  해서 이것을 상보적 분포 또는 배타
  적 분포라고 부른다.

04 정답

음성적 유사성은 음소를 분류하는 기준으로, 음성적 유사성이 있는지는 상보적 분포에 우선한다.

해설

예를 들어, /ㅇ/과 /ㅎ/은 서로 상보적 분포를 이루고 있으나, 일반적인 변이음들이 음성적 유사성을 가지고 있는 것과는 달리 둘 사이에는 음성적 유사성이 전혀 없다. /ㅇ/은 연구개비음이고 유성음인데 비해 /ㅎ/은 성문마찰음이자 무성음이다. 따라서 이 둘이 상보적 분포를 이룬다고 해도 음성적 유사성이 없기 때문에 변이음이 될 수 없고, 각각의 음소로 분류된다.

04 음성적 유사성에 대해 약술하시오.

05 정답

같은 위치에서, 화자들이 같은 소리로 인식하기 때문에 단어의 뜻을 변화시키지 않지만, 음성적으로 보았을 때는 차이가 있는 한 음소의 변이음들이 오는 경우를 자유 변이라고 한다. 예를 들어 '먹어'의 경우 [məɡə]와 [məɣə]가 자유 변이되고, '갈비'의 경우 [kalbi]와 [kalβi]가 자유 변이된다.

해설

동일한 위치에서 뜻을 변화시키지 않은 채 동일한 음소의 변이음들이 자유로이 교체되어 들어오는 현상을 자유 변이(free variation)라고 한다.

05 자유 변이란 무엇인지 예를 들어 설명하시오.

제 3 편

국어의 음운

| 단원 개요 |

국어의 음운은 음운론 과목에서 가장 기본이 되는 부분이다. 언중의 머릿속에서 분절음으로 구별되는 자음과 모음에 대해서 공부하고, 그중 반모음과 단순모음(단모음)의 차이점과 반모음과 단순모음이 결합하여 나타나는 이중모음(복모음)에 대해서도 알아본다. 또한 한국어 모음의 특징인 모음의 장단도 살펴보고, 음운 체계라는 단원에서는 자음과 모음의 분류 기준에 의해서 체계를 이루는 한국어 자음과 모음에 대해서 학습한다.

| 출제 경향 및 수험 대책 |

자음과 모음의 개념과 차이점, 단순모음과 반모음의 차이, 이중모음의 특성, 모음의 장단에 따른 단어 뜻의 차이, 음운 체계 내에서의 각 자음과 모음의 위치 등의 내용에서 출제될 수 있다. 음운론 과목에서 가장 기본이 되는 내용인 만큼 단원 내용에 대해 전반적으로 이해하고 개별 개념에 대해서도 철저히 공부하는 것이 필요하다.

제 1 장 | 자음

제1절 | 자음의 분류 기준 중요

제1편 제2장에서 자음의 분류 기준 다섯 가지에 대해서 설명하였다. 한국어도 전 세계의 언어 중 하나이기 때문에 세계 언어에 적용되는 자음의 분류 기준이 한국어의 자음에도 동일하게 적용된다. 다섯 가지 기준을 한 번 더 나열하자면 성대의 상태(유성음·무성음), 조음 위치(place of articulation), 조음 방법(manner of articulation), 구강음·비음, 중앙조음(central articulation)·설측조음(lateral articulation)이다. 이 가운데 첫 번째 성대의 상태와 관련해서는 한국의 자음 중 장애음(폐쇄음, 마찰음, 파찰음) 음소의 기본형(변이음들 중 대표 변이음)은 모두 무성음이고 공명음인 유음과 비음만 유성음으로 분류된다. 구강음과 비음의 분류도 /ㅁ, ㄴ, ㅇ[ŋ]/을 제외한 다른 자음들은 모두 구강음이고, 중앙조음 대 설측조음의 경우도 설측음인 /ㄹ[l]/만 설측조음이고 다른 음들은 모두 중앙조음이기 때문에 성대의 상태, 구강음 및 비음, 중앙조음 및 설측조음에 의한 분류는 아주 간단하고 명확하다. 하지만 조음 위치와 조음 방법에 의한 분류는 중요하면서도 복잡한데, 다음에서는 한국어의 자음을 이 두 분류 기준을 바탕으로 분류해 보도록 하겠다.

제2절 | 조음 위치

조음 위치는 윗조음자와 아래 조음자가 완전히 닿거나 또는 아주 근접하는 자리를 말한다. 한국어의 자음을 조음 위치에 따라 분류하면 양순음, 치조음(치경음), 경구개음(구개음), 연구개음, 성문음으로 나눌 수 있다.

1 양순음(bilabial)

양순음은 두 입술을 사용하여 내는 소리로, 두 입술을 폐쇄시켰다가 파열시켜 내는 소리이다. 한국어에서는 'ㅂ, ㅍ, ㅃ, ㅁ'이 양순음으로 분류된다. 이 중 'ㅂ, ㅍ, ㅃ'은 공기가 구강으로만 통과해서 조음이 되는 양순폐쇄음이고, 'ㅁ'은 폐에서 나온 공기가 비강으로 흐르는 양순비음이다.

2 치조음(alveolar)

치조음은 혀끝을 윗니 뒤의 조금 안쪽에 솟아 있는 치조 부분에 닿게 하거나 근접시켜 발음하는 소리로, 순수 우리말로는 '혀끝소리'라고 한다. 혀는 조음 기관 중 가장 활발하게 움직이는 부위인데, 그중에서도 혀끝은 가장 활발하게 움직이기 때문에 이 부위가 작용하여 만들어내는 치조음으로 분류되는 자음의 수가 많고 종류도 다양할 수밖에 없다. 한국어에서는 'ㄷ, ㅌ, ㄸ, ㅅ, ㅆ, ㄴ, ㄹ'이 모두 치조음에 해당된다. 이들을 조음 방법에 따라 구별하면 'ㄷ, ㅌ, ㄸ'은 혀끝이 치조 부분을 막았다가 터뜨리는 치조폐쇄음, 'ㅅ, ㅆ'은 혀끝이 치조에 가까이 접근하여 마찰을 일으켜 내는 치조마찰음이다. 'ㄴ'은 혀끝이 치조를 막는 것까지는 'ㄷ, ㅌ, ㄸ'과 같지만, '폐쇄 – 지속'의 과정을 거친 후 파열 과정에서 구강이 아니라 비강으로 기류가 흘러 나가는 치조비음이며, 'ㄹ'은 혀끝을 치조 부분에 대지만 마찰이나 폐쇄를 일으키지 않고 소리를 내는 치조유음이다.

3 경구개음(palatal)

경구개음은 혀의 앞부분을 치조보다 조금 더 뒤쪽에 위치한 입천장의 단단한 부분(경구개)에 닿게 하여 장애를 일으켜서 내는 소리이다. 한국어에서는 'ㅈ, ㅊ, ㅉ'이 경구개음으로 분류된다. 이들은 조음 방법상 파찰음으로 분류되는데, 폐쇄에서 시작해서 마찰로 끝난다. /ㅈ, ㅊ/이 받침으로 발음되는 경우에는 마찰 과정이 발생하지 않고 폐쇄된 상태에서 조음이 되는데, 이때 혀의 끝부분이 치조에 닿는 경우가 많아 불파된 치조음 [ㄷ]으로 발음된다.

4 연구개음(velar)

연구개음은 혀의 뒷부분을 경구개보다 조금 더 뒤쪽에 위치한 입천장의 부드러운 부분(연구개)에 닿게 하여 장애를 일으켜 발음하는 소리이다. 한국어의 연구개음에는 'ㄱ, ㅋ, ㄲ, ㅇ'이 있다. 'ㄱ, ㅋ, ㄲ'은 혀의 뒷부분이 연구개를 완전히 막았다가 파열이 되면서 기류가 구강을 통해서 나오는 연구개폐쇄음이고, 'ㅇ[ŋ]'은 폐쇄에서 지속까지의 과정은 'ㄱ, ㅋ, ㄲ'과 같지만 연구개폐쇄음과는 달리 콧길을 열어 기류가 비강을 통해 흘러나가도록 하는 차이가 있어 연구개비음으로 분류된다.

5 성문음(glottal)

성대를 둘러싸고 있는 성문(聲門)에서 나오는 소리를 성문음이라고 한다. 성문이 위치하는 부위가 후두이기 때문에 후두음(喉頭音)이라는 용어를 쓰기도 하는데, 이 후두음을 줄여서 후음(喉音)이라 부르기도 한다. 한국어에서는 성문음으로 'ㅎ'이 있는데, 이 자음은 성대 사이의 거리를 가깝게 해서 그 사이의 좁은 통로를 기류가 통과하면서 소리가 나는 성문마찰음이다.

제2절 조음 방법 ^{중요}

조음 방법은 윗조음자와 아래 조음자가 완전히 막히거나 가까이 접근하는 등 조음이 이루어지는 방법으로, 일차적으로 장애음(저해음)과 공명음(비장애음)으로 나뉜다. 장애음의 경우 입 안에 든 공기를 내보내는 방법에 따라 폐쇄음(파열음), 파찰음, 마찰음으로 나뉘며, 비음, 유음 등은 공명음에 속한다.

1 폐쇄음(stop)

폐쇄음은 조음 위치에서 공기의 흐름을 완전히 막았다가 터뜨림으로써 발음하는 소리로 자음 중 장애가 가장 크게 나타나는 소리이다. '폐쇄 – 지속 – 파열(개방)'의 3단계를 거치는 소리이기 때문에 폐쇄를 강조하는 경우 폐쇄음이라고 하고 파열을 강조하는 경우 파열음이라고 한다. 초성에서 나타나는 폐쇄음은 'ㅂ, ㅃ, ㅍ, ㄷ, ㄸ, ㅌ, ㄱ, ㄲ, ㅋ' 등이 있다. 종성에서의 폐쇄음은 파열이 일어나지 않기 때문에 'ㅂ, ㄷ, ㄱ'이 대표음으로 난다. 폐쇄음은 조음 위치에 따라 3가지로 나뉘는데 두 입술로 공기의 흐름을 막았다가 터뜨리며 내는 양순폐쇄음 'ㅂ, ㅃ, ㅍ', 혀끝을 치조 부분에 대어 공기의 흐름을 막았다가 터트리며 내는 치조폐쇄음 'ㄷ, ㄸ, ㅌ', 혀의 뒷부분의 등쪽을 연구개 부분에 대어 공기의 흐름을 막았다가 터뜨리는 연구개폐쇄 'ㄱ, ㄲ, ㅋ'이 있다.

일반적으로 폐쇄음을 쉽게 구별하는 방법은 입 앞에 손바닥을 대고 이들을 발음하면서 터져 나오는 입김을 느끼는 것이다. 이러한 방법은 교실학습에서 쉽게 사용되는 교수법이기도 하다. 파열 방식에 따라 실제 외부로 개방하여 파열을 일으키는 외파와 파열이 일어나지 않는 불파(미파)가 있다. 공기가 터지지 않은 채 발음이 끝나는 소리를 불파음(不破音)이라고 하는데, 종성에서 나는 폐쇄음이 여기에 해당된다. 초성폐쇄음처럼 파열이 일어나는 소리는 외파음(外破音)에 해당된다.

2 마찰음(fricative)

마찰음은 윗조음자와 아래 조음자가 폐쇄음처럼 완전히 닿아 폐쇄를 일으키는 것이 아니라 아주 가까이 접근해 좁은 틈으로 공기를 빠르게 내보내면서 발생하는 마찰을 이용하여 소음이 나게 하여 내는 소리이다. 공기가 완전히 막히는 순간이 없이 조음하는 동안에는 계속 공깃길을 열어 놓은 상태로 공기의 흐름이 끊어지지 않는다는 점에서 폐쇄 부분이 있는 폐쇄음이나 파찰음과는 다르다. 한국어의 치조음 'ㅅ[s], ㅆ[s']'은 혀끝과 치조 사이에서 발음되는 치조마찰음이다. 또 하나의 마찰음은 'ㅎ[h]'인데, 이 자음은 성대의 틈을 좁혀서 소리를 내는 성문마찰음이다. 이 'ㅎ' 소리의 경우 유성음과 유성음 사이에서 약화되기도 하고(음성학적으로는 유성음화), 받침에서는 'ㅎ' 소리가 탈락되기도 한다.

3 파찰음(affricate)

파찰음은 조음 위치에서 공기의 흐름을 완전히 막음으로써 시작하는 것은 폐쇄음과 비슷하지만, 폐쇄를 통해 막힌 부분을 조금만 개방하여 그 좁은 틈으로 공기가 빠르게 빠져 나가며 소음을 내는 것은 마찰음과 비슷하다. 따라서 '폐쇄(앞부분) + 마찰(뒷부분)'의 특성을 가지고 있다고 할 수 있다. 과거부터 파찰음이라는 용어로써 왔지만 조음 기제를 보았을 때에는 '폐찰음'이라고 하는 것이 더 적합하다고 판단된다. 하지만 본서에서는 일반적으로 쓰이는 용어인 파찰음이라는 용어를 사용하였다. 'ㅈ, ㅉ, ㅊ'은 혓바닥의 앞부분을 입천장의 앞부분에 붙였다가 떼는 순간에 마찰음처럼 발음하는 경구개파찰음이다.

4 비음(nasal)

비음은 폐에서 나온 기류가 비강을 통과하면서 나는 소리이다. 정확한 명칭은 비강폐쇄음(nasal stop)이며, 비음을 제외한 다른 음들은 기류가 구강을 통과하면서 나기 때문에 구강음이라고 한다. 비음도 폐쇄음과 같이 '폐쇄 – 지속 – 파열'의 단계를 거치지만 구강폐쇄음과 다른 점이 분명히 있다. '폐쇄 – 지속'의 단계는 구강에서 이루어지지만 '파열'의 단계는 비강에서 이루어지기 때문에, 즉 기류가 비강을 통해 빠져 나오기 때문에 비음 또는 비강폐쇄음이라고 하는 것이다. 한 가지 덧붙이자면, 파열이 구강에서 이루어질 때는 급격하고 강렬한 파열이 일어나지만 비음의 경우 파열 단계에서 공기가 비강을 통해 빠져 나가므로 상대적으로 완만하고 느슨한 파열(개방)이 이루어진다고 할 수 있다.

비음을 발음하면서 코를 막으면 코가 울리는 것을 느낄 수 있는데, 이는 비음의 경우 기류가 코를 통해 나옴을 알려 주는 증거이다. '밥'과 '밤'을 발음해 보면 입술의 움직임은 똑같다. 'ㅂ'과 'ㅁ'을 발음할 때 입술을 꼭 닫고 열지 않은 채 조음이 끝나기 때문이다. 이때 차이가 나는 것은 오직 목젖의 움직임이다. 즉, 목젖이 구강으로의 공기의 흐름을 차단하고 비강을 통해 기류가 나가면서 소리가 나면 이는 비음, 즉 여기서는 'ㅁ'이다. 비음을 조음할 때의 구강의 조음 기관의 상태는 구강폐쇄음을 조음할 때와 같다. 비음 'ㅁ, ㄴ, ㅇ'은 길게 낼 수 있는데 반해서 구강폐쇄음 'ㅂ, ㄷ, ㄱ'은 소리를 계속 낼 수가 없다.

급격하고 강렬한 파열이 일어나는 구강폐쇄음 'ㅂ, ㄷ, ㄱ'이 파열 후 소리를 계속 낼 수 없는 것과는 달리, 상대적으로 완만하고 느슨한 파열(개방)이 이루어지는 비음 'ㅁ, ㄴ, ㅇ'은 기류가 구강이 아닌 비강을 통해 상대적으로 덜 급격하게 빠져나가기 때문에 숨을 내쉴 수 있는 한 소리를 계속 낼 수 있다.

> **더 알아두기**
>
> **비강폐쇄음의 명칭**
> 비강폐쇄음이란 명칭은 영어 명칭인 'nasal stop'을 번역한 데서 온 결과이다. 음성학적으로 봤을 때에는 구강을 폐쇄시킨 채 콧길을 열어서 소리를 내므로 '구강폐쇄비강음'이라고 부르는 것이 더 정확하다.

5 유음(liquid)

유음은 자음 중 조음 위치에서 공기의 흐름에 장애를 가장 적게 받는 소리로, 청각적으로 흐르는 것 같은 느낌을 준다고 하여 유음(流音)이라 불린다. 조음 기관이 접촉하는 방식과 공기가 흐르는 방식에 따라 **설측음, 탄설음(설탄음), 전동음**으로 나누어지는데, 전동음 'ㄹ[r]'의 경우 한국어의 정상적인 말소리에서는 쓰이지 않는 소리이나 재미나 과장을 위해 쓰이는 경우가 있다. 한국어 유음 'ㄹ'은 환경에 따라 설측음과 탄설음의 두 개의 변이음으로 나타난다.

설측음(舌側音) 'ㄹ[l]'은 혀끝을 윗잇몸에 붙이고 혀의 옆이 입안의 볼 쪽 벽에 닿지 않게 하여 통로를 양쪽에 만들어 놓은 상태에서 발음하는 소리이다. 이 소리 역시 비음처럼 날숨이 계속되는 한 발음을 지속할 수 있다. 종성의 'ㄹ'과 그 뒤에 이어진 초성 'ㄹ'이 설측음으로 발음된다. 그런데 어중에서 유음이 연속으로 오는 경우에 있어서, 특히 'ㅣ, ㅑ, ㅕ, ㅛ, ㅠ' 등의 앞에서는 이 설측음은 구개음화된 설측음 [ʎ]로 나타난다. 어두의 초성 'ㄹ'은 설측음으로 발음된다고 일반적으로 얘기하지만 화자에 따라서는 탄설음으로 발음하기도 한다.

탄설음(彈舌音) 'ㄹ[ɾ]'은 혀끝을 윗잇몸에 한 번 잠깐 댔다 떼어 발음하는 소리이다. 접촉의 순간이 짧아야 하며, 조금만 길어지면 폐쇄음이 되어 [d] 소리처럼 발음된다. 탄설음의 특성상 설측음과 달리 숨이 계속되어도 발음을 지속하면 안 되기 때문에 설측음에 비해 짧게 발음되는 경우가 대부분이다. 어두의 초성 'ㄹ'이 탄설음으로 발음되는 경우가 있으며, 비어두의 모음 뒤 초성 'ㄹ'은 예외 없이 탄설음으로 발음된다.

제3절 한국어의 자음에 특화된 변별 자질

1 기식 및 긴장도 중요

기식 및 긴장도는 한국어의 장애음에서 특별히 각 음소를 분류할 때 필요한 조음 분류 기준이라 할 수 있다. 유무성이 여러 언어에 좀 더 보편적으로 쓰이는 분류 기준이라면 기식 및 긴장도는 한국어에 특화된 분류 기준인 것이다. 기식은 숨 쉴 때 나오는 기운, 즉 입김을 말한다. 조음할 때 기식을 수반하는 소리는 유기음(有氣音)이며, 기식을 수반하지 않고 조음되는 소리는 무기음(無氣音)이다. 유기음은 다른 이름으로 기식음, 거센소리라고도 하는데, 전통적으로는 격음이라는 용어를 써왔다. 폐쇄음 'ㅍ, ㅌ, ㅋ'을 발음하면서 손바닥을 입 앞에 대어보면 기식을 느낄 수 있을 것이다. 유기음은 국제음성기호의 기준에 따라 ^{h}를 오른쪽 상단에 덧붙여 표기하며 폐쇄음 'ㅍ(/p^h/), ㅌ(/t^h/), ㅋ(/k^h/)과 파찰음 'ㅊ', 성문마찰음 'ㅎ'이 유기음에 속한다. 반면 입김이 상대적으로 약하게 나오는 'ㄱ, ㄷ, ㅂ, ㅈ'이나 입김이 거의 나오지 않는 'ㄲ, ㄸ, ㅃ, ㅉ'은 무기음으로 분류된다.

긴장도란 후두나 그 주변 근육, 구강 내의 근육이 긴장되는 성질로, 한국어에서는 폐쇄음과 마찰음의 긴장 정도에 따라 경음(硬音, tensed sound)과 연음(軟音, laxed sound)으로 구분한다. 경음은 연음에 비해 조음 기관의 막음이나 좁힘의 지속시간이 길고 조음과 관련되는 근육의 긴장도가 높다. 'ㅃ, ㄸ, ㄲ, ㅆ, ㅉ'이 명백한 경음으로 긴장도가 가장 높고 'ㅍ, ㅌ, ㅊ, ㅋ, ㅎ'도 긴장성이 있는 자음들이다.

제 2 장 | 모음

제1절   모음의 분류 기준 종요

모음의 분류 기준은 자음의 분류 기준과 차이를 보인다고 하였다. 자음은 윗조음자와 아래 조음자가 완전히 접촉되거나 아주 가까이 접근해서 나는 소리이지만 모음은 윗조음자와 아래 조음자가 근접해서 나는 소리가 아니기 때문에 분류 기준도 자음과 다를 수밖에 없다. 추후 다시 설명하겠지만 모음의 종류에는 단순모음과 이중모음이 있는데, 모음의 분류 기준은 엄밀히 말하면 단순모음의 분류 기준이라 할 수 있다. 단순모음의 음운론적 분류 기준은 음성학에서 다루는 분류 기준과 동일하며, 이 기준에 따라 단순모음을 분류하고 이 분류에 따라 음운 현상을 기술한다. 모음의 분류 기준 세 가지는 혀의 높낮이, 혀의 앞뒤 위치, 입술의 둥글기이다. 각 분류 기준에 대한 자세한 내용은 다음의 제2~4절에 설명되어 있다.

제2절   혀의 높낮이 종요

모음의 개수는 각 언어마다 다양하다. 3~5개부터 많게는 10개가 넘는 모음의 개수를 가진 언어도 있다. 모음을 혀의 높낮이에 따라 분류할 때 그 언어가 가지고 있는 모음의 개수에 따라 단계를 2단계에서 5단계까지 나눈다. 한국어의 경우는 3단계로 나누는 것이 일반적인데, 3단계 분류에 따라 모음을 분류하면 혀의 높이가 가장 높은 것을 고모음(高母音), 중간 높이의 것을 중모음(中母音), 가장 낮은 것을 저모음(底母音)으로 나눈다.

그런데 혀의 높이에 따른 분류는 필연적으로 입이 벌어지는 정도, 즉 개구도(開口度)에 의한 분류로 대체되기도 한다. 이는 혀가 높은 위치에 있으면 입이 벌어지는 정도는 작아지고 혀가 낮은 위치에 오게 되면 입은 크게 벌어지기 때문이다. 개구도에 의한 분류에서는 고모음이 폐모음(閉母音), 중모음이 반개(半開)모음 또는 반폐(半閉)모음, 저모음이 개모음(開母音)으로 대체된다.

[한국어 단순모음의 혀의 높낮이에 의한 분류][1]

분류	해당 모음
고모음(폐모음)	ㅣ, ㅡ, (ㅟ), ㅜ
중모음(반폐모음, 반개모음)	ㅔ, ㅓ, (ㅚ), ㅗ
저모음(개모음)	ㅐ, ㅏ

---

1) /ㅟ/와 /ㅚ/에 괄호가 붙은 이유는 이 두 개의 모음은 단순모음으로 분류되지만 이중모음으로도 분류될 수 있기 때문이다.

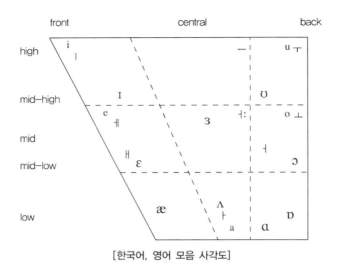

[한국어, 영어 모음 사각도]

앞에서 제시된 표와 그림을 보면, 단순모음 중 고모음에 속하는 모음은 / ㅣ, ㅡ, (ㅟ), ㅜ/이다. 이 가운데 /ㅟ/는 일반적으로 이중모음으로 조음되기 때문에 괄호를 붙인 것이고, 음운론의 분류상 /ㅟ/[2]를 단순모음으로 처리하는 것이 유리한 점이 있어 음운론 학자들의 경우에는 단순모음으로 처리하는 경우가 많고 고모음에 속하는 것으로 분류한다. 이를 단순모음으로 조음할 때에는 / ㅣ/를 조음하면서 동시에 입술만 동그랗게 오므려 준다고 생각하고 조음하면 된다.

중모음에 속하는 단순모음은 / ㅔ, ㅓ, (ㅚ), ㅗ/이다. 'ㅓ'의 경우에는 음성학적으로는 길이에 따라 다른 음가를 가진다고 제1편 제2장에서 설명했지만 음운론적으로는 한 개의 음소로 취급하고 대표음을 짧은 [ㅓ]로 잡아 중모음으로 분류한다. /ㅚ/도 /ㅟ/와 동일한 이유로 음운론에서는 단순모음으로 처리하고 중모음으로 분류한다. /ㅚ/[3]를 단순모음으로 조음할 때에는 / ㅔ/를 조음하면서 동시에 입술만 동그랗게 오므려 주면서 조음하면 된다.

저모음에 속하는 단순모음은 / ㅐ, ㅏ/이다. 그런데 위의 모음 사각도를 보면 / ㅐ/는 애매한 위치에서 조음이 된다. 5단계로 분류했을 때 중저모음(mid-low vowel)에 속하지만 3단계 분류에서는 중모음에 넣어도 되고 저모음으로 분류해도 되는 것이다. 특히 유의해서 볼 점은 영어의 /e/와 /æ/의 혀의 높이의 차이와 비해서 한국어의 / ㅔ/와 / ㅐ/의 혀의 높이의 차이는 상대적으로 작다. 영어의 /æ/는 확실히 저모음으로 분류가 되지만 한국어의 / ㅐ/는 그렇지 않다. 그런데 음운론에서는 이 모음을 저모음으로 처리하는 경우가 많다. / ㅐ/를 저모음으로 처리해야 단순모음 체계를 분류하거나 음운 규칙을 기술할 때 유리한 점이 많기 때문이다.

---

2) /ㅟ/를 단순모음으로 조음할 때는 [y] 발음이 되고, 이중모음으로 조음할 때는 [wi] 발음이 된다.
3) /ㅚ/를 단순모음으로 조음할 때는 [ø] 발음이 되고, 이중모음으로 조음할 때는 [we] 발음이 된다.

제3절   혀의 앞뒤 위치 _{중요}

일반적으로는 모음의 두 번째 분류 기준을 혀의 앞뒤 위치에 의한 분류라고 한다. 하지만 이 분류 기준을 좀 더 명확히 살펴보면 어떤 모음을 조음할 때 혀의 가장 높은 부분이 구강 내에서 앞쪽에 위치하는지, 뒤쪽에 위치하는지에 의한 분류라는 것을 알 수 있다. /ㅣ, ㅔ/의 경우에는 혀의 가장 높은 부분이 앞쪽에 위치한다. /ㅜ, ㅗ/의 경우에는 혀의 가장 높은 부분이 뒤쪽에 위치한다.

다음 표를 살펴보면 제1편 제2장에서 배운 중설모음이 사라진 것을 느낄 수 있을 것이다. 바로 앞에서 나온 [한국어, 영어 모음 사각도]를 보면 중설모음의 영역에 [ㅡ, ㅓ:, ㅏ]가 있고 후설모음에는 [ㅜ, ㅓ, ㅗ] 세 개가 있는데, 제1편 제2절의 [한국어의 단순모음 체계]에서는 이들 모두를 후설모음으로 분류하고 있다. 그렇다면 이 중 어떤 분류가 틀린 것일까? 그렇지는 않다. 음성학적으로는 올바른 분류지만, 음운론적 관점에서 분류하였을 때 고모음, 중모음, 저모음의 분류에서와 같이 모음을 체계적으로 분류하고 음운 현상을 기술하는 데 좀 더 나은 조건을 조성하기 위해 **중설모음**이라는 분류를 설정하지 않고 **전설모음**과 **후설모음**의 두 가지의 분류 기준으로 나누어 단순모음을 분류하는 것이다.

[한국어 단순모음의 혀의 가장 높은 부분의 전후 위치에 의한 분류]

분류	해당 모음
전설모음	ㅣ, (ㅟ), ㅔ, (ㅚ), ㅐ
후설모음	ㅡ, ㅜ, ㅓ, ㅗ, ㅏ

제4절   입술의 둥글기 _{중요}

모음 조음에서는 혀가 제일 중심적인 역할을 하지만 입술도 혀에 못지않게 중요한 역할을 한다. 따라서 입술과 관련된 내용이 모음의 세 번째 분류 기준으로 자리 잡게 되었다. 모음을 조음할 때 입술이 동그랗게 오므려지는가, 그렇지 않은가에 따라 원순모음(圓脣母音)과 평순모음(平脣母音)[또는 비원순모음(非圓脣母音)]으로 분류한다. 이 세 번째 분류 기준에는 '의도성'이라는 것이 크게 작용하는데, 원순모음과 평순모음을 분류할 때에는 단순히 입술의 모양만 보는 것이 아니라 화자가 모음을 조음할 때 '의도성'이 있는지를 보게 된다. /ㅏ/를 조음할 때 입모양만 보면 입술이 둥글게 되어 원순모음으로 분류해도 될 것 같지만, /ㅏ/ 모음을 조음해 보면 의도하지 않아도 입모양이 동그랗게 됨을 지각할 수 있다. 따라서 /ㅏ/ 모음은 '의도성'이 결여된 채 조음되기 때문에 평순모음으로 분류된다. 입모양을 동그랗게 하려는 의도성을 가지고 /ㅏ/ 모음을 조음하면 /ㅗ/에 가까운 소리가 나게 된다.

다음 표를 보면 원순모음 4개에 비해 평순모음의 개수는 6개로, 그 수가 더 많다. 이에 더해 원순모음으로 분류된 /ㅟ, ㅚ/의 경우에는 단순모음으로 조음하는 사람이 소수이고, 대부분은 이중모음으로 조음하기 때문에 단순모음 중 제대로 된 원순모음은 /ㅜ, ㅗ/ 두 개뿐이라고 볼 수 있다. /ㅜ, ㅗ/를 분석해 보면 이들은 후설모음이면서 중모음 이상의 혀의 높이를 가지고 있다. 이 결과는 전설모음이면서 원순모음, 저모음이면서 원순모음인 경우는 드물고 조음하기도 힘들다는 것을 알려준다. 다른 언어에서도 이런 내용은 유사하게 나타난다. 후설모음이면서 혀의 높이가 중모음 이상일 때 원순모음이 자연스럽게 생성됨을 알 수 있다. 모음 사각도 상에서 보면 네 개의 귀퉁이 중 우측 상부(후설고모음)에서 원순모음이 나타나기 쉬운 것이다.

[한국어 단순모음의 입술의 둥글기에 의한 분류]

분류	해당 모음
평순모음(비원순모음)	ㅣ, ㅡ, ㅔ, ㅓ, ㅐ, ㅏ
원순모음	(ㅟ), ㅜ, (ㅚ), ㅗ

제3장 | 반모음(활음)과 이중모음

제1절   반모음의 정의와 반모음 중요

/j/[4]와 /w/는 다른 말로 **활음**(glide)이라고 불리기도 하고 **반모음**(semi-vowel) 또는 반자음(semi-consonant)
으로 분류되기도 한다. 활음이라는 용어는 그 다음 모음으로 부드럽게 미끄러지듯이 넘어간다는 음의 느낌을 강
조하면서 나온 용어이다. 반모음이라는 용어는 한국어나 영어에서 이들을 지칭할 때 쓰는 용어이며 반자음이란
용어는 한국어에는 해당되지 않는다. 이들을 결코 자음으로 보지 않기 때문이다. 하지만 영어에서는 /j/와 /w/를
자음으로 간주하여 이들을 첫 음으로 갖고 있는 명사 앞에서 'a/an' 중에 'a'가 오고 'the'를 [ðə]로 발음하기 때문
에 자음의 역할을 하고 있다고 해서 반자음으로 분류하기도 한다.

제2절   단순모음과 이중모음 중요

다른 언어의 모음도 마찬가지이지만 모음은 **단순모음**과 **이중모음**으로 나뉜다. 단순모음은 처음 조음을 시작할
때의 구강 안의 혀나 구강 내의 다른 조음 기관의 위치가 조음이 끝날 때까지 변하지 않는 모음이다. 이와는 반대
로 이중모음은 처음 조음을 시작할 때의 혀나 구강 내의 다른 조음 기관의 위치가 조음을 하는 동안 다른 모음의
위치로 바뀌어, 조음을 시작할 때의 모음과 끝날 때의 모음이 다른 모음을 말한다. 이중모음은 '반모음 + 단순모
음' 또는 '단순모음 + 반모음'의 구조를 갖는 것으로 설명된다.

제3절   이중모음의 정의

이중모음은 안정구간이 있고 주모음이 되는 단순모음과 불안정하고 짧게 지속되는 반모음(활음)의 결합으로 되어
있다. 이때 반모음이 단순모음의 앞에 올 수도 있고 뒤에 올 수도 있다. 이중모음이 단순모음과 다른 점은 단순모
음은 조음을 시작할 때부터 끝날 때까지 입모양과 혀의 위치가 일정하게 유지되는 반면, 이중모음은 입모양과
혀의 위치가 변동된다는 것이다. 이중모음을 분류하는 기준은 반모음의 종류에 따른 것과 반모음이 단순모음의
앞에 오느냐(상향이중모음), 뒤에 오느냐(하향이중모음)에 따른 것 두 가지가 있다.

---

4) 이 소리를 /y/로 쓰는 학자들이 많이 있다. 이 소리에 대해서 쓰이는 /y/는 전통적으로 많이 채택된 기호이긴 하지만 국제음성기호(IPA)로는 /j/를 쓰기 때문
   에 본서에서는 /j/를 채택하여 쓰도록 하겠다.

제4절   이중모음의 종류 (종요)

1 상향이중모음

(1) w-계 이중모음

한국어의 이중모음 중 w-계 이중모음은 철자법상으로는 'ㅜ'나 'ㅗ'와 결합하는 이중모음을 말한다. 따라서 w-계에 속하는 것들은 /ㅘ, ㅝ, ㅙ, ㅞ/의 네 개가 된다. 단순모음으로도 분류되는 /ㅚ, ㅟ/를 넣으면 철자 법상으로는 여섯 개가 되지만, 국립국어원의 표준 발음법 제2장 제5항의 해설에 따르면 /ㅞ/와/ /ㅚ/의 발음이 같기 때문에 이들을 하나로 보고 /ㅘ, ㅝ, ㅙ, ㅞ(=ㅚ), ㅟ/로 분류하여 최종적으로 최대 다섯 개까지 분류할 수 있다. 이들 다섯 개를 발음 기호로 표기하면 각각 [wa], [wʌ], [wɛ], [we], [wi]로 된다.

/ㅘ/, /ㅝ/의 경우에는 이중모음으로 발음하는 데 아무 문제가 없고 모든 한국어 화자가 자연스럽게 발음한다. [w]의 반모음을 살짝 조음한 뒤 뒤이어 오는 단순모음 [a]와 [ʌ]를 자연스럽게 조음하면 된다. /ㅟ/의 경우에도 이중모음으로 조음할 때 [w]를 조음한 뒤 [i] 단순모음의 조음으로 넘어간다. 극소수이긴 하지만 /ㅟ/를 단순모음으로 조음하기도 하는데 조음하는 방법은 입술을 동그랗게 오므린 후 [i]를 조음한다고 생각 하고 조음하면 된다. 이 발음이 발음기호로는 [y]가 된다.

문제가 되는 것은 /ㅙ, ㅞ/이다. 많은 한국어 화자들이 이 두 개의 이중모음의 음가를 구별하지 않은 채 모두 [we]의 음가나 그 언저리의 음가로 발음하고 있다. 이런 현상이 나타나는 것은 단순모음 /ㅔ/와 /ㅐ/의 합류 현상과도 깊은 관련이 있다고 할 수 있다. 그렇지만 /ㅔ/와 /ㅐ/가 분명히 구별되어 발음되어야 하듯이 /ㅙ/ 와 /ㅞ/도 확실히 구별되어 발음되어야 한다. /ㅙ/와 /ㅞ/의 음가는 엄연히 구별되고 다르게 조음된다. /ㅙ/ 는 반모음 [w]를 조음한 뒤 개구도가 크고 혀가 낮은 위치에 있는 [ɛ]를 조음해야 한다. 이 모음이 잘 조음이 안 된다면 조금 더 혀가 낮은 위치에 오고 개구도가 더 큰 [æ]를 조음한다고 생각하고 조음하면 제대로 /ㅙ/ 를 조음할 수 있을 것이다. /ㅞ/는 [w]를 조음한 후 [ɛ]보다는 입을 적게 벌리고 혀의 위치를 높여 조음하는 [e]를 이어서 조음하면 된다.

더 알아두기

[w]가 'ㅜ'와 'ㅗ'의 두 철자와 대응하는 이유

일부 독자들은 'ㅜ'나 'ㅗ'는 다른 음가를 나타내는 철자인데 어떻게 [w]라는 한 가지 음이 이 두 개의 철자에 다 대응할 수 있는 것인가라는 의문을 가질 것이다. 그런데 한국어에는 '모음조화'라는 특성이 있다. 세종이 한글을 창제할 당시에도 이 원칙을 반영하여 양모음은 양모음끼리, 음모음은 음모음끼리 어울려 표기하게 하였다. 따라서 반모음의 표기로 'ㅜ'가 올지 'ㅗ'가 올지는 뒤에 오는 단순모음의 성질에 따라 달라지는 것이다. 뒤에 양모음인 'ㅏ'나 'ㅐ'가 오면 반모음의 표기로 'ㅗ'가 선택되고, 음모음인 'ㅓ'나 'ㅔ'가 오면 'ㅜ'가 선택되는 것이다.

다만 뒤에 중성모음 격인 단순모음 'ㅣ'가 오는 경우에는 반모음으로 'ㅜ'나 'ㅗ'가 올 수 있는데 이때는 'ㅜ' 나 'ㅗ'가 같은 음가를 갖는 것이 아니라 각각 평순모음의 'ㅣ'와 'ㅔ'의 혀의 높이에 원순성까지 포함하는 음가를 가지는 것으로 해석해야 한다.

---

(2) j-계 이중모음

한국어의 이중모음 중 j-계 이중모음은 /ㅑ, ㅕ, ㅛ, ㅠ, ㅒ, ㅖ/의 여섯 개가 있다. 중·고등학교에서는 쉬운 이해를 위해 'ㅣ 선행모음'이라고 부르는 것들이다. 이 용어에는 각 단순모음의 앞에 [i]가 와서 모음을 이룬다는 뜻이 들어 있는데 실제로는 [i]와 닮은 반모음 [j]가 와서 이중모음을 이루는 것이다.[5] j-계 이중모음은 한국인의 경우에 w-계 이중모음보다는 상대적으로 음가의 혼란을 겪지 않는 편이다.

/ㅑ, ㅕ, ㅛ, ㅠ/ 네 개의 이중모음의 경우에는 /ㅏ, ㅓ, ㅗ, ㅜ/의 단순모음을 제대로 조음하는 사람이라면 아무 문제없이 조음할 수 있다. /ㅏ, ㅓ, ㅗ, ㅜ/의 단순모음 앞에 [j]라는 반모음을 넣어서 조음하면 되기 때문이다. 그런데 한국어를 배우거나 구사할 수 있는 일본인의 경우 한국어의 모음 /ㅓ, ㅗ/를 구별해서 인지하고 조음하는 데 어려움을 겪는 경우가 있기 때문에 이중모음 /ㅕ, ㅛ/를 구별해서 인지하고 조음하는 데 어려움을 겪을 가능성이 있다. 중국인의 경우는 좀 다르게 나타난다. /ㅗ, ㅜ/의 구별에 어려움을 겪는 경우가 많기 때문에 이중모음 /ㅛ, ㅠ/를 구별해서 인지하고 조음하는 데 어려움을 겪을 가능성이 존재한다. /ㅖ, ㅒ/의 경우는 한국인에게서 음가를 구별하는 데 어려움이 나타난다. 이는 한국어에서 /ㅔ, ㅐ/의 합류 현상이 있어 이 두 개의 단순모음을 구별하여 인지하고 조음하는 데에 어려움을 겪고 있는 현상의 연장선상에서 나타나는 어려움이라고 할 수 있다. /ㅔ/와 /ㅐ/를 구별하지 못한다면 당연히 [j] 반모음이 앞에 덧붙어 오는 /ㅖ/, /ㅒ/의 구별에도 어려움을 겪게 된다. 이 어려움을 극복하게 하기 위해서는 우선 /ㅔ/와 /ㅐ/를 구별할 수 있도록 청취 및 조음연습을 시켜야 한다. 이런 연습을 통해서 단순모음 /ㅔ/와 /ㅐ/를 구별할 수 있는 능력이 생긴 화자는 /ㅖ/와 /ㅒ/의 이중모음도 구별해 나갈 수 있을 것이다.

그런데 이 /ㅖ/와 /ㅒ/의 음가를 구별해서 인지하고 조음할 수 있다 하더라도 이 두 개의 이중모음의 음가가 언제나 실현되는 것은 아니다. /ㅖ/의 경우 앞에 자음이 오지 않거나 /ㄹ/이 선행할 때에만 /ㅖ/로 발음되고 그 외의 자음이 앞에 오면 /ㅔ/로 발음되는 경우가 많다. /ㅎ/이 앞에 오는 경우에는 /ㅖ/나 /ㅔ/ 어느 쪽으로도 발음될 수 있다.

- 예절[예절], 혼례[홀례]
- 계산[게산], 폐해[페해]
- 혜택[헤택, 혜택]

/ㅒ/의 경우는 이 이중모음이 들어가는 단어의 수가 몇 개에 그친다. '얘, 얘기, 걔, 쟤' 등에서 나타나는데 '얘, 얘기'에서는 제 음가를 다 내어 발음해 주지만 '걔, 쟤'에서는 앞에 오는 자음 때문에 /ㅒ/의 음가를 제대로 내기 어려운 상황에 처하기 때문에 일반적으로 [게], [제]와 같이 많이 발음한다.

---

[5] 일부 학자들의 경우에는 이 반모음을 [y]로 표기하는 경우도 있으나 국제음성기호 체계에서 [y]는 한국어에서 [i]의 원순모음 짝인 [ㅟ]를 단순모음으로 조음했을 때의 음가를 나타낸다. 본서에서는 음가의 혼란을 없애기 위해 국제음성기호 체계에서 전설평순고모음 [i]와 유사한 특성을 가진 반모음을 표시하는 데 사용하는 [j]를 채택해서 사용한다.

[참고]

한국어 교육에서 /ㅔ/, /ㅐ/, /ㅖ/, /ㅒ/의 교육을 어떻게 다루어야 할 것인가?

근래에 한국어 음성·음운론 혹은 발음교육론 교재들을 보면 저자에 따라 '/ㅔ/와 /ㅐ/의 합류가 일어나서 현재 한국어의 단순모음은 7모음 체계를 이루고 한국인들도 /ㅔ/와 /ㅐ/를 구별해서 사용하지 않으므로 외국인들에게 한국어를 가르칠 때도 /ㅔ/와 /ㅐ/를 가르칠 때 음가가 같은 소리로 가르치고 쓰게 하면 된다.'는 견해를 피력하는 경우가 있다. 그러나 이는 받아들이기 힘든 생각이다. 현재도 /ㅔ/와 /ㅐ/를 구별해서 인지하고 조음하는 많은 한국어 화자가 있으며, 특히 이 두 개의 모음은 잘못 발음했을 때 의미적으로 혼동을 일으킬 수 있기 때문에(㉠ 나는 <u>게</u>를 좋아한다, 나는 <u>개</u>를 좋아한다) 이 두 개의 모음의 음가는 꼭 지켜야 하고 또 구별을 못하는 한국어 화자들에게는 인위적으로 가르쳐서라도 구별을 할 수 있게 해야 한다. 또한 이 두 개의 단순모음의 음가를 구별할 수 있어야 이중모음인 /ㅖ/와 /ㅒ/의 음가도 구별할 수 있기 때문에 단순히 단순모음 두 개의 음가의 구별에 그치는 것이 아니라 이 두 모음의 음가의 구별은 더 큰 의미를 갖는다고 할 수 있다.

이 두 모음의 음가의 구별은 단순히 한국어 화자의 국어 생활의 편의성에서 그치지 않는다. 한국어 교육 쪽으로 논의를 확대해 보자. 외국어 화자들 중 자신의 모국어에서 /ㅔ/와 /ㅐ/에 해당하는 모음이 있어 이 둘을 구별할 수 있는 화자들의 경우(영어 화자, 중국어 화자 등) /ㅔ/와 /ㅐ/의 음가를 제대로 교육하면 곧바로 구별해서 인지하고 조음할 수 있는 것을 이들에게 제대로 가르치지 않아 이들조차도 두 개 모음의 음가를 두루뭉술하게 조음하게 하는 우를 범할 수 있을 뿐만 아니라 이들의 마음속에 '왜 한국인은 다른 두 개의 모음을 제대로 조음하지 못할까?'하는 조롱 섞인 의문을 품게 할 수도 있다. 필자가 직접 이들 외국인을 가르쳐 본 결과 모국어에 /ㅔ/, /ㅐ/ 두 개의 모음에 해당하는 모음이 각각 있는 경우 교육 즉시 바로 이 두 개의 모음을 인지하고 조음하는 것을 확인할 수 있었다.

한국인에게 일반적으로 한국어 다음으로 중요한 언어로 여겨지는 영어 발음 습득의 경우에도 한국어에서의 /ㅔ/와 /ㅐ/의 합류 문제는 큰 걸림돌로 작용한다. 필자가 실험한 결과에 따르면, /ㅔ/와 /ㅐ/를 인지와 조음 측면에서 구별하지 못하는 한국어 화자가 영어를 배울 때 영어의 'head'와 'had', 'bed'와 'bad'에 나오는 [e]와 [æ] 모음을 인지실험과 조음실험에서 전혀 구별하지 못하는 것을 확인할 수 있었다. 영어의 [æ]는 한국어의 /ㅐ/에 비해 턱의 위치가 더 낮고 혀도 더 아래로 내려와 상대적으로 구별하기 쉬운 환경을 제공하는데도 여전히 구별을 하지 못하는 것을 확인할 수 있었다.

이처럼 한국어 /ㅔ/와 /ㅐ/의 음가의 합류 현상은 단순히 국어 생활의 불편에 그치지 않고 한국어 교육 또는 한국인의 영어 학습에 있어서 중요한 문제점들을 발생시킨다. 이런 면들을 고려했을 때 단순히 한국어 교육에서 이 두 개의 모음의 음가를 제대로 가르치는 수준에서 그칠 것이 아니라 이 두 개의 모음을 제대로 인지하고 조음하지 못하는 한국어 화자들에게도 집중적인 음가 교육을 통해 이들이 이 두 개의 모음의 음가를 제대로 조음할 수 있게 하는 노력이 절실히 요구된다고 할 것이다.

2 하향이중모음

여기에 해당되는 이중모음은 /ㅢ/가 있으며, 이는 j-계 이중모음에 해당한다. 표준 발음법 제2장 제5항의 해설에 따르면, 이를 단순모음 /ɯ/[6])가 온 다음에 반모음 /j/가 오는 하향이중모음 /ɯj/으로 본다. 이 근거는 통시적인 것으로, 15세기에 'ㅐ[aj], ㅔ[ʌj], ㅚ[oj], ㅟ[uj], ㅢ[ɯj]' 등이 모두 j-계열의 하향이중모음이었기 때문이다.

- 의미[의미]
- 의결[의결]
- 띠어쓰기[띠어쓰기]
- 틔어[티어]
- 희어[히어]

낱말의 첫 음절 이외의 '의'는 [ㅣ]로 소리낼 수 있고 조사 '의'의 경우에는 [ㅔ]로 발음함도 허용된다.

- 주의[주의/주이]
- 협의[혀븨/혀비]
- 우리의[우리의/우리에]
- 강의의[강의의/강:이에]

'ㅢ'의 발음은 오는 위치와 역할에 따라 다양하게 소리가 날 수 있으므로 이 모음의 발음을 제대로 하도록 주의해야 한다.

---

6) 한국어 모음 /ㅡ/를 국제음성기호에서는 단순모음일 경우 /ɯ/로, 반모음일 경우 /ɰ/로 표기한다.

제 4 장 | 모음의 장단

제1절   운소 체계와 운소의 종류

음소와 더불어 음운론에서 중요하게 다루는 요소가 바로 운소(prosodeme)이다. 이 장에서는 운소의 종류에 대해서 알아본 후 한국어에서 중요하게 다루어지는 모음의 장단에 대해서 다음 절에서 자세히 살펴보도록 하겠다. 운소는 말소리에 얹히는 그런 요소들인데 소리의 크기(세기), 길이, 높낮이가 이에 해당한다. 이와 관련하여 소리의 리듬(rhythm), 휴지(pause) 등도 운소로 분류되기도 한다. 어떤 운소의 경우는 크기, 길이, 높낮이가 협업해서 나타나는 운소도 있는데 그 대표적인 것이 바로 강세(stress)이다. 한국어의 경우에는 강세가 중요한 역할을 하지 않지만, 영어의 경우에는 강세가 개별 자음과 모음의 음가에도 영향을 미칠 만큼 대단히 중요한 역할을 한다.

소리의 크기와 관련해서는 화자가 어떤 내용을 강조할 때 그 내용과 관련되는 단어나 구 부분을 크게 소리 내는 경우가 생긴다. 길이와 관련해서는 자음과 모음의 길이를 들 수 있는데, 한국어에서는 특히 모음의 장단이 의미 구별의 요소로 작용해서 중요한 운소로 자리하고 있다. 소리의 높낮이는 의미 변별이나 감정 표현, 각 문장의 종류(평서문, 의문문, 명령문, 청유문 등)를 결정하는 중요한 역할을 하고 있다. 소리의 높낮이를 일반적으로 의미하는 영어 단어는 'pitch(고저)'이고, 한 음절이나 한 단어 내에서의 소리의 높이 변화를 나타내는 영어 단어는 'tone(성조)', 구나 절 문장 전체의 소리의 높낮이의 변화를 나타내는 영어 단어는 'intonation(억양)'이다. 소리의 높낮이는 운소 중 중요한 역할을 하기 때문에 이렇게 말소리의 단위에 따라 다른 용어를 써서 구별하고 있는 것이다.

제2절   모음과 관련한 장단 중요

한국어에서는 음장이 의미 구별에 관여하는 중요한 역할을 한다. 철자법상으로는 음장 표시를 하지 않지만, 장음과 단음을 구별하여 표기해야 하는 경우에는 장음에 ':'를 붙여 장음임을 나타낸다.

한국어에서 철자법상으로는 동일하게 표기되지만 모음의 장단에 의해 구별되는 단어들의 예를 들면 다음과 같다. 일반적으로 보면 장모음을 가진 음절이 더 길게 조음되기 때문에 음절의 길이에서 차이가 나는 것이지만 길이 차이의 원인이 중성인 모음에 있기 때문에 모음의 장단이 의미 차이를 가져온다고 설명하는 것이다. 그 예를 보이면 '말ː(language) - 말(horse)', '눈ː(snow) - 눈(eye)', '밤ː(chestnut) - 밤(night)', '벌ː(bee) - 벌(punishment)' 등이 있는데, 이들은 모음의 장단에 따라 뜻이 달라진다.

현재 젊은 층에서는 이 장단의 구별을 하지 않고 모두 단모음으로 발음하는 경향이 강해져서 모음의 장단을 통해 의미 구별을 하는 한국어의 음운론적 기제가 점차 사라져가고 있다. 이렇게 되는 이유를 살펴보면 첫 번째, 앞에서도 언급했듯이 현행 철자법에서는 장단모음을 구별하는 기제가 없고, 두 번째, 첫 음절에서는 장단모음의 구별이 지켜지지만 장모음을 가지고 있는 음절이 두 번째 음절 이하로 가는 경우에는 '밤ː → 군밤'과 같이 장음이 단음으로 바뀌는 현상이 나타나기 때문이다.

제**5**장 | 음운 체계

음운은 앞에서도 설명하였듯이 좁은 의미로는 음소를 가리킨다. 음소를 형성하는 말소리는 자음과 모음으로, 한 언어의 음운 체계는 결국 그 언어의 자음 체계와 모음 체계를 아우르는 것이라고 할 수 있다.

제1절 | 자음 체계 중요

한국어의 자음은 조음 위치(place of articulation)와 조음 방법(manner of articulation)에 따라 나뉜다. 이에 따라 한국어의 자음 19개는 다음과 같은 체계를 이룬다.

[한국어의 자음 체계]

조음 방법		조음 위치	양순음	치조음	경구개음	연구개음	성문음
장애음	폐쇄음 (파열음)	평음	ㅂ[p]	ㄷ[t]		ㄱ[k]	
		격음	ㅍ[pʰ]	ㅌ[tʰ]		ㅋ[kʰ]	
		경음	ㅃ[p']	ㄸ[t']		ㄲ[k']	
	파찰음	평음			ㅈ[ʧ]		
		격음			ㅊ[ʧʰ]		
		경음			ㅉ[ʧ']		
	마찰음	평음		ㅅ[s]			ㅎ[h]
		경음		ㅆ[s']			
공명음	비음		ㅁ[m]	ㄴ[n]		ㅇ[ŋ]	
	유음			ㄹ[l]			

조음 위치에 의한 자음의 분류는 입의 앞쪽에서부터 뒤로 양순음, 치조음, 경구개음, 연구개음, 성문음이 있다. 양순음에는 /ㅂ, ㅍ, ㅃ, ㅁ/, 치조음에는 /ㄷ, ㅌ, ㄸ, ㅅ, ㅆ, ㄴ/, 경구개음에는 /ㅈ, ㅊ, ㅉ/, 연구개음에는 /ㄱ, ㅋ, ㄲ, ㅇ/, 성문음에는 /ㅎ/이 있다.

조음 방법에 의한 자음의 분류는 크게 장애음과 공명음으로 나눌 수 있다. 장애음에는 폐쇄음, 파찰음, 마찰음이 있고, 각각 /ㅂ, ㅍ, ㅃ, ㄷ, ㅌ, ㄸ, ㄱ, ㅋ, ㄲ/, /ㅈ, ㅊ, ㅉ/, /ㅅ, ㅆ, ㅎ/이 속한다. 공명음에는 비음과 유음이 있는데, 비음에는 /ㅁ, ㄴ, ㅇ/이 속하고 유음에는 /ㄹ/이 속한다.

1 성대 진동

바로 이전에 나온 표 [한국어의 자음 체계]에서 살펴보았듯이, 일반적으로는 조음 위치와 조음 방법에 의해 자음을 분류하지만 타 언어와 마찬가지로 한국어에서도 자음을 성대의 진동의 유무에 따라 유성음과 무성음으로 나눌 수 있다.

허파에서 나온 호기가 후두(울대)를 통과할 때 2개의 성대를 접근시키면 성대가 주기적으로 울려 나는 소리를 유성음이라고 하는데 자음 가운데 /ㅁ, ㄴ, ㅇ, ㄹ/이 이에 속한다.

반면 성대를 진동시키지 않고 내는 소리를 무성음이라고 하며, /ㄱ, ㄷ, ㅂ, ㅅ, ㅈ, ㅊ, ㅋ, ㅌ, ㅍ, ㅎ, ㄲ, ㄸ, ㅃ, ㅆ, ㅉ/이 이에 속한다. 그러나 'ㄱ, ㄷ, ㅂ, ㅈ'의 경우 음절 내 초성의 위치에서는 무성음이지만, 유성음인 모음과 모음 사이 또는 비음·유음과 모음 사이와 같은 위치에서는 유성음이 되며, 이러한 현상을 유성음화라고 한다.

제2절 모음 체계 (중요)

음운론에서 분류하는 한국어의 모음 체계는 자음과 마찬가지로 음성·음향적 접근에서의 기준과 큰 차이를 보이지 않는다. 분류 기준이 음성·음향적 접근에서 분류하는 기준과 같기 때문이다. 하지만 음운 현상을 체계적으로 분석하고 음운 규칙으로 쉽게 기술하기 위해, 음성적으로 중설모음으로 분류되는 것을 음운론에서는 중설이라는 기준을 없애고 후설모음으로 분류하는 등의 세부적인 차이가 보이기도 한다.

모음 체계는 크게 단순모음 체계와 이중모음 체계로 나눌 수 있다. 여기서도 단순모음 체계와 이중모음 체계로 나누어 살펴보도록 하겠다.

---

1 단순모음 체계

(1) 한국어의 단순모음 수

음운론 학자들은 일반적으로 표준 한국어의 단순모음 수를 7모음 또는 8모음 체계로 상정한다. 하지만 표준어 규정 제2부 표준 발음법의 제2장 제4항은 한국어의 'ㅏ, ㅐ, ㅓ, ㅔ, ㅗ, ㅚ, ㅜ, ㅟ, ㅡ, ㅣ'는 단모음(單母音)으로 발음한다고 규정하고 10모음 체계를 상정하고 있다. 그런데 표준 발음법의 제2장 제4항의 [붙임]에서는 이 두 개의 모음을 이중모음으로 발음할 수 있다고 규정해서 8모음 체계도 허용하고 있다. 실제로 'ㅚ, ㅟ' 두 개의 모음은 현재 70세 이상의 한국어 화자들 중 극소수만 단순모음으로 조음할 뿐, 대다수의 한국어 화자들은 이 두 모음을 이중모음으로 조음한다. 현재의 상황을 고려할 때 10모음 체계를 상정하는 것보다는 8모음 체계를 채택하는 것이 더욱 현실적이라고 생각되지만 본서에서는 규정을 따르는 것이 가장 표준적인 것으로 보아 표준어 규정에 따라 10모음 체계로 상정하고 설명한다.

> **더 알아두기**
>
> **7모음 체계를 상정하는 경우**
> /ㅔ/와 /ㅐ/가 합류되었다고 판단하는 학자들의 경우에는 7모음 체계를 상정한다.

(2) 한국어의 단순모음 체계

음성학은 자연과학에 가깝기 때문에 각 모음의 위치를 높낮이로는 고・중고・중・중저로, 앞뒤 위치로는 전・중・후와 같이 명확히 구분하고 기술하려 한다. 반면 음운론에서는 구조적 체계(structural system)를 중시하기 때문에 모음의 위치도 이 구조적 체계에 맞추려 한다. 구조적 체계와 관련하여 중요하게 생각하는 것이 대칭성(symmetry)이다. 다음의 표를 보면 전설모음과 후설모음이 완벽한 대칭을 이루고 있음을 볼 수 있다.

구조적 체계를 뒷받침하는 대칭성을 완성하고 이를 기반으로 해서 음운 현상을 논리적으로 설명하기 위해서 현실적으로는 한국어에서 8개의 모음만 단순모음으로 조음됨에도 불구하고 10모음 체계를 강조하고 있다. 중설모음이라는 분류 기준을 아예 설정하지 않은 채 전설모음과 후설모음의 두 개의 분류 기준으로 단순모음을 분류하여 대칭을 이루기 좋은 체계를 만든 후 'ㅟ, ㅚ'를 전설원순고모음과 중모음으로 분류하여 후설원순고모음과 중모음인 'ㅜ, ㅗ'와 대칭을 이루게 하고 있다. [ㅐ] 모음의 경우도 이 모음을 중모음(4단계 분류에서는 중저모음)에 넣으면 대칭성이 깨어지기 때문에 저모음으로 분류하여 후설평순저모음인 [ㅏ]와 대칭을 이루게 하고 있다.

[음운론적 관점의 한국어의 단순모음 체계]

혀의 높이 \ 혀의 앞뒤 입술 모양	전설모음		후설모음	
	평순모음	원순모음	평순모음	원순모음
고모음	ㅣ	ㅟ	ㅡ	ㅜ
중모음	ㅔ	ㅚ	ㅓ	ㅗ
저모음	ㅐ		ㅏ	

2 이중모음 체계 중요

한국어의 이중모음의 정의 및 분류에 대해서는 앞에서 이미 설명하였기 때문에 다음 표의 내용으로 이중모음 체계를 설명하도록 하겠다.

[한국어의 이중모음 체계]

상향이중모음	w-계	/ㅘ/[wa], /ㅝ/[wʌ], /ㅙ/[wɛ], /ㅞ(=ㅚ)/[we], /ㅟ/[wi]
	j-계	/ㅑ/[ja], /ㅕ/[jʌ], /ㅛ/[jo], /ㅠ/[ju], /ㅒ/[jɛ], /ㅖ/[je]
하향이중모음	j-계	/ㅢ/[ɰij]

한국어의 이중모음은 /ㅟ/를 이중모음으로 넣으면 최대 12개의 이중모음이 있다. 이 중 상향이중모음이면서 w-계 이중모음인 것은 최대 5개(발음 기준), j-계 이중모음인 것은 6개가 있고, 하향이중모음이면서 j-계 이중모음인 것은 /ㅢ/가 있다. 표준 발음법 제2장 제5항 해설에 따르면, 단순모음 /ㅚ/, /ㅟ/는 언중들이 실제 발음을 이중모음으로 하는 경우가 대부분이기 때문에 이중모음으로 보기도 한다. 이 경우 w-계의 이중모음 중 /ㅞ/와 /ㅚ/가 모두 [we]로 동일하게 발음되는 것으로 보아 /ㅚ/의 경우에는 발음으로 계산되는 이중모음 개수의 증가에 영향을 주지 않는다. 따라서 이중모음의 최대 개수를 13개가 아닌 12개로 보는 것이다.

> [참고]
> **모음 /ㅢ/에 대한 여러 가지 견해**
> 본서에서는 국립국어원의 표준어 규정 표준 발음법의 해설에 따라 통시적인 근거를 존중하여 /ㅢ/를 하향이중모음으로 서술했지만, 모음 /ㅢ/를 상향이중모음으로 보느냐, 하향이중모음으로 보느냐에 대한 견해는 학자에 따라 다르다. 우선 하향이중모음으로 분류하는 경우, 통시적으로 15세기부터 /ㅢ/를 하향이중모음으로 봤고, 스펙트로그램을 [ɰij]로 분석하여 반모음 /j/가 뒤에 오는 하향이중모음으로 분류한다. 하지만 실제로 이 발음을 하향이중모음으로 발음한다면 '으~이'와 같이 발음할 수밖에 없게 된다.
> 현대 국어에서는 /ㅢ/의 발음이 [ㅡ]를 아주 짧게 조음한 다음에 [ㅣ]를 길게 조음하면서 [ㅣ] 모음을 안정된 상태에서 조음하면서 끝난다. 이는 즉, 현대 국어의 화자들은 음성학적으로 /ㅢ/를 이견 없이 상향이중모음인 /ɰi/로 발음하는 것을 의미하며, 이에 따르면 /ㅢ/는 음성학적으로 ɰ-계 상향이중모음에 해당된다. 또한, 현대 국어에서 /ㅢ/는 [ㅣ], [ㅔ]로 조음되는 것이 허용되고, 방언에 따라서는 [ㅡ]로 조음되는 경우도 있기 때문에 온전한 의미의 하향이중모음으로 남아 있다고 보기 어렵다는 의견도 있다. 필자도 개인적인 연구에서 직접 스펙트로그램 분석을 통하여 확인한 결과, [ㅡ]로 조음이 되는 경우에도 'ㅡ' 부분이 반모음으로 바뀌었고, 뒤의 'ㅣ' 부분이 단순모음으로 그 음가를 유지하는 쪽으로 바뀌어 결국 상향이중모음인 [ɰi]로 조음되는 것을 확인했다. 이는 앞부분이 반모음인 것으로 보여 필자는 /ㅢ/를 /ɰi/로 분석하여 상향이중모음으로 분류한다.
> 그리고 음운론에서 추구하는 '대칭성'의 측면에서 보았을 때 w-계, j-계 이중모음이 모두 상향이중모음인데, /ㅢ/만 하향이중모음으로 분류하는 것은 어색하다. 따라서 현대 국어에서 /ㅢ/ 모음 하나만을 하향이중모음으로 분류하는 것은 무리가 있다고 판단된다.

이상의 내용을 요약하자면, 현대 국어 화자들의 현실 발음을 반영한다는 측면과, 음성학·음운론적으로도 /ㅢ/라는 한 개의 모음만이 하향이중모음이고 다른 이중모음은 상향이중모음으로 분류되는 기형적인 구조에서 벗어난다는 측면에서 /ㅢ/는 상향이중모음으로 분류하는 것이 타당하다고 본다.

이렇듯 모음 /ㅢ/가 어디에 해당되느냐는 학자의 견해에 따라 여전히 의견이 분분하나, 본서에서는 현재 국립국어원의 표준어 규정 해설에 따라 본문 내용을 서술하였으므로, 학습자들도 본문 내용에 따라 학습하는 것을 권장한다.

제1장 │ 자음

01 다음 중 양순구강폐쇄음이 <u>아닌</u> 것은?

① ㅂ
② ㅍ
③ ㅃ
④ ㅁ

01 'ㅂ, ㅍ, ㅃ, ㅁ'은 모두 두 입술을 폐쇄시켰다가 파열시켜 내는 소리이지만 파열(개방)을 할 때 'ㅂ, ㅍ, ㅃ'은 공기가 구강으로만 통과해서 조음이 되는 데 비해서 'ㅁ'은 공기가 비강으로 흐른다는 점에서 차이가 난다. 따라서 조음 방법으로 다시 나누면 'ㅂ, ㅍ, ㅃ'은 양순구강폐쇄음이며 'ㅁ'은 양순비강폐쇄음(줄여서 양순비음)으로 분류된다.

02 다음 중 치조음 'ㄷ, ㅌ, ㄸ'의 조음 방법에 해당하는 것은?

① 폐쇄음
② 마찰음
③ 비음
④ 유음

02 'ㄷ, ㅌ, ㄸ'은 혀끝이 치조 부분을 막았다가 터뜨리는 치조폐쇄음으로 분류된다.

03 혀의 앞부분을 치조보다 조금 더 뒤쪽에 위치한 입천장의 단단한 부분에 닿게 하여 장애를 일으켜서 내는 소리는?

① 양순음
② 치조음
③ 경구개음
④ 연구개음

03 경구개음(硬口蓋音, palatal)은 혀의 앞부분을 치조보다 조금 더 뒤쪽에 위치한 입천장의 단단한 부분(경구개)에 닿게 하여 장애를 일으켜서 내는 소리이다. 한국어의 경구개음에는 'ㅈ, ㅊ, ㅉ'이 있다. 경구개음은 구개음이라고 부르기도 한다.

정답 (01 ④ 02 ① 03 ③)

04 성대를 둘러싸고 있는 성문(聲門, glottis)에서 나오는 소리가 성문음(聲門音, glottal)이다. 전통적으로는 후두음(喉頭音)이라는 용어를 쓰기도 하는데, 후두음을 줄여서 후음(喉音)이라고 하기도 하며 목청소리라고도 한다.

04 다음 중 'ㅎ'을 이르는 말이 <u>아닌</u> 것은?

① 성문음
② 치경음
③ 후두음
④ 목청소리

05 조음 방법은 조음 기관의 막음이나 좁힘이 이루어지는 방법으로, 일차적으로 장애음과 공명자음 또는 비장애음으로 나뉜다. 장애음의 경우 입 안에 든 공기를 내보내는 방법에 따라 폐쇄음(막음소리, stop), 파찰음(붙갈이소리, affricate), 마찰음(갈이소리, fricative)으로 나뉜다.

05 다음 중 조음 방법에 의한 분류가 <u>아닌</u> 것은?

① 폐쇄음
② 파찰음
③ 마찰음
④ 성문음

06 비음은 폐에서 나온 기류가 비강을 통과하면서 나는 소리로, 'ㅁ, ㄴ, ㅇ'이 해당된다.

06 다음 중 비음에 해당하지 <u>않는</u> 것은?

① ㅁ
② ㄴ
③ ㅇ
④ ㅂ

정답 04 ② 05 ④ 06 ④

07 폐쇄음과 마찰음을 긴장 정도에 따라 구분한 것은?

① 유성음 – 무성음
② 유기음 – 무기음
③ 경음 – 연음
④ 기식음 – 경음

07 한국어에서는 폐쇄음과 마찰음의 긴장 정도에 따라 경음(硬音, tensed sound)과 연음(軟音, laxed sound)으로 구분한다.

08 다음 중 긴장도가 가장 높은 것은?

① ㅁ
② ㅂ
③ ㅃ
④ ㅍ

08 'ㅃ, ㄸ, ㄲ, ㅆ, ㅉ'이 명백한 경음으로 긴장도가 가장 높고, 'ㅍ, ㅌ, ㅊ, ㅋ, ㅎ'도 긴장성이 있는 자음들이다.

09 다음 중 유기음에 속하지 <u>않는</u> 것은?

① ㄷ
② ㅊ
③ ㅍ
④ ㅎ

09 폐쇄음 'ㅍ(/pʰ/), ㅌ(/tʰ/), ㅋ(/kʰ/)'과 파찰음 'ㅊ', 성문마찰음 'ㅎ'이 유기음에 속한다.

정답 　07 ③　08 ③　09 ①

주관식 문제

01 자음의 분류 기준 다섯 가지를 쓰시오.

01 **정답**
성대의 상태, 조음 위치, 조음 방법,
구강음/비음, 중앙조음/설측조음

02 조음 위치에 따라 자음을 분류하여 쓰시오.

02 **정답**
양순음, 치조음, 경구개음, 연구개
음, 성문음

03 연구개음에 대해 서술하시오.

03 **정답**
연구개음은 혀의 뒷부분이 경구개보
다 조금 더 뒤쪽에 위치한 입천장의
부드러운 부분(연구개)에 닿아 장애
가 일어나서 발음되는 소리이다. 연
구개음에는 'ㄱ, ㅋ, ㄲ, ㅇ'이 있다.

04 폐쇄음의 조음 단계를 쓰시오.

04 **정답**
폐쇄 – 지속 – 파열(개방)

05 다음 내용에서 괄호 안에 들어갈 말을 순서대로 쓰시오.

> 혀끝을 윗잇몸에 한 번 잠깐 댔다 떼어 발음하는 'ㄹ[ɾ]' 소리
> 는 (㉠)이라고 하며, 혀끝을 윗잇몸에 여러 번 붙였다
> 떼어 발음하는 'ㄹ[r]' 소리는 (㉡)이라고 한다.

05 **정답**
㉠ 탄설음
㉡ 전동음
해설
탄설음(彈舌音) 'ㄹ[ɾ]'은 혀끝을 윗
잇몸에 한 번 잠깐 댔다 떼어 발음하
는 소리이다. 전동음 'ㄹ[r]'은 혀끝
을 윗잇몸에 여러 번 붙였다 떼어, 즉
혀끝을 떨어서 발음하는 소리이다.

06 **정답**

파찰음은 'ㅈ, ㅉ, ㅊ'으로 조음 위치에서 공기의 흐름을 완전히 막음으로써 시작하는 것이 폐쇄음과 비슷하지만 폐쇄를 형성했다가 막힌 부분을 조금만 개방하여 그 좁은 틈으로 공기가 빠르게 지나가는 것이 마찰음과 비슷하며 끝나는 점이 폐쇄음과 다르다.

06 파찰음에 대하여 약술하시오.

07 **정답**

구강음

해설

비음은 폐에서 나온 기류가 비강을 통과하면서 나는 소리이다. 비음을 제외한 다른 음들은 기류가 구강을 통과하면서 나기 때문에 구강음이라고 한다.

07 비음을 제외한 다른 음들은 무엇이라고 하는지 쓰시오.

08 **정답**

유음은 조음 위치에서 공기 흐름에 장애를 가장 적게 받는 소리이다.

해설

유음(流音)은 조음 위치에서 공기 흐름에 장애를 가장 적게 받는 소리로 청각적으로 흐르는 듯한 느낌을 준다고 하여 유음이라 불린다. 조음 기관이 접촉하는 방식과 공기가 흐르는 방식에 따라 설측음, 탄설음, 전동음으로 나누어진다. 영어에서는 한국어에서는 쓰이지 않는 권설음 [ɻ]이 'r'에 대한 말소리로 쓰인다.

08 유음의 정의를 간략하게 서술하시오.

09 설측음에 대하여 서술하시오.

10 기식 및 긴장도에 대하여 서술하시오.

09 **정답**
설측음 'ㄹ[l]'은 혀끝을 윗잇몸에 붙이고 혀의 옆이 입안의 볼 쪽 벽에 닿지 않게 하여 통로를 양쪽에 만들어 놓은 상태에서 발음하는 소리이다. 종성의 'ㄹ'과 그 뒤에 이어진 초성 'ㄹ'이 설측음으로 발음된다.

10 **정답**
기식 및 긴장도는 한국어의 자음에 특화된 변별자질로 기식은 숨 쉴 때 나오는 기운, 즉 입김이라고 하고 긴장도는 후두나 그 주변 근육, 구강 내의 근육이 긴장되는 성질이다.

해설
기식은 숨 쉴 때 나오는 기운, 즉 입김을 기식이라고 하는데 조음할 때 기식을 수반하는 소리는 유기음이며 기식을 수반하지 않고 조음되는 소리는 무기음이다. 폐쇄음 'ㅍ, ㅌ, ㅋ'을 발음하면서 손바닥을 입 앞에 대어보면 기식을 느낄 수 있을 것이다. 긴장도란 후두나 그 주변 근육, 구강 내의 근육이 긴장되는 성질로 한국어에서는 폐쇄음과 마찰음, 파찰음의 긴장 정도에 따라 경음(硬音, tensed sound)과 연음(軟音, laxed sound)으로 구분한다. 'ㅃ, ㄸ, ㄲ, ㅆ, ㅉ'이 명백한 경음으로 긴장도가 가장 높다.

제2장 　모음

01 모음의 분류 기준 세 가지는 혀의 높낮이, 혀의 앞뒤 위치, 입술의 둥글기이다.

01 다음 중 모음의 분류 기준이 <u>아닌</u> 것은?

① 혀의 높낮이
② 혀의 앞뒤 위치
③ 입술의 둥글기
④ 기식 및 긴장도

02 혀의 높낮이에 따라 모음을 3단계로 분류하면 혀의 높이가 가장 높은 것을 고모음(高母音), 중간 높이의 것을 중모음(中母音), 가장 낮은 것을 저모음(底母音)으로 나눈다.

02 모음을 혀의 높낮이에 따라 분류한 것이 <u>아닌</u> 것은?

① 고모음
② 중모음
③ 저모음
④ 평순모음

03 [문제 하단의 표 참고]
※ 표 내용 중 (ㅟ), (ㅚ)는 10모음 체계 분류에서는 단순모음으로 분류되지만, 7모음 체계나 8모음 체계 분류에서는 이중모음으로 분류되기 때문에 괄호에 넣었다. 해당 장의 문제 해설 중 단순모음 표 안의 괄호 처리된 모음은 모두 이와 같은 이유이다.

03 다음 중 폐모음에 해당하는 것은?

① ㅏ
② ㅓ
③ ㅗ
④ ㅜ

>>>○

[한국어 단순모음의 혀의 높낮이에 의한 분류]

분류	해당 모음
고모음(폐모음)	ㅣ, ㅡ, (ㅟ), ㅜ
중모음(반폐모음 또는 반개모음)	ㅔ, ㅓ, (ㅚ), ㅗ
저모음(개모음)	ㅐ, ㅏ

정답 　01 ④　02 ④　03 ④

04 다음 중 전설모음에 해당하는 것은?

① ㅜ

② ㅓ

③ ㅗ

④ ㅣ

»»○

[한국어 단순모음의 혀의 가장 높은 부분의 전후 위치에 의한 분류]

분류	해당 모음
전설모음	ㅣ, (ㅟ), ㅔ, (ㅚ), ㅐ
후설모음	ㅡ, ㅜ, ㅓ, ㅗ, ㅏ

05 다음 중 원순모음에 해당하는 것은?

① ㅣ

② ㅗ

③ ㅔ

④ ㅡ

»»○

[한국어 단순모음의 입술의 둥글기에 의한 분류]

분류	해당 모음
평순모음(비원순모음)	ㅣ, ㅡ, ㅔ, ㅓ, ㅐ, ㅏ
원순모음	(ㅟ), ㅜ, (ㅚ), ㅗ

주관식 문제

01 음운론적으로 저모음, 후설모음, 비원순모음에 모두 해당하는 모음을 쓰시오.

04 [문제 하단의 표 참고]

05 [문제 하단의 표 참고]

01 정답
ㅏ

해설
저모음, 후설모음, 비원순모음 모두에 해당하는 모음은 'ㅏ'이다.

정답 (04 ④   05 ②)

02 **정답**
- 고모음 : ˈ ㅣ, ㅡ, (ㅟ), ㅜˈ
- 중모음 : ˈ ㅔ, ㅓ, (ㅚ), ㅗˈ
- 저모음 : ˈ ㅐ, ㅏˈ

해설
혀의 높이가 가장 높은 것을 고모음(高母音), 중간 높이의 것을 중모음(中母音), 가장 낮은 것을 저모음(底母音)으로 나눈다.
[문제 하단의 표 참고]

02 혀의 높낮이에 따라 모음을 3단계로 분류하시오.

>>>🔍

[한국어 단순모음의 혀의 높낮이에 의한 분류]

분류	해당 모음
고모음(폐모음)	ㅣ, ㅡ, (ㅟ), ㅜ
중모음(반폐모음 또는 반개모음)	ㅔ, ㅓ, (ㅚ), ㅗ
저모음(개모음)	ㅐ, ㅏ

03 **정답**
- 전설모음 : ˈ ㅣ, (ㅟ), ㅔ, (ㅚ), ㅐˈ
- 후설모음 : ˈ ㅡ, ㅜ, ㅓ, ㅗ, ㅏˈ

해설
[문제 하단의 표 참고]

03 모음을 혀의 앞뒤 위치에 따라 분류하시오.

>>>🔍

[한국어 단순모음의 혀의 가장 높은 부분의 전후 위치에 의한 분류]

분류	해당 모음
전설모음	ㅣ, (ㅟ), ㅔ, (ㅚ), ㅐ
후설모음	ㅡ, ㅜ, ㅓ, ㅗ, ㅏ

04 한국어 단순모음을 입술의 둥글기에 따라 분류하시오.

>>>⌀

[한국어 단순모음의 입술의 둥글기에 의한 분류]

분류	해당 모음
평순모음(비원순모음)	ㅣ, ㅡ, ㅔ, ㅓ, ㅐ, ㅏ
원순모음	(ㅟ), ㅜ, (ㅚ), ㅗ

04 **정답**
• 평순모음 : 'ㅣ, ㅡ, ㅔ, ㅓ, ㅐ, ㅏ'
• 원순모음 : '(ㅟ), ㅜ, (ㅚ), ㅗ'
해설
모음을 조음할 때 입술이 동그랗게 오므려지느냐 그렇지 않느냐에 따라 원순모음(圓脣母音)과 평순모음(平脣母音) 또는 비원순모음(非圓脣母音)으로 분류한다.
[문제 하단의 표 참고]

05 모음을 입술의 둥글기에 따라 분류할 때 결정적 기준이 되는 것을 쓰시오.

05 **정답**
의도성
해설
원순모음과 평순모음을 분류할 때에는 단순히 입술의 모양만을 보는 것이 아니라 화자가 모음을 조음할 때 '의도성'이 있는지가 결정적 기준으로 작용한다. 모음 [ㅏ]는 '의도성'이 결여된 채 조음되기 때문에 평순모음으로 분류된다.

제3장   반모음(활음)과 이중모음

01 /j/와 /w/는 활음(glide)이라고 불리
    기도 하고 반모음(semivowel)으로
    분류되기도 한다.

01 다음 중 /j/와 /w/를 부르는 말은?

① 유음
② 반모음
③ 단순모음
④ 이중모음

02 한국어 이중모음 중 w-계에 속하는
    것들은 /ㅘ, ㅝ, ㅙ, ㅞ, ㅟ/이다.

02 다음 중 w-계 이중모음에 해당하는 것은?

① / ㅑ /
② / ㅕ /
③ / ㅝ /
④ / ㅒ /

03 한국어의 이중모음 중 j-계 이중모
    음은 /ㅑ, ㅕ, ㅛ, ㅠ, ㅒ, ㅖ/이다.

03 다음 중 j-계 이중모음에 해당하지 <u>않는</u> 것은?

① / ㅑ /
② / ㅕ /
③ / ㅖ /
④ / ㅙ /

정답 01 ② 02 ③ 03 ④

04 다음 중 한국어의 하향이중모음에 해당하는 것은?

① /ㅘ/

② /ㅢ/

③ /ㅛ/

④ /ㅟ/

05 다음 중 /ㅢ/의 발음에 대한 설명으로 <u>틀린</u> 것은?

① 첫 음절에서 앞에 자음이 오지 않으면 [ㅢ]로 발음한다.

② 첫 음절에서 앞에 자음이 오면 [ㅢ]로 발음한다.

③ 첫 음절 이외의 '의'는 [ㅣ]로 발음할 수 있다.

④ 조사 '의'는 [ㅔ]로 발음할 수 있다.

주관식 문제

01 이중모음에 대해 서술하시오.

```

```

---

04 한국어의 이중모음 중 하향이중모음은 /ㅢ/이다.

05 낱말의 첫 음절에서 앞에 자음이 오지 않으면 [ㅢ]로 발음되지만 앞에 자음이 오면 [ㅣ]로 발음된다. 낱말의 첫 음절 이외의 '의'는 [ㅣ]로 소리 낼 수 있고, 조사 '의'의 경우에는 [ㅔ]로 발음함도 허용된다.

01 정답

처음 조음을 시작할 때의 혀나 구강 내의 다른 조음 기관의 위치가 조음을 하는 동안 다른 모음의 위치로 바뀌어, 조음을 시작할 때의 모음과 끝날 때의 모음이 다른 모음이다.

해설

이중모음은 처음 조음을 시작할 때의 혀나 구강 내의 다른 조음 기관의 위치가 조음을 하는 동안 다른 모음의 위치로 바뀌어, 조음을 시작할 때의 모음과 끝날 때의 모음이 다른 모음을 말한다. 이중모음은 '반모음 + 단순모음' 또는 '단순모음 + 반모음'의 구조를 갖는다.

정답 04 ② 05 ②

02 **정답**
w-계 이중모음, j-계 이중모음
해설
한국어의 이중모음은 반모음의 계열에 따라 크게 두 가지로 나뉘는데, w-계 이중모음, j-계 이중모음이다. 여기서 /ㅢ/는 j-계 이중모음이자 하향이중모음이 된다. 다른 w-계, j-계 이중모음은 모두 상향이중모음이다.

02 이중모음의 종류를 반모음 계열에 따라 쓰시오.

03 **정답**
/ㅘ, ㅝ, ㅙ, ㅞ, ㅟ/
해설
기본적으로 한국어의 w-계 이중모음에 속하는 것들은 /ㅘ, ㅝ, ㅙ, ㅞ/이다. 하지만 /ㅚ/, /ㅟ/도 이중모음으로 분류할 경우 w-계 이중모음은 /ㅘ, ㅝ, ㅙ, ㅞ, ㅟ/로, 그 개수는 최대 5개까지로 볼 수 있다. /ㅚ/는 /ㅞ/와 같은 발음으로 보기 때문에 개수에 영향을 미치지 않는다.

03 w-계에 해당하는 이중모음을 최대한 쓰시오.

04 **정답**
단순모음은 조음을 시작할 때부터 끝날 때까지 입모양과 혀의 위치가 일정하게 유지되는 반면에 이중모음은 입모양과 혀의 위치가 변동된다.

04 단순모음과 이중모음의 차이점을 서술하시오.

05 이중모음을 분류하는 기준에 대해 쓰시오.

05 **정답**

이중모음을 분류하는 기준은 반모음의 종류에 따른 것과 반모음이 단순모음의 앞에 오느냐(상향이중모음), 뒤에 오느냐(하향이중모음)에 따른 것 두 가지가 있다.

제4장 모음의 장단

01 소리의 높낮이를 일반적으로 의미하는 단어는 '고저(pitch)'이고 한 음절이나 한 단어 내에서의 소리의 높이 변화를 나타내는 영어 단어는 '성조(tone)', 구나 절 문장 전체의 소리의 높낮이의 변화를 나타내는 단어는 '억양(intonation)'이다.

01 구나 절 문장 전체 소리의 높낮이 변화를 나타내는 것은 무엇인가?

① 고저
② 성조
③ 억양
④ 강세

02 소리의 높낮이는 의미 변별이나 감정 표현, 각 문장의 종류(평서문, 의문문, 명령문, 청유문 등)를 결정하는 역할을 한다.

02 다음 중 소리의 높낮이의 역할이 아닌 것은?

① 의미 변별
② 감정 표현
③ 발음 강조
④ 문장 종류 결정

03 소리의 높낮이를 일반적으로 의미하는 영어 단어는 'pitch'이다.

03 소리의 높낮이를 일반적으로 의미하는 영어 단어는?

① pitch
② tone
③ intonation
④ stress

정답 01 ③   02 ③   03 ①

04 다음 내용에서 괄호 안에 들어갈 말로 옳은 것은?

> 한국어에서 말소리의 길이 중 중요하게 보는 것이 자음과 모음의 길이인데, 철자법에는 반영되지 않지만 특히 (   )의 장단이 의미 구별의 요소로 작용하기 때문에 말소리의 장단은 중요한 운소로 자리하고 있다.

① 자음
② 모음
③ 반모음
④ 이중모음

04 일반적으로 장모음을 가진 음절은 단모음을 가진 음절보다 길게 조음되기 때문에 음절의 길이에서 차이가 난다. '밤(chestnut) – 밤(night)'이 그 예가 된다. 이 두 1음절 단어는 음절의 길이 차이 때문에 의미가 변별된다. 이 단어들은 음절의 길이에서 차이가 있지만 그 원인이 모음에 있기 때문에 모음의 장단이 의미 차이를 가져온다고 설명할 수 있다.

05 다음 중 모음과 관련된 장-단의 예가 <u>아닌</u> 것은?

① 말(language) – 말(horse)
② 눈(snow) – 눈(eye)
③ 벌(bee) – 벌(punishment)
④ 배(boat) – 배(pear)

05 한국어의 '배(boat)'와 '배(pear)'는 모두 중성이 단모음이어서 짧게 발음된다. 따라서 '배(boat) – 배(pear)'는 장-단의 예로 적절하지 않다. 모음과 관련한 장단의 예는 '말(language) – 말(horse)', '눈:(snow) – 눈(eye)', '밤:(chestnut) – 밤(night)', '벌:(bee) – 벌(punishment)' 등이다.

주관식 문제

01 운소의 요소 세 가지를 쓰시오.

01 정답
소리의 크기(세기), 길이, 높낮이
해설
운소는 말소리에 얹히는 요소들인데, 소리의 크기, 길이, 높낮이가 이에 해당한다.

정답 (04 ② 05 ④)

02 장모음이 사라지는 원인에 대하여 약술하시오.

02 정답
현행 철자법에서 장단모음을 구별하는 기제가 없고, 장모음을 가지고 있는 음절이 두 번째 음절 이하로 가는 경우 단모음으로 바뀌는 현상이 나타나기 때문이다.

해설
현행 철자법에서는 장단모음을 구별하는 기제가 없고, 첫 음절에서는 장단모음의 구별이 지켜지지만 장모음을 가지고 있는 음절이 두 번째 음절 이하로 가는 경우에는 이 장음이 단음으로 바뀌는 현상이 나타난다. 때문에 이런 현상도 장모음이 사라지는 원인으로 작용하는 것으로 볼 수 있다.

03 운소의 요소 중 소리의 크기의 역할을 쓰시오.

03 정답
강조

해설
화자가 어떤 내용을 강조할 때, 그 내용과 관련되는 단어나 구 부분을 크게 소리 낸다.

04 한 음절이나 한 단어 내에서의 소리의 높이 변화를 나타내는 단어를 쓰시오.

04 정답
성조(tone)

해설
한 음절이나 한 단어 내에서의 소리의 높이 변화를 나타내는 단어는 성조(tone)이다.

05 소리의 높낮이를 말소리의 단위에 따라 구별하는 용어를 모두
　　쓰시오.

05 **정답**
고저(pitch), 성조(tone), 억양(in-
tonation)

해설
소리의 높낮이를 일반적으로 의미하
는 단어는 '고저(pitch)'이고, 한 음
절이나 한 단어 내에서의 소리의 높
이 변화를 나타내는 단어는 '성조
(tone)', 구나 절 문장 전체의 소리의
높낮이의 변화를 나타내는 단어는
'억양(intonation)'이다. 소리의 높낮
이는 운소 중 중요한 역할을 하기 때
문에 말소리의 단위에 따라 다른 용
어를 써서 구별하고 있다.

제5장　음운 체계

01　치조음은 /ㄷ, ㅌ, ㄸ, ㅅ, ㅆ, ㄴ/이다.

01　다음 중 치조음에 해당하는 것은?

① ㄲ

② ㄸ

③ ㅃ

④ ㅉ

02　조음 방법에 따라 자음을 분류할 때 파찰음에 해당하는 것은 /ㅈ, ㅊ, ㅉ/ 이다.

02　다음 중 파찰음에 해당하지 <u>않는</u> 것은?

① ㅈ

② ㅊ

③ ㅆ

④ ㅉ

03　한국어의 자음은 'ㄱ, ㄴ, ㄷ, ㄹ, ㅁ, ㅂ, ㅅ, ㅇ, ㅈ, ㅊ, ㅋ, ㅌ, ㅍ, ㅎ, ㄲ, ㄸ, ㅃ, ㅆ, ㅉ'로 총 19개이다.

03　다음 중 한국어의 자음의 개수로 옳은 것은?

① 18개

② 19개

③ 20개

④ 21개

정답 (01 ② 　02 ③ 　03 ②)

04 조음 위치에 따른 분류에 해당하지 <u>않는</u> 것은?

① 양순음
② 마찰음
③ 치조음
④ 연구개음

04 자음을 조음 위치에 따라 분류하면 양순음, 치조음, 경구개음, 연구개음, 성문음으로 나눌 수 있다.
마찰음은 조음 방법에 따른 자음 분류에 해당한다.

05 다음 중 유성음에 해당하는 것은?

① ㄱ
② ㄷ
③ ㄹ
④ ㅂ

05 한국어 자음 중 유성음은 /ㅁ, ㄴ, ㅇ, ㄹ/이다.

06 다음 중 무성음에 해당하지 <u>않는</u> 것은?

① ㅅ
② ㅈ
③ ㅇ
④ ㅎ

06 한국어 자음 중 무성음은 /ㄱ, ㄷ, ㅂ, ㅅ, ㅈ, ㅊ, ㅋ, ㅌ, ㅍ, ㅎ, ㄲ, ㄸ, ㅃ, ㅆ, ㅉ/이다.

정답 (04 ② 05 ③ 06 ③)

07 'ㄱ, ㄷ, ㅂ, ㅈ'의 경우 음절 내 초성의 위치에서는 무성음이지만 유성음인 모음과 모음 사이, 또는 비음/유음과 모음 사이에서는 유성음이 된다.

07 다음 중 유성음화가 되는 자음이 <u>아닌</u> 것은?

① ㄱ

② ㅂ

③ ㅈ

④ ㅊ

08 [문제 하단의 표 참고]

08 다음 중 평순모음에 해당하지 <u>않는</u> 것은?

① ㅏ

② ㅔ

③ ㅜ

④ ㅡ

»»〇

[음운론적 관점의 한국어의 단순모음 체계]

혀의 앞뒤 입술 모양 / 혀의 높이	전설모음		후설모음	
	평순모음	원순모음	평순모음	원순모음
고모음	ㅣ	ㅟ	ㅡ	ㅜ
중모음	ㅔ	ㅚ	ㅓ	ㅗ
저모음	ㅐ		ㅏ	

09 [해당 장 객관식 08번 문제 하단의 표 참고]

09 다음 중 후설모음으로만 옳게 묶인 것은?

① ㅡ, ㅣ

② ㅓ, ㅏ

③ ㅗ, ㅚ

④ ㅔ, ㅐ

정답 (07 ④ 08 ③ 09 ②)

10 한국어 이중모음 체계에 대한 설명으로 <u>틀린</u> 것은?

① w-계 이중모음은 최대 5개, j-계 이중모음은 6개이다.

② w-계 이중모음에는 /ㅢ/가 있다.

③ 한국어 이중모음은 상향이중모음이 대세를 이루고 있다.

④ 한국어 이중모음은 w-계, j-계로 분류할 수 있다.

>>>◯

[한국어의 이중모음 체계]

상향이중모음	w-계	/ㅘ/[wa], /ㅝ/[wʌ], /ㅙ/[wɛ], /ㅞ(=ㅚ)/[we], /ㅟ/[wi]
	j-계	/ㅑ/[ja], /ㅕ/[jʌ], /ㅛ/[jo], /ㅠ/[ju], /ㅒ/[jɛ], /ㅖ/[je]
하향이중모음	j-계	/ㅢ/[ɰj]

10 [문제 하단의 표 참고]

<u>주관식 문제</u>

01 조음 위치에 따라 분류한 자음의 종류 다섯 가지를 쓰시오.

01 정답
양순음, 치조음, 경구개음, 연구개음, 성문음
해설
조음 위치에 따라 자음을 분류하면 입의 앞쪽에서부터 뒤로 양순음, 치조음, 경구개음, 연구개음, 성문음으로 나눌 수 있다.

02 조음 방법에 의해 분류한 자음의 종류를 크게 두 가지로 나누어 쓰시오.

02 정답
장애음, 공명음
해설
조음 방법에 따라 자음을 분류하면 크게 장애음(저해음)과 공명음으로 나눌 수 있다.

정답 10 ②

03 한국어의 자음 중 유성음에 대해 서술하시오.

03 **정답**

허파에서 나온 호기가 후두(울대)를 통과할 때 성대를 접근시키면 성대가 주기적으로 울려 나는 소리를 유성음이라고 하는데 /ㅁ, ㄴ, ㅇ, ㄹ/이 있다.

해설

한국어의 자음도 성대의 진동 유무에 따라 유성음과 무성음으로 나눌 수 있다. 허파에서 나온 호기가 후두(울대)를 통과할 때 성대를 접근시키면 성대가 주기적으로 울려 나는 소리를 유성음이라고 하는데 자음 가운데 /ㅁ, ㄴ, ㅇ, ㄹ/이 이에 속한다.

04 한국어 자음 중 무성음에 대해 서술하시오.

04 **정답**

성대를 진동시키지 않고 내는 소리를 무성음이라고 하며, /ㄱ, ㄷ, ㅂ, ㅅ, ㅈ, ㅊ, ㅋ, ㅌ, ㅍ, ㅎ, ㄲ, ㄸ, ㅃ, ㅆ, ㅉ/이 있다.

05 유성음화에 대해 약술하시오.

05 **정답**

무성음 'ㄱ, ㄷ, ㅂ, ㅈ'이 유성음인 모음과 모음 사이, 또는 비음·유음과 모음 사이에서 유성음이 되는 현상을 말한다.

06 표준어 규정 제2부 표준 발음법에서 상정하는 한국어 단순모음의 수를 쓰시오.

06 **정답**
10개

해설
표준어 규정 제2부 표준 발음법의 제2장 제4항은 한국어의 'ㅏ, ㅐ, ㅓ, ㅔ, ㅗ, ㅚ, ㅜ, ㅟ, ㅡ, ㅣ'는 단모음(單母音)으로 발음한다고 규정하고 있어 10모음 체계를 상정하고 있다.

07 한국어 화자들이 이중모음으로 조음하기도 하는 단순모음 두 개를 쓰시오.

07 **정답**
ㅚ, ㅟ

해설
'ㅚ, ㅟ' 두 개의 모음은 현재 70세 이상의 한국어 화자들 중 극소수만 단순모음으로 조음할 뿐, 대다수의 한국어 화자들은 이 두 모음을 이중모음으로 조음한다.

08 한국어 단순모음 체계 분류 기준에 대해 서술하시오.

08 **정답**
한국어 단순모음은 혀의 높낮이에 따라 고모음, 중모음, 저모음으로 나뉘고 혀의 앞뒤 위치에 따라 전설모음, 후설모음으로 나뉜다. 또한 입술의 둥글기에 따라 원순모음, 평순모음으로도 나뉜다.

해설
음운론적 관점(음운론적 기준)에서 보았을 때, 한국어 단순모음은 혀의 높낮이에 따라 고모음, 중모음, 저모음으로 나뉘고 혀의 앞뒤 위치에 따라 전설모음, 후설모음으로 나뉜다. 또한 입술의 둥글기에 따라 원순모음, 평순모음으로도 나뉜다.

09 **정답**
한국어의 이중모음은 w-계 상향이
중모음[/ㅘ, ㅝ, ㅙ, ㅞ(=ㅚ), ㅟ/],
j-계 상향이중모음(/ㅑ, ㅕ, ㅛ, ㅠ,
ㅒ, ㅖ/), j-계 하향이중모음(/ㅢ/)으
로 분류할 수 있다.

09 한국어 이중모음 체계에 대해 서술하시오.

10 **정답**
대칭성

해설
음운론에서는 구조적 체계(structural
system)를 중시한다. 이와 관련하여
중시하는 것이 대칭성(symmetry)이
다. 한국어 단순모음 체계에서 전설모
음과 후설모음이 완벽한 대칭을 이루
고 있음을 볼 수 있다.

10 다음 내용에서 괄호 안에 들어갈 적절한 용어를 쓰시오.

음운론에서는 구조적 체계(structural system)를 중시한다.
이와 관련하여 중시하는 것이 (   )이다.

제 4 편

음운 자질

| 단원 개요 |

음소가 분자라면 변별 자질은 분자를 구성하는 원자와 같은 존재이다. 음소는 자음과 모음 및 반모음을 중심으로 구성되기 때문에 변별 자질도 자음과 모음, 반모음을 나누는 자질, 자음과 모음, 반모음에 속하는 소리들을 좀 더 명확하게 분석하는 변별 자질로 구분할 수 있다. 본 단원에서는 변별 자질의 개념과 변별 자질의 필요성에 대해 알아보고, 자음과 모음, 반모음을 구분하는 주요 부류 자질, 자음 분석을 위한 자질, 모음과 반모음 분석을 위한 자질에 대해서 공부한다.

| 출제 경향 및 수험 대책 |

변별 자질의 개념, 변별 자질의 필요성, 주요 부류 자질, 자음 분석을 위한 자질, 모음과 반모음 분석을 위한 자질 등 단원 내용에 대한 전반적 이해를 한 후, 개별 개념에 대해서도 철저히 공부하는 것이 필요하다.

제 1 장 | 음운(변별) 자질의 개념과 필요성

제1절 음운(변별) 자질의 개념 [중요]

어떤 물질 고유의 정체성을 유지하면서 그 물질을 구성하는 최소의 단위체를 분자라고 한다. 이 개념을 음운론에 대입하면 음소를 분자와 대응시킬 수 있다. 음소는 개별 분절음의 성질을 유지하면서 그것보다 큰 단위인 음절, 형태소, 단어, 구, 절, 문장의 구성 요소로 쓰이기 때문이다.

분자로 다시 돌아가서 생각해보자. 그렇다면 분자를 더 나눌 수는 없는 걸까? 실제로 분자는 원자들이 화학적 결합을 통해 만들어낸 단위체이다. 즉, 분자는 다시 원자로 쪼갤 수 있다는 것이다. 음운론의 음소에도 이에 대응하는 것이 있는데, 그것이 바로 음운 자질(변별 자질)이다. 이후의 내용에서는 모두 '변별 자질'로 서술될 예정이다.

변별 자질은 언중들이 말소리로 인식하는 단위가 아니다. 그렇지만 변별 자질을 통해 개별 음소가 가지는 성질을 명확하게 분석하고 기술할 수 있다. 분자가 원자들의 화학적 결합체이듯 음소도 개별 변별 자질들의 합으로 분석·기술할 수 있다. 음소는 언중들이 어떤 자음이나 모음으로 인식하지만 한 음소의 변별 자질들을 통해 그 음소가 어떤 성질들을 가지고 있는지 파악할 수 있는 것이다.

예를 들어 /ㅜ/, /ㄴ/을 변별 자질로 분석해 보면 다음과 같이 표시할 수 있다.

- /ㅜ/ : [−자음성, +성절성, +고음성, −저음성, +후설성, +원순성]
- /ㄴ/ : [+자음성, −성절성, +전방성, +설정성, +공명성, +비음성]

[각 자질별 설명] [중요]

자음성 (consonantal)	공기가 성도(聲道, 성대에서부터 입술 또는 콧구멍에 이르는 통로)에서 장애를 받을 때 나오는 성질. 즉 자음이 가진 성질
성절성 (成節性, syllabic)	음절을 자체적으로 구성할 수 있는 성질
고음성 (high)	혀가 중간 높이보다 높아지는 성질
저음성 (low)	혀가 중간 높이보다 낮아지는 성질
중음성 (mid)	혀가 중간 높이에 오는 성질
후설성 (back)	혀의 가장 높은 부분이 중간 위치보다 뒤에 오는 성질
원순성 (round)	입술 모양이 동그랗게 모아지는 성질
전방성 (anterior)	조음 위치가 치조(치경) 또는 그 앞인 성질

설정성 (舌頂性, coronal)	혀끝이 자연스러운 상태에서 숨을 쉴 때의 위치보다 높이 올라가서 조음되는 성질
공명성 (sonorant)	성대 진동이 동반되며 성도에서 울림이 있는 성질
비음성 (nasal)	공기가 비강으로 빠져나가는 성질
지속성 (continuant)	구강의 조음 위치에서 공기의 흐름이 막히지 않고 소리가 나는 성질
소음성/조찰성 (strident)	좁은 틈으로 공기가 빠져 나갈 때 심한 소음이 나는 성질
긴장성 (tense)	후두나 구강 근육이 조음 시 긴장을 하는 성질
유기성 (aspirated)	조음 시 강한 기식이 발생하는 성질

> **더 알아두기**
>
> **변별 자질의 특성**
>
> 변별 자질은 +, -의 두 개의 값을 갖는 이분 특성(binary feature)을 가지고 있다. 즉 어떤 자질이 그 성질을 가지고 있으면 +, 그렇지 않거나 반대의 특성을 가지고 있으면 -가 되는 것이다.

제2절 음운(변별) 자질의 필요성

그렇다면 음소 수준에서 음운적인 내용을 파악할 수 있음에도 불구하고 변별 자질이 필요한 이유는 무엇일까? 크게 다음과 같이 세 가지 정도로 설명할 수 있을 것이다.

첫 번째는 공통 자질을 통해 음소들을 하나로 묶어 자연류(natural class)로 분류할 수 있다. 음소 수준에서 분류를 하면 개별 음소들이 어떤 특징에 의해 묶이는지를 쉽게 파악하기 어렵고 분류하기도 쉽지 않다. 하지만 변별 자질이라는 개념을 통해 음소들을 분류하면 어떤 특정 성질(자질)을 가진 말소리들을 쉽게 분류하여 하나의 부류 (class)로 묶을 수 있다. [+비음성]의 소리들을 예로 들면 한국어에서 [+비음성]에 속하는 /ㅁ, ㄴ, ㅇ/이 한 부류로 묶이는데, 이를 통해 /ㅁ, ㄴ, ㅇ/은 비음성을 가지고 있는 한 부류로 묶일 수 있는 자연적인 부류(자연류)가 됨을 쉽게 알 수 있다.

두 번째는 음운 규칙을 기술할 때 변별 자질을 사용하면 왜 해당 음운 규칙이 발생하는지를 좀 더 명확하게 설명할 수 있다. 자연류에서 설명한 [비음성]을 가지고 음운 규칙을 설명해보자. 비음동화를 설명할 때는 일반적으로 평폐쇄음 'ㅂ, ㄷ, ㄱ'이 'ㅁ, ㄴ' 앞에서 'ㅁ, ㄴ, ㅇ'으로 바뀐다고 설명한다. 즉 "ㅂ, ㄷ, ㄱ' → 'ㅁ, ㄴ, ㅇ' / ___ ㅁ, ㄴ'과 같이 설명한다. 그런데 이렇게 음소명을 직접 나열하면 왜 이 음운 현상이 발생하는지를 명쾌하게 설명하기 어렵다. 하지만 변별 자질을 가지고 설명한다면 '[−비음성] → [+비음성] / ___ [+비음성]'과 같이 설명할 수 있다. 이렇게 변별 자질을 사용하여 기술한 음운 규칙을 보면 [비음성]이 없던 음소들이 [비음성]이 있는 음소들 앞에서 [비음성]을 가지게 되는 음운 현상이 일어남을 쉽게 이해하게 되고, 이것이 바로 '비음동화'라는 음운 규칙임을 쉽게 이해할 수 있다.

세 번째는 음소들이 어떤 부분에서 차이가 있는지(대립 부분)를 기술하는 데에도 유용하다. /ㅗ/와 /ㅓ/는 분명히 다른 모음이지만 어떤 부분에서 차이가 있는지를 말로 설명하기는 쉽지 않을 수 있다. 하지만 이 둘은 변별 자질 중 [원순성]이라는 자질에서 차이가 있으므로 /ㅗ/는 [+원순성], /ㅓ/는 [−원순성]으로 나타낼 수 있다. 이처럼 변별 자질을 사용하면 음소들의 차이를 명확하고 간단하게 기술할 수 있는 장점이 있다.

이런 이유들 때문에 음운론에서 좀 더 명쾌한 분류와 설명을 위해 변별 자질이 필요한 것이다.

제 2 장 | 주요 부류 자질

주요 부류 자질은 분절음을 구성하는 자음과 모음, 그리고 반모음(활음)을 구분하기 위해 사용되는 변별 자질들이다. 한국어에서는 자음 이외에 모음과 반모음은 모두 [−자음성] 자질을 갖고, [성절성] 자질과 관련해서는 단독으로 음절을 구성할 수 있는 모음만 [+성절성]을 갖는다.

따라서 주요 부류 자질에 의해 자음, 모음, 반모음을 구분하면 다음 표와 같다. 한국어의 경우에는 자음이면서 음절을 이룰 수 있는 **성절성 자음**(syllabic consonant)이 없는 반면 영어에서는 'bottle, button, bacon'과 같이 단어의 유음과 비음이 두 번째 음절의 음절핵이 되는 성절성 자음이 되는 경우가 있는데, 이 성절성 자음의 경우에는 [+자음성, +성절성]을 갖게 된다.

[주요 부류 자질에 의한 분류] 중요

자질 \ 종류	자음	모음	반모음
자음성	+	−	−
성절성	−	+	−

제 3 장 | 자음을 위한 자질

자음을 위한 자질은 자음의 분류 기준 중 각 언어의 자음 체계를 분류하는 데 중추적인 역할을 하는 조음 위치와 조음 방법으로 분류·설명할 수 있다. 따라서 해당 장에서는 조음 위치 자질과 조음 방법 자질로 나누어 설명한 뒤 한국어의 장애음을 구별하기 위해서 필요한 [긴장성], [유기성]을 따로 분류해 설명하도록 하겠다.

제1절 │ 조음 위치 자질 종요

조음 위치 자질은 자음의 조음 위치를 구분하기 위한 자질이다. 한국어 자음은 조음 위치에 따라 입의 앞쪽부터 양순음, 치조음, 경구개음, 연구개음, 성문음으로 나눌 수 있는데, 이 중 성문음은 구강 내에서 조음되는 자음이 아니기 때문에 위치 자질 논의에서는 제외된다. 나머지 네 개의 음들, 즉 양순음, 치조음, 경구개음, 연구개음을 분류하기 위한 자질이 필요한데, 이 네 개의 다른 조음 위치의 음들을 구별하기 위해서 [전방성]과 [설정성]의 두 개의 변별 자질이 필요하다.

[전방성]은 조음 위치가 치경(치조)이나 그보다 앞에서 조음되는 성질을 말하고, [설정성]은 혀끝이 자연스러운 상태에서 숨 쉴 때보다 높이 올라가서 조음되는 성질을 말한다. 이 두 개의 변별 자질을 적용해 양순음, 치조음, 경구개음, 연구개음을 구분하면 다음 표와 같다.

[[전방성], [설정성] 자질에 의한 한국어 자음 분류]

자질 \ 조음 위치	양순음	치조음	경구개음	연구개음
전방성	+	+	−	−
설정성	−	+	+	−

두 개의 변별 자질 [전방성]과 [설정성]을 통해 한국어 자음의 네 개의 조음 위치가 자연스럽게 구분됨을 알 수 있다.

제2절 │ 조음 방법 자질 (종요)

조음 방법과 관련하여 한국어의 자음을 구분하면 폐쇄음, 마찰음, 파찰음, 비음, 유음이 있다. 이들 다섯 개의 조음 방법에 기반한 자음을 구별하기 위해서 필요한 자질은 [공명성], [지속성], [비음성], [소음성]이다.

[공명성]은 성대 진동이 동반되며 성도에서 울림이 있는 성질을 말하는데, 이 자질을 통해서 유성음과 무성음이 구별된다. 유성음인 비음과 유음은 [+공명성], 폐쇄·마찰·파찰음은 [−공명성]이 된다.

[지속성]은 구강에서 공기가 막히지 않고 계속 흐르는 성질을 말한다. 구강에서 공기가 막히지 않고 소리가 나는 마찰음과 유음은 [+지속성], 폐쇄·파찰음, 비음은 [−지속성]이 된다. 그런데 비음을 발음해 보면 지속적으로 길게 소리를 낼 수 있음이 느껴질 것이다. 이 부분에 대해 '그렇다면 비음은 [+지속성]으로 분류할 수 있는 것이 아닐까?'라는 의문을 가질 수 있다. 하지만 [지속성]의 정의를 보면 구강에서 공기의 흐름이 막히는가 그렇지 않은가에 따라 [+]인가 [−]인가가 결정된다. 그런데 비음은 구강폐쇄음과 마찬가지로 구강에서는 폐쇄 지점이 있기 때문에 [지속성]의 정의에 따라 [−지속성]이 되는 것이다.

[비음성]은 공기가 비강으로 흘러 나와 결과적으로 비음이 나도록 하는 성질이다. [+]의 성질을 가지면 비음이 되고, 그 외의 음들은 모두 [−]의 성질을 가지게 된다. 따라서 비음만 [+비음성]이고 폐쇄음, 마찰음, 파찰음, 유음은 모두 [−비음성]이 된다.

[소음성]은 말소리가 날 때 심한 소음이 동반되는 성질을 의미한다. 우리가 **치찰음**(sibilant)이라고 분류하는, 즉 윗니 주위에서 나는 마찰음 /ㅅ/, /ㅆ/과 파찰음 /ㅈ/, /ㅊ/, /ㅉ/이 [+소음성]이고, 그 외의 소리들은 모두 [−소음성]이다.

이 네 개의 자질을 통해서 폐쇄음, 마찰음, 파찰음, 비음, 유음을 구별할 수 있다. 하지만 같은 조음 방법 내의 음들은 대체적으로 구별되지 않는 모습을 보이고 있다. 이를 해결하기 위해 다음 절에서 나오는 한국어 장애음 구별을 위한 자질이 필요하게 된 것이다.

[[공명성], [지속성], [비음성], [소음성] 자질에 의한 한국어 자음 분류]

자질＼자음	폐쇄음									마찰음			파찰음			비음			유음
	ㅂ	ㅍ	ㅃ	ㄷ	ㅌ	ㄸ	ㄱ	ㅋ	ㄲ	ㅅ	ㅆ	ㅎ	ㅈ	ㅊ	ㅉ	ㅁ	ㄴ	ㅇ	ㄹ
공명성	−	−	−	−	−	−	−	−	−	−	−	−	−	−	−	+	+	+	+
지속성	−	−	−	−	−	−	−	−	−	+	+	+	−	−	−	−	−	−	+
비음성	−	−	−	−	−	−	−	−	−	−	−	−	−	−	−	+	+	+	−
소음성	−	−	−	−	−	−	−	−	−	+	+	−	+	+	+	−	−	−	−

제3절　한국어 장애음 구별을 위한 자질 ^{중요}

한국어의 장애음 구별에서 꼭 필요한 평음(연음), 유기음, 경음 구별을 위해서는 [긴장성], [유기성] 자질이 필요하다. 이 두 개의 변별 자질도 큰 틀에서는 조음 방법 자질로 분류해 넣을 수 있으나 한국어 장애음(폐쇄·마찰·파찰음)의 경우에는 다른 많은 언어들에서 가지는 유·무성에 의한 변별을 하는 것이 아니라 모두 무성음인 상태에서 기식과 긴장도의 차이에 의해서 구별된다. 따라서 한국어 장애음을 이 기식과 긴장도에 의한 차이로 구별하기 위해서 [긴장성], [유기성]이라는 두 개의 변별 자질을 사용하게 되는 것이다. 자세한 내용은 다음 표를 통해서 살펴보도록 하겠다.

다음 표를 보면 앞에서 나온 [[공명성], [지속성], [비음성], [소음성] 자질에 의한 한국어 자음 분류] 표에서 분석했던 내용에 [긴장성]과 [유기성]에 의한 분석이 추가되었다. 폐쇄음, 마찰음, 파찰음을 막론하고 평음은 [−긴장성, −유기성], 기식음은 [+긴장성, +유기성], 경음은 [+긴장성, −유기성]이다. 따라서 장애음의 2분지(ㅅ 계열) 내지는 3분지(ㅂ 계열, ㄷ 계열, ㄱ 계열) 소리들을 명확하게 구별함을 알 수 있다. 참고로 비음과 유음은 [긴장성]과 [유기성] 모두 [−] 값을 갖게 된다.

[[긴장성], [유기성] 자질에 의한 한국어 자음 분류]

자음＼자질	폐쇄음									마찰음			파찰음			비음			유음
	ㅂ	ㅍ	ㅃ	ㄷ	ㅌ	ㄸ	ㄱ	ㅋ	ㄲ	ㅅ	ㅆ	ㅎ	ㅈ	ㅊ	ㅉ	ㅁ	ㄴ	ㅇ	ㄹ
공명성	−	−	−	−	−	−	−	−	−	−	−	−	−	−	−	+	+	+	+
지속성	−	−	−	−	−	−	−	−	−	+	+	+	−	−	−	−	−	−	+
비음성	−	−	−	−	−	−	−	−	−	−	−	−	−	−	−	+	+	+	−
소음성	−	−	−	−	−	−	−	−	−	+	+	−	+	+	+	−	−	−	−
긴장성	−	+	+	−	+	+	−	+	+	−	+	+	−	+	+	−	−	−	−
유기성	−	+	−	−	+	−	−	+	−	−	−	+	−	+	−	−	−	−	−

제 **4** 장 │ 모음과 활음을 위한 자질

모음 및 반모음(활음)을 위한 자질은 모음의 세 가지 분류 기준과 직접 관련이 있다. 자음의 경우 조음 방법과 조음 위치와 관련된 자질이 중요한 위치를 차지하지만 모음과 반모음의 경우에는 모음의 세 분류 기준, 즉 혀의 높낮이, 혀의 앞뒤 위치, 입술의 둥글기와 관련된 변별 자질들이 모두 중요하게 사용되고 있다.

혀의 높낮이와 관련된 자질은 [고음성], [저음성]이다. 이 분류는 3단계 분류에서 쓰이고 4단계나 5단계의 분류에서는 [중음성] 자질을 더하여 사용하여 4단계나 5단계 분류를 더욱 명확하게 해 준다. 3단계 분류에서는 고모음의 경우 [+고음성, −저음성], 중모음의 경우 [−고음성, −저음성], 저모음의 경우는 [−고음성, +저음성]이 된다. 4단계 분류에서는 고모음은 [+고음성, −저음성, −중음성], 중고모음은 [+고음성, −저음성, +중음성], 중저모음은 [−고음성, +저음성, +중음성], 저모음은 [−고음성, +저음성, −중음성]으로 분석된다.

5단계 분류의 경우 고모음은 [+고음성, −저음성, −중음성], 중고모음은 [+고음성, −저음성, +중음성], 중모음은 [−고음성, −저음성, +중음성], 중저모음은 [−고음성, +저음성, +중음성], 저모음은 [−고음성, +저음성, −중음성]으로 분류하게 된다.

혀의 전후 위치와 관련된 자질은 [후설성] 자질 하나로 충분하다. 음운론에서는 전설모음과 후설모음의 두 그룹의 모음으로 분류하기 때문이다. 따라서 전설모음은 [−후설성]이 되고 후설모음은 [+후설성]이 된다.

입술의 둥글기와 관련된 자질은 [원순성] 자질 한 개가 있다. 입술의 둥글기도 혀의 전후 위치와 마찬가지로 평순모음과 원순모음 두 개의 분류만 존재하기 때문에 한 개의 자질로 충분한 것이다. 평순모음의 경우는 [−원순성], 원순모음의 경우는 [+원순성]이 되는 것이다.

지금까지의 설명을 바탕으로 우리가 제3편에서 분류했던 한국어 단순모음 체계에 기반해서 변별 자질로 분석해 보도록 하겠다. 분석을 좀 더 쉽게 이해하도록 하기 위해 제3편의 [음운론적 관점의 한국어의 단순모음 체계] 표를 다시 가져와서 이 표의 분석에 기반하여 변별 자질 분석을 진행한다. 혀의 높낮이를 3단계로 분류했으므로 [고음성]과 [저음성]만 가지고 분석할 수 있다.

[음운론적 관점의 한국어의 단순모음 체계]

혀의 높이 \ 혀의 앞뒤 / 입술 모양	전설모음		후설모음	
	평순모음	원순모음	평순모음	원순모음
고모음	ㅣ	ㅟ	ㅡ	ㅜ
중모음	ㅔ	ㅚ	ㅓ	ㅗ
저모음	ㅐ		ㅏ	

또한, 다음에 제시된 표에서도 알 수 있듯이 열 개의 모음 중 이 네 개의 자질이 일치하는 모음은 없다. 이처럼 변별 자질은 개별 소리들을 성질별로 명확히 분석해 주는 특징이 있다.

[[고음성], [저음성], [후설성], [원순성] 자질에 의한 한국어 단순모음 분류]

자질＼모음	ㅣ	ㅔ	ㅐ	ㅟ	ㅚ	ㅡ	ㅓ	ㅏ	ㅜ	ㅗ
고음성	+	−	−	+	−	+	−	−	+	−
저음성	−	−	+	−	−	−	−	+	−	−
후설성	−	−	−	−	−	+	+	+	+	+
원순성	−	−	−	+	+	−	−	−	+	+

제1장   음운(변별) 자질의 개념과 필요성

01   음운 자질 중 물질을 구성하는 최소 단위체인 분자와 대응시킬 수 있는 것은?

① 음소
② 음절
③ 단어
④ 형태소

01   어떤 물질 고유의 정체성을 유지하면서 그 물질을 구성하는 최소의 단위체를 분자라고 한다. 이 개념을 음운론에 대입하면 음소를 분자와 대응시킬 수 있다. 음소는 개별 분절음의 성질을 유지하면서 그것보다 큰 단위인 음절, 형태소, 단어, 구, 절, 문장의 구성 요소로 쓰이기 때문이다.

02   다음 중 /ㅜ/의 변별 자질로 옳지 <u>않은</u> 것은?

① [−자음성]
② [+성절성]
③ [+후설성]
④ [−원순성]

02   /ㅜ/의 변절 자질을 분석하면 [−자음성, +성절성, +고음성, −저음성, +후설성, +원순성]과 같이 표시할 수 있다.

03   다음 중 /ㄴ/의 변별 자질로 옳은 것은?

① [+전방성]
② [+성절성]
③ [−공명성]
④ [−비음성]

03   /ㄴ/의 변별 자질을 분석하면 [+자음성, −성절성, +전방성, +설정성, +공명성, +비음성]과 같이 표시할 수 있다.

정답   01 ①   02 ④   03 ①

04 다음 중 변별 자질의 필요성이 <u>아닌</u> 것은?

① 음운 규칙이 왜 발생하는지 좀 더 명확하게 설명할 수 있다.

② 음소들이 어떤 부분에서 차이가 있는지 기술하는 데 유용하다.

③ 문장 성분의 배열과 형태소의 배열 제약을 설명할 수 있다.

④ 어떤 특정 성질을 가진 말소리들을 하나의 부류로 묶을 수 있다.

05 한국어에서 [+비음성]에 속하는 소리로만 짝지어진 것은?

① /ㅁ, ㄴ, ㅇ/

② /ㅁ, ㄷ, ㄱ/

③ /ㅂ, ㄴ, ㅇ/

④ /ㅂ, ㄹ, ㅎ/

주관식 문제

01 다음 내용에서 괄호 안에 들어갈 적절한 용어를 순서대로 쓰시오.

> 물질을 구성하는 최소 단위체를 분자라고 한다. 이 개념을 음운론에 대입하면 (㉠)와 대응시킬 수 있다. 분자는 다시 원자로 분석할 수 있다. 음운론에서 이에 대응하는 것이 바로 (㉡)이다.

---

04 변별 자질이 필요한 이유는 다음과 같다.

> (1) 특정 성질을 가진 말소리들을 자연류(natural class)의 개념으로 쉽게 분류할 수 있다.
> (2) 음운 규칙을 기술할 때 변별 자질을 사용하면 왜 해당 음운 규칙이 발생하는지를 좀 더 명확하게 설명할 수 있다.
> (3) 음소들이 어떤 부분에서 차이가 있는지(대립 부분)를 기술하는 데 유용하다.

05 한국어에서 [+비음성]에 속하는 소리들은 /ㅁ, ㄴ, ㅇ/이다.

01 **정답**

㉠ 음소

㉡ 음운 자질(변별 자질)

해설

어떤 물질 고유의 정체성을 유지하면서 그 물질을 구성하는 최소의 단위체를 분자라고 한다. 이 개념을 음운론에 대입하면 음소를 분자와 대응시킬 수 있다. 실제로 분자는 원자들이 화학적 결합을 통해 만들어낸 단위체이다. 즉 분자는 다시 원자로 쪼갤 수 있다는 것이다. 음운론의 음소에도 이에 대응하는 것이 있다. 그것이 바로 음운 자질(변별 자질)이다.

정답 04 ③ 05 ①

02 **정답**

음운 자질(변별 자질)

해설

변별 자질은 언중들이 말소리로 인식하는 단위가 아니지만, 변별 자질을 통해 개별 음소가 가지는 성질을 명확하게 분석하고 기술할 수 있다.

03 **정답**

자연류로 분류 가능, 음운 규칙에 대한 명확한 설명, 음소 대립 부분에 대한 기술

해설

첫 번째는 공통 자질을 통해 음소들을 하나로 묶어 자연류(natural class)로 분류할 수 있다. 두 번째는 음운 규칙을 기술할 때 변별 자질을 사용하면 왜 해당 음운 규칙이 발생하는지를 좀 더 명확하게 설명할 수 있다. 세 번째는 음소들이 어떤 부분에서 차이가 있는지(대립 부분)를 기술하는 데에도 유용하다.

04 **정답**

[−비음성] → [+비음성] / ___ [+비음성]

해설

변별 자질을 사용하여 음운 규칙을 정답과 같이 기술하면, [비음성]이 없던 음소들이 [비음성]이 있는 음소들 앞에서 [비음성]을 가지게 되는 음운 현상이 일어남을 쉽게 이해할 수 있다.

02 개별 음소가 어떤 성질들을 가지고 있는지를 무엇을 통해 분석할 수 있는지 쓰시오.

03 변별 자질이 필요한 세 가지 이유를 쓰시오.

04 변별 자질을 이용해 비음동화의 규칙을 서술하시오.

05 변별 자질을 이용해 /ㅗ/와 /ㅓ/의 차이를 약술하시오.

05 **정답**
/ㅗ/는 [+원순성], /ㅓ/는 [−원순성]
이다.
해설
/ㅗ/와 /ㅓ/는 [원순성]이라는 자질
에서 차이가 있기 때문에 [원순성]으
로 구분할 수 있다.

제2장	주요 부류 자질

01 한국어에서는 자음 이외에 모음과 반모음은 모두 [−자음성] 자질을 갖는다.

01 다음 중 한국어에서 [−자음성] 자질을 갖는 것을 모두 고르면?

① 자음
② 모음
③ 자음, 반모음
④ 모음, 반모음

02 한국어에서는 단독으로 음절을 구성할 수 있는 모음만 [+성절성]을 갖게 된다.

02 다음 중 한국어에서 [+성절성] 자질을 갖는 것을 모두 고르면?

① 자음
② 모음
③ 자음, 반모음
④ 모음, 반모음

03 [문제 하단의 표 참고]

03 다음 중 한국어 자음이 갖는 변별 자질로만 옳게 짝지어진 것은?

① [+자음성, +성절성]
② [+자음성, −성절성]
③ [−자음성, +성절성]
④ [−자음성, −성절성]

»»○

[주요 부류 자질에 의한 분류]

자질 \ 종류	자음	모음	반모음
자음성	+	−	−
성절성	−	+	−

정답 (01 ④ 02 ② 03 ②)

04 다음 중 한국어 반모음이 갖는 변별 자질로만 옳게 짝지어진 것은?

① [+자음성, +성절성]
② [−자음성, −성절성]
③ [+자음성, −성절성]
④ [−자음성, +성절성]

04 [해당 장 객관식 03번 문제 해설 표 참고]

05 [−자음성, +성절성]의 자질을 갖는 것으로만 옳게 짝지어진 것은?

① /ㄷ, ㄹ/
② /ㄷ, ㅏ/
③ /ㅏ, ㅓ/
④ /ㅏ, j/

05 [해당 장 객관식 03번 문제 해설 표 참고]

주관식 문제

01 분절음을 구성하는 자음과 모음, 반모음(활음)을 구분하기 위해 사용되는 주요 부류 자질 두 개를 쓰시오.

01 정답
[자음성], [성절성]

정답 04 ② 05 ③

02 **정답**
음절

02 [성절성]은 무엇을 자체적으로 구성할 수 있는 성질인지 쓰시오.

03 **정답**
모음
해설
단독으로 음절을 구성할 수 있는 모음만 [+성절성]을 갖는다.

03 한국어의 자음, 모음, 반모음 중 [+성절성] 자질을 갖는 것은 무엇인지 쓰시오.

04 **정답**
반모음

04 한국어의 자음, 모음, 반모음 중 주요 부류 자질 두 가지가 모두 [−] 값으로 나타나는 것을 쓰시오.

05 영어에서 [성절성]이 나타나는 자음에 대해 예를 들어 서술하
시오.

정답

영어에서 'bottle, button, bacon'과
같은 단어는 유음과 비음이 두 번째
음절의 음절 핵이 되는, [성절성]을
갖는 자음이다. 이들은 [+자음성, +
성절성]을 갖게 되며, 한국어에서는
나타나지 않는다.

해설

한국어에는 자음이면서 음절을 이룰
수 있는 성절성 자음(syllabic con-
sonant)이 없다.

제3장 자음을 위한 자질

01 [전방성]은 조음 위치가 치경(치조)
이나 그보다 앞에서 조음되는 성질
을 말한다.

01 조음 위치가 치경이나 그보다 앞에서 조음되는 성질을 말하는
변별 자질은?

① 자음성
② 성절성
③ 전방성
④ 설정성

02 [공명성]은 성대 진동이 동반되며 성
도에서 울림이 있는 성질을 말하는
데, 이 자질을 통해서 유성음과 무성
음이 구별된다. 유성음인 비음과 유
음은 [+공명성], 폐쇄·마찰·파찰
음은 [−공명성]이 된다.

02 성대 진동이 동반되는 성질로 유성음과 무성음을 구별하는 자
질은?

① 공명성
② 지속성
③ 비음성
④ 소음성

03 [지속성]은 구강에서 공기가 막히지
않고 계속 흐르는 성질을 말한다. 구
강에서 공기가 막히지 않고 소리가
나는 마찰음과 유음은 [+지속성], 폐
쇄음, 파찰음, 비음은 [−지속성]이
된다.

03 다음 중 [+지속성] 자질을 갖는 것은?

① 비음
② 유음
③ 폐쇄음
④ 파찰음

정답 01 ③ 02 ① 03 ②

04 다음 중 [+소음성] 자질을 갖는 소리가 <u>아닌</u> 것은?

① /ㅅ/

② /ㅆ/

③ /ㅊ/

④ /ㅋ/

05 다음 중 경음의 변별 자질은 무엇인가?

① [+긴장성, +유기성]

② [−긴장성, −유기성]

③ [+긴장성, −유기성]

④ [−긴장성, +유기성]

주관식 문제

01 조음 위치 자질 두 가지를 쓰시오.

02 [설정성] 자질에 대해 약술하시오.

---

04 [소음성]은 말소리가 날 때 심한 소음이 동반되는 성질을 의미한다. 우리가 치찰음(sibilant)이라고 분류하는, 즉 윗니 주위에서 나는 마찰음 /ㅅ/, /ㅆ/와 파찰음 /ㅈ/, /ㅊ/, /ㅉ/가 [+소음성]이고, 그 외의 소리들은 모두 [−소음성]이다.

05 폐쇄음, 마찰음, 파찰음을 막론하고 평음은 [−긴장성, −유기성], 기식음은 [+긴장성, +유기성], 경음은 [+긴장성, −유기성]이다.

01 **정답**

[전방성], [설정성]

해설

양순음, 치조음, 경구개음, 연구개음의 조음 위치를 구별하기 위해서는 [전방성]과 [설정성]의 두 개의 변별 자질이 필요하다. [전방성]은 조음 위치가 치경(치조)이나 그보다 앞에서 조음되는 성질이고, [설정성]은 혀끝이 자연스러운 상태에서 숨 쉴 때보다 높이 올라가서 조음되는 성질이다.

02 **정답**

혀끝이 자연스러운 상태에서 숨 쉴 때보다 높이 올라가서 조음되는 성질

정답 04 ④   05 ③

03 **정답**

[공명성], [지속성], [비음성], [소음성]

해설

조음 방법과 관련하여 한국어의 자음을 구분하면 폐쇄음, 마찰음, 파찰음, 비음, 유음이 있다. 이들 다섯 개의 조음 방법에 기반한 자음을 구별하기 위해서 필요한 자질은 [공명성], [지속성], [비음성], [소음성]이다.

03 조음 방법에 기반하여, 자음을 구별하기 위해 필요한 자질 네 가지를 쓰시오.

04 **정답**

[비음성]은 공기가 비강으로 흘러 나와 결과적으로 비음이 나도록 하는 성질이다. 비음만 [+비음성]이 된다.

해설

[비음성]은 공기가 비강으로 흘러 나와 결과적으로 비음이 나도록 하는 성질이다. [+]의 성질을 가지면 비음이 되고 그 외의 음들은 모두 [-]의 성질을 가지게 된다. 따라서 비음만 [+비음성]이고 폐쇄음, 마찰음, 파찰음, 유음은 모두 [-비음성]이 된다.

04 [비음성] 자질에 대해 약술하시오.

05 **정답**

[긴장성], [유기성]

해설

한국어의 장애음 구별에서 꼭 필요한 평음, 유기음, 경음 구별을 위해서는 [긴장성], [유기성] 자질이 필요하다. 한국어 장애음(폐쇄, 마찰, 파찰음)의 경우에는 모두 무성음인 상태에서 기식과 긴장도의 차이에 의해서 구별되기 때문에 [긴장성], [유기성]이라는 두 개의 변별 자질을 사용하게 된다.

05 한국어 평음, 유기음, 경음 구별을 위해 꼭 필요한 자질 두 가지를 쓰시오.

제4장　모음과 활음을 위한 자질

01 모음 및 반모음(활음)을 위한 자질과 관련이 <u>없는</u> 것은?

① 혀의 높낮이
② 혀의 앞뒤 위치
③ 입술의 둥글기
④ 혀의 길이

02 다음 중 혀의 높낮이와 관련 <u>없는</u> 자질은?

① 고음성
② 저음성
③ 중음성
④ 후설성

03 다음 중 모음 'ㅡ'에 대한 변별 자질로 옳지 <u>않은</u> 것은?

① [+고음성]
② [+저음성]
③ [+후설성]
④ [−원순성]

>>>Q

[[고음성], [저음성], [후설성], [원순성] 자질에 의한 한국어 단순모음 분류]

모음 자질	ㅣ	ㅔ	ㅐ	ㅟ	ㅚ	ㅡ	ㅓ	ㅏ	ㅜ	ㅗ
고음성	+	−	−	+	−	+	−	−	+	−
저음성	−	−	+	−	−	−	−	+	−	−
후설성	−	−	−	−	−	+	+	+	+	+
원순성	−	−	−	+	+	−	−	−	+	+

01 모음과 반모음의 경우에는 모음의 세 분류 기준 즉 혀의 높낮이, 혀의 앞뒤 위치, 입술의 둥글기와 관련된 변별 자질들이 모두 중요하게 사용되고 있다.

02 혀의 높낮이와 관련된 자질은 [고음성], [저음성]이다. 이 분류는 3단계 분류에서 쓰이고 4단계나 5단계의 분류에서는 [중음성] 자질을 추가 사용하여 분류를 더욱 명확하게 해 주게 된다.

03 [문제 하단의 표 참고]

정답 (01 ④　02 ④　03 ②)

04 한국어 모음 4단계 분류에서, 저모음은 [−고음성, +저음성, −중음성]으로 분석된다.

04 4단계로 분류한 한국어 모음을 혀의 높낮이와 관련된 자질로 분석했을 때, 그 분석이 <u>틀린</u> 것은?

① 고모음 : [+고음성, −저음성, −중음성]
② 중고모음 : [+고음성, −저음성, +중음성]
③ 중저모음 : [−고음성, +저음성, +중음성]
④ 저모음 : [−고음성, +저음성, +중음성]

05 [해당 장 객관식 03번 문제 해설 표 참고]

05 변별 자질 [−고음성, −저음성, +후설성, +원순성]의 자질을 갖는 한국어 모음은?

① / ㅣ /
② / ㅐ /
③ / ㅜ /
④ / ㅗ /

주관식 문제

01 정답
[고음성], [저음성]

해설
혀의 높낮이와 관련된 자질은 [고음성], [저음성]이다. 이 분류는 3단계 분류에서 쓰이고, 4단계나 5단계의 분류에서는 [중음성] 자질을 더하여 4단계나 5단계 분류를 더욱 명확하게 한다.

01 혀의 높낮이와 관련하여 공통적으로 필요한 두 가지 자질을 쓰시오.

정답 (04 ④ 05 ④)

02 혀의 전후 위치와 관련된 자질을 한 가지 쓰시오.

02 정답
[후설성]

해설
혀의 전후 위치와 관련된 자질은 [후설성] 자질 하나로 충분하다. 음운론에서는 전설모음과 후설모음의 두 그룹의 모음으로 분류하기 때문이다. [후설성]은 혀가 뒤로 물러나는 성질로, 전설모음은 [−후설성]이고 후설모음은 [+후설성]이다.

03 [원순성]에 대하여 약술하시오.

03 정답
입술의 둥글기와 관련된 자질은 [원순성] 자질 한 개가 있다. [원순성]은 입술이 동그랗게 모아지는 성질을 의미하는데, 평순모음의 경우는 [−원순성], 원순모음의 경우는 [+원순성]이 된다.

04 한국어 모음 /ㅟ/가 갖는 자질을 모두 쓰시오.

04 정답
[+고음성, −저음성, −후설성, +원순성]

해설
[문제 하단의 표 참고]

»»»Q
[[고음성], [저음성], [후설성], [원순성] 자질에 의한 한국어 단순모음 분류]

모음 자질	ㅣ	ㅔ	ㅐ	ㅟ	ㅚ	ㅡ	ㅓ	ㅏ	ㅜ	ㅗ
고음성	+	−	−	+	−	+	−	−	+	−
저음성	−	−	+	−	−	−	−	+	−	−
후설성	−	−	−	−	−	+	+	+	+	+
원순성	−	−	−	+	+	−	−	−	+	+

05 **정답**

[고음성], [저음성], [중음성]

해설

혀의 높낮이와 관련된 자질은 [고음성], [저음성]이다. 이 자질은 3단계 분류에서도 쓰이고, 4단계, 5단계 분류에서는 여기에 [중음성] 자질을 더해 더욱 명확하게 분석한다.

05 혀의 높낮이와 관련된 자질 중 4단계, 5단계 분류에서 필요한 자질을 모두 쓰시오.

제 5 편

운율 단위

제 1 장 | 운율의 개념 및 언어학적 기능

운율(prosody)은 일반적으로 문학에서 많이 쓰이는 용어이다. 문학은 운문(韻文)과 산문(散文)으로 나뉜다. 시와 같은 운문에서는 운율을 중시하는데, 이 운율의 개념이 언어학에서도 그대로 쓰이는 것이다. 시에서 운율은 크게 **음절률**(音節律, syllabic system), **음성률**(音聲律, stress system), **음위율**(音位律, rhyme)로 나뉘는데, 다른 말로 음수율이라고도 하는 음절률은 일정한 음절의 수를 한 단위로 하여 시에서 규칙적으로 반복되는 것을 말한다. 우리나라에서는 시조에서 쓰이는 3·4조 내지는 4·4조 같은 자수율(字數律)이 대표적인 예라고 할 수 있다.

음성률은 음성의 강약(强弱)·장단(長短)·고저(高低) 등의 속성이 한 단위로서 규칙적으로 반복되는 경우를 말한다. 한국시에서는 잘 나타나지 않지만 영시에서는 음보(音步, foot)와 시행(詩行, line)을 통해 이 음성률이 잘 나타난다. 음위율은 압운을 말하는데, 대표적인 것이 각운(脚韻, end rhyme)이다. 이 음위율도 영시에서 잘 나타나고, 한국시에서는 시험적으로 적용하는 경우가 있다.

언어학에서는 음성률의 내용을 중심으로 운율을 정의한다. **음성의 강약**(크기, 세기), **장단**(길이), **고저**(높낮이)를 운율이라고 하는데 여기에 덧붙여 **휴지**(pause), **리듬**(rhythm) 등을 더 넣기도 한다.

언어학에서는 운율을 초분절 요소(suprasegments)라고도 하는데, 초분절 요소가 그 자체로서 단독으로 역할을 하기는 어렵지만 분절음 위에 얹혀서 그 역할을 하기 때문이다. 소리의 길이, 크기, 높낮이는 분절음 위에 얹혀 단어의 의미에 차이를 주거나, 화자의 감정을 나타내거나, 문장의 종류에 차이를 가져오기도 한다.

제2장 | 한국어의 운율 구조

영어는 강세 박자 언어(stress-timed language)라고 불릴 정도로 강세(stress)가 대단히 중요한 기능을 하는 언어이다. 일반적으로 어떤 음절이 다른 음절에 비해 소리의 높이가 높고 강도가 세고 길이가 긴 것이 복합적으로 올 때 강세가 있다고 한다. 따라서 영어의 경우는 소리의 높낮이, 강도, 길이가 모두 중요한 기능을 한다고 할 수 있다. 이 강세가 오는 음절과 그렇지 않은 음절에서 같은 자음이나 모음의 음가가 다르게 나타난다.

한국어의 경우, 영어와는 달리 강세가 개별 자음이나 모음의 음가에 변화를 일으키는 등의 중요한 기능을 하지 않기 때문에 강세가 큰 역할을 하지 않지만, 대신 말소리의 길이, 높낮이가 중요한 역할을 한다. 말소리의 길이는 모음의 길이 차이와 자음의 길이 차이로 나누어 설명할 수 있다. 모음의 길이 차이는 중부 방언에서 특히 중요한 역할을 한다. 몇 가지 예를 들면 '말:(language) – 말(horse)', '눈:(snow) – 눈(eye)', '밤:(chestnut) – 밤(night)', '벌:(bee) – 벌(punishment)', '굴:(cave) – 굴(oyster)' 등이 있는데, 이 모음의 장단 대립은 모든 위치에서 나타나는 것이 아니라 원칙적으로 어두음절에서만 장모음이 올 수 있기 때문에 장단모음의 대립은 어두에서만 일어난다고 할 수 있다. 자음의 길이 차이도 한국어에서는 중요한 역할을 하는데, 모음의 경우에는 장단음이 철자법에서 차이를 보이지 않지만 자음의 길이 차이는 철자법에서부터 차이를 보인다. 예를 들어 '가난 – 간난', '가면 – 감면', '하교 – 학교'와 같이 장단 자음의 길이 차이는 철자법에서부터 차이가 보인다. 단자음의 경우에는 한 자음이 뒤 음절의 초성에만 나오는데 장자음의 경우에는 앞 음절의 종성, 뒤 음절의 초성에 연이어 나와서 동일 자음의 길이가 길어짐을 철자법을 통해 알 수 있다. 이 자음의 장단 구분은 철자법에서부터 알 수 있기 때문에 한국어를 모어로 쓰는 한국인이 이 자음의 장단 차이를 구별하지 못하는 경우는 거의 없다. 하지만 철자법 상으로는 같은 자음이 두 번 연이어 오는 경우에도 그 자음이 한 번 나온 것과 같이 발음을 하는(예 summer[ˈsʌmə(r)]) 영어를 모어로 쓰는 영어권 화자의 경우 한국어 자음의 장단의 구별을 제대로 지켜 발음하는 것에 어려움을 겪는다.

말소리의 높이는 말소리의 길이에 관계없이 'pitch'라고 한다. 이 말소리의 높이는 말소리의 단위에 따라 다른 용어로 나뉘어 불리는데, 한 음절에서의 말소리의 높낮이를 '성조(tone)'라고 한다. 이 성조는 단어의 높낮이까지 확대해서 적용하기도 하는데, 이 경우 한국어에서 경상 방언을 성조를 가진 방언으로 규정할 수 있다. 경상 방언에서는 한 단어 내에서의 각 음절의 높낮이의 차이에 따라 그 단어의 의미가 변화되기 때문이다.[1]

단어보다 큰 단위인 구나 절, 문장 위에 얹히는 말소리의 높낮이를 '억양(intonation)'이라고 한다. 억양은 화자의 발화 의도나 감정, 태도 등을 나타내고 특히 핵억양(문미억양), 즉 말마디 경계에서 나타나는 긴 휴지의 바로 앞 음절인 경계 앞 음절의 억양의 높낮이에 따라 문장의 종류가 결정된다. 핵억양의 종류는 수평조, 내림조, 오름조, 내리오름조, 오르내림조의 다섯 가지로 나뉜다. 이 핵억양에 따라 평서문, 의문문, 명령문, 청유문이 구분된다. 평서문의 경우에는 수평조나 내림조가 많이 쓰이고, 의문문의 경우 일반 의문문의 경우에는 오름조가 쓰이지만 의문문의 종류에 따라 수평조나 내림조가 쓰이기도 한다. 명령문이나 청유문의 경우 일반적으로 수평조나 내림조가 쓰이는 경우가 많다.

---

1) 경남 방언에서 '잘 한다'는 [자란다 – LHH]로, '잠자라고 한다'는 [자란다 – HLL], '재(尺)라고 한다'는 [자란다 – HHL]로 나타난다. '도끼'는 [LH], '무지개'는 [LHL], '코끼리'는 [LHH]의 성조를 갖는다.

더 알아두기

핵억양의 세부 구분

핵억양을 세부적으로 더 나누는 경우 수평조, 내림조, 오름조를 더 세분화할 수 있다. 수평조는 낮은 수평조 (low level), 가운데 수평조(mid level), 높은 수평조(high level)로 나뉘며, 내림조는 낮내림조(low fall), 높내림조(high fall), 오름조는 온오름조(full rise)와 낮오름조(low rise)로 나눌 수 있다. 이렇게 세분화하는 경우 핵억양의 종류를 아홉 가지로도 분류할 수 있다.

제 3 장 | 음절

제1절 음절의 정의 중요

음절은 일반적으로 음소보다는 크고 단어보다는 작은 단위로 독립해서 발음할 수 있는 최소의 음성 단위라고 정의할 수 있다. 그런데 이 정의는 편의상 정한 정의의 느낌이 크고, 실제로 음절의 음성적 실체가 무엇인지 정확히 설명하고 있다고 보기는 힘들다. 음성학계에서는 음절에 대해서 조음음성학적, 그리고 청음음성학적으로 정확한 실체를 규명하기 위해서 노력해 온 것은 사실이지만 음절에 대해서 음성적으로 정확히 실체를 규명하는 데에까지는 이르지 못하고 있다.

음성학적으로 음절에 대한 정확한 실체를 제시하기는 어렵지만 본편에서는 '독립해서 발음할 수 있는 최소의 음성 단위'라는 정의에 기반해서 음절의 여러 부분에 대해서 규명하고 설명할 것이다.

제2절 한국어 음절의 위치와 역할

다른 언어에서와 마찬가지로 한국어에서도 음절은 몇 개의 음소가 모여서 이루어진다. 특히 한국어에서는 음절을 이루기 위해서는 모음이 필수적으로 있어야 한다. 음절은 음성·음운론적으로 세 가지 면에서 아주 중요한 역할을 하고 있다. 첫 번째로는 음절은 한국어 화자들이 가장 우선적으로 인식하는 음운론적 단위이다. 우리가 자주 하는 '끝말잇기 게임'을 생각했을 때, '신학문 – 문학인 – 인기직 – 직업관 – 관계국' 등으로 단어가 연결되어 가는 것을 볼 수 있다. 이 예는 한국어를 모어로 하는 화자들이 음성언어생활을 하면서 음절을 중심에 놓고 생활하고 있음을 보여주고 있다. 두 번째로는 우리가 해당 편의 제1장에서 공부했던 음의 높낮이, 길이, 세기와 같은 초분절 요소들이 음소 위에 얹히기는 하지만, 결국은 음절을 단위로 해서 실현되는 것이다. 이것이 음운론에서 음소와 더불어 음절을 중요하게 여기는 이유가 된다. 세 번째로는 음운론에서 가장 중요한 연구 주제로 생각되는 음운 현상들, 즉 대치, 탈락, 첨가, 축약 등이 모두 음절과 관련을 맺는 경우가 많다는 것이다. 따라서 음운 현상들에 대해서 깊이 이해하고 한발 더 나아가 분석하고 설명하기 위해서는 음절에 대한 이해가 동반되어야 한다.

더 알아두기

한국어 화자들의 말소리 인지

한국어 화자들은 말소리 인지와 관련하여 다른 언어의 화자들은 가지고 있지 않은 독특한 특징을 갖고 있는데, 음절을 음성 단위로 인식하면서도 다른 한편으로는 음소 또한 음성 단위로 인식하고 있는 점이다. '어린이'라는 단어는 어떻게 이루어져 있느냐고 물으면 '어', '린', '이'의 세 개의 음절로 이루어져 있다고 대답한다. 여기서 그치지 않고 '어'는 또 무슨 소리로 구성되어 있느냐고 다시 질문하면 다시 'ㅇ'과 'ㅓ'로 구성되어 있다고 대답한다. 이는 한국어 화자가 음절과 음소라는 두 개의 음성 단위를 동시에 모두 인식하고 있음을 보여주는 것이라고 할 수 있다.

제3절 한국어의 음절 구조 중요

한국어의 음절은 초성(初聲, initial sound), 중성(中聲, medial sound), 종성(終聲, final sound)의 세 부분으로 나눌 수 있다. 이 중 가장 중요한 부분은 중성으로, 모음만이 중성으로 올 수 있다. 자음은 중성이 될 수 없고 초성과 종성으로 기능한다. 중성은 음절의 중심부 역할을 하며, 중성 없이는 음절 형성 자체가 되지 않는다. 초성과 종성은 중성에 비해 음절 형성이라는 측면에서 중요성이 떨어지기 때문에 음절의 주변부라고 한다. 이들이 없어도 중성만 있으면 음절이 형성된다.

이 초·중·종성 사이에서 서로의 관계가 어떤지를 살필 수가 있는데, 이를 음절의 내부 구조라고 한다. 이 내부 구조는 크게 평면 구조, 좌분지 구조, 우분지 구조로 나눌 수 있다. 그 구조는 다음 그림과 같다.

[음절의 내부 구조]

그림을 보면 알 수 있듯이 평면 구조는 초성, 중성, 종성이 어떤 다른 하나와 더 가까운 관계를 맺지 않고 평등한 구조를 갖는다. 반면에 좌분지 구조는 초성과 중성이 더욱 밀접한 관계를 맺고 있고, 우분지 구조는 중성과 종성이 더욱 밀접한 관계를 맺고 있다. '더덩실, 우두둑'의 예를 보면 전자의 '더덩-'의 경우 '더' 부분이 일치하고 있고, 후자의 '-두둑'의 경우 '두' 부분이 일치하고 있어 초성과 중성이 밀접한 관계에 있음을 보여주고 있다. 이는 좌분지 구조가 나타나고 있음을 보여주는 예이다.

'얼룩덜룩, 울그락불그락'의 예에서는 전자의 '얼-덜-'의 경우 'ㄹ' 부분이 일치하고 있고, 후자의 '울-불-'의 경우에는 '울' 부분이 일치하고 있어 이 예들은 중성과 종성이 밀접한 관계에 있음을 보여주고 있다. 이는 즉 우분지 구조가 나타나고 있음을 보여주는 예이다.

한국어의 음절은 좌분지 구조와 우분지 구조를 지지하는 예들이 각각 나타나고 있고, 일반적으로는 평면 구조의 특성을 띠고 있어 이 세 개의 음절 구조가 다 나타난다고 할 수 있다.

제4절 한국어의 음절 유형

음절의 구성 요소를 자음과 모음의 영어 단어의 첫 글자를 딴 C(Consonant, 자음), V(Vowel, 모음)로 표시하면 (C)V(C)와 같이 표시할 수 있다. 이때 괄호는 괄호 안의 요소가 있어도 좋고 없어도 좋다는 것을 의미한다. 이를 경우의 수로 분석해 보면 한국어의 음절은 V, CV, VC, CVC 유형으로 분류할 수 있다. 각 유형에 해당되는 음절들을 표로 나타내면 다음의 표와 같다. 이 분석에서의 모음은 단순모음과 이중모음을 모두 포함한다.

[한국어의 음절 유형]

유형	음절 예
V	아, 이, 어, 오, 요
CV	가, 다, 자, 바, 쇼
VC	악, 엄, 얼, 울, 염
CVC	몰, 성, 곰, 적, 결

음절은 종성 자리에 오는 자음의 유무에 따라 **개음절**(open syllable)과 **폐음절**(closed syllable)로 나뉜다. 개음절은 종성 자리에 오는 자음이 없는 음절이고 폐음절은 종성 자리에 자음이 오는 음절이다. 한국어에서는 개음절과 폐음절의 차이가 강약의 위치나 모음의 장단 등에 영향을 미치지 않지만 다른 언어에서는 이런 요소들에 영향을 미친다.

한국어에는 반모음 [j]와 [w]가 있다. 학자에 따라서는 이중모음의 경우 반모음과 단순모음으로 나누어서 음절의 유형을 분류하기도 한다. 반모음은 영어로는 'Semi vowel'이기 때문에 반모음을 'S'로 표기하여 모음의 유형을 더욱 세부적으로 분류하는 것이다.[2] 이중모음을 반모음과 단순모음으로 나누어 반모음(S)이 단순모음(V) 앞에 오는 SV형('야, 여, 와, 워'), 초성 자음 다음에 이중모음('반모음 + 단순모음')이 오는 CSV형('효, 교, 과, 뉘'), 이중모음 다음에 종성이 오는 SVC형('약, 용, 열, 윤'), 초성 다음에 중성으로 이중모음이 오고 종성까지 오는 CSVC형('결, 향, 관, 궐') 등이 추가될 수 있다.[3] 그리고 /ㅢ/를 하향이중모음(단순모음 + 반모음)으로 보는 견해를 가진 학자의 경우는 음절 '의'를 VS형으로 분류하기도 한다. 하지만 반모음과 단순모음이 결합되면 이를 하나의 중성인 이중모음으로 보기 때문에 본서의 기본 분류에서는 이들 유형을 따로 설정하지 않고 V, CV, VC, CVC의 유형으로만 설정했다.

---

2) 이 반모음은 전통적으로는 활음(Glide)라고 불렸기 때문에 반모음을 영어 알파벳 첫글자로 표현할 때 'Semi vowel'의 'S' 대신에 'Glide'의 'G'로 표기하는 학자도 있다.

3) 형태소와 형태소가 결합하는 과정에서 나타나는 음절의 예까지를 포함하고 '의'를 하향이중모음으로 보는 견해를 가진 경우, '배달의[릐]'의 [릐]를 CVS형, '민주주의 + 입니다[−주임니다]'의 [임]을 VSC형, '합의 + 를 → 합일[하빌]'의 [빌]을 CVSC형으로 분류하기도 하는데, 여기서 나온 예들이 실제 발음에서는 [릐] → [레], [임] → [임], [빌] → [빌]로 발음되기 때문에 현실 발음을 고려한다면 이렇게까지 민감하게 분류할 필요는 크지 않다고 할 수 있다.

제5절   한국어의 음절화

음절은 음소들의 연쇄로 이루어져 있다. 음절이 이루어지려면 음소들이 어떤 과정을 거쳐 음절의 구성 요소로 들어가야 한다. 한국어에서는 음절이 초성, 중성, 종성으로 구성되기 때문에 음절 안에서 초성, 중성, 종성이 결정되는 과정이 있어야 한다. 이런 과정을 음절화(syllabification)라고 한다. 그런데 음절화는 일정한 원리와 단계에 의해서 진행된다. 이 음절화의 단계와 원리를 알아야 음절의 내부 구조도 결정될 수 있기 때문에 음절화는 중요한 절차라 할 수 있다.

음절화는 다음의 세 단계를 거쳐 이루어진다.

- 1단계 : 음소 연쇄 중 모음을 먼저 찾아 하나의 음절을 만든다.
- 2단계 : 모음 바로 앞에 자음이 있으면 그 자음과 모음을 하나의 음절로 묶는다(초성 우선의 원칙). 단 'ㅇ'은 그대로 둔다.
- 3단계 : 남은 자음은 모두 선행하는 모음과 하나의 음절로 묶는다.

'철갑선', '호랑이' 두 단어의 음절화 과정을 생각해 보자.

[한국어의 음절화 과정]

단계 \ 예시	ㅊㅓㄹㄱㅏㅂㅅㅓㄴ (철갑선)	ㅎㅗㄹㅏㅇㅣ (호랑이)
1단계	σ σ σ ㅊㅓㄹㄱㅏㅂㅅㅓㄴ	σ σ σ ㅎㅗ ㄹㅏㅇ ㅣ
2단계	σ σ σ ㅊㅓㄹㄱㅏㅂㅅㅓㄴ	σ σ σ ㅎㅗ ㄹㅏㅇ ㅣ
3단계	σ σ σ ㅊㅓㄹㄱㅏㅂㅅㅓㄴ	σ σ σ ㅎㅗ ㄹㅏㅇ ㅣ

※ σ = 음절

1단계에서 음절의 중심인 중성(모음)을 결정하고, 2단계에서 그 모음을 바로 앞의 자음과 연결하는 것은 종성(받침)보다는 초성에 오는 자음과 모음의 결합이 더 우선함을 의미한다. 이는 세계의 언어에서 나타나는 보편적인 현상으로 CV 유형이 VC 유형보다 더 많이 나타나고, 어느 한 언어에서 VC 유형이 나타나는 경우 CV 유형은 반드시 있지만, 그 역은 성립하지 않는다. 이 사실에서도 CV 유형이 VC 유형에 우선한다는 것을 알 수 있다. 한 가지 더 설명할 내용이 있다. 2단계에서 /ㅇ/[ŋ]을 그 다음 모음과 같이 묶지 않고 3단계로 와서 선행하는 모음과 묶는 것은 한국어에서 [ŋ]은 받침, 즉 종성으로만 쓰이고 초성에는 쓰일 수 없기 때문이다.

제 4 장 | 기타 운율 단위

앞에서 한국어에서 쓰이는 운율 단위를 설명하였다. 이 장에서는 앞에서는 설명하지 않은 한국어에서 쓰이는 그 밖의 운율 단위에 대해서 설명하도록 하겠다.

제1절에서는 표준 한국어에 있는 강세 규칙에 대해서 기술하도록 하겠다. 강세가 단어(형태소)의 의미 차이를 가져오는 운율 단위로 쓰이지는 않지만, 강세가 단어의 음절 수에 따라 어떻게 오는지에 대한 규칙이 있어 이 부분을 설명하고자 한다. 제2절에서는 음의 강약과 휴지(pause)가 한국어에서 어떤 기능을 하는지를 살펴보도록 한다.

제1절 표준 한국어의 강세 규칙 종요

표준 한국어에서는 강세나 높낮이에 의해 의미가 구별되는 단어쌍이 존재하지 않기 때문에 표준 한국어는 대립적인 말소리의 강세나 음의 높낮이 구별이 없다고 할 수 있다.[4] 그럼에도 불구하고 한국어는 첫 번째 음절이나 두 번째 음절에 강세가 오기 때문에 고정 단어 강세 언어라고 말할 수 있다.

영어에서는 강세를 받지 않는 음절에서는 모음의 음가 약화 현상이 일어나는 반면, 한국어에서는 강세를 받지 않는 음절에서도 모음의 음가 약화 현상이 일어나지 않는다. 또한 일반적인 발화에서는 영어에서와는 달리 강세 음절과 비강세 음절 사이에 큰 운율적 차이가 나타나지 않는다. 한국어에서는 강세의 차이가 뜻의 구별에도 관여하지 않고 음가 약화 현상도 가져오지 않기 때문에 단어에서 강세 음절이 어디에 오는지를 확인하기 위해서는 그 단어를 강조해서 발음해 보는 수고가 필요하다. '숙제'란 단어를 강조해서 발음해 보면 '숙'에 강세가 옴을 느낄 것이다. 이번에는 '가정집'이란 단어를 발음해 보자. '정'이란 음절에 강세가 옴을 알 수 있을 것이다.

한국어에서 강세 부과와 관련하여 고려되는 요소는 '단어의 음절 수'와 '첫 음절의 무게'이다. 첫 음절의 '무게'라는 것은 첫 음절이 **중음절**(heavy syllable)인지 **경음절**(light syllable)인지를 고려 요소로 삼는다는 의미이다. 중음절은 장모음(長母音)이나 받침을 가지는 음절이라는 조건을 가지고 있고, 경음절은 받침이 없으면서 모음이 단모음(短母音)인 조건을 가진 음절이다. 2음절 이하로 이루어진 단어의 경우는 첫 음절의 무게와는 상관없이 강세가 대개 첫 음절에 부과된다. 3음절 이상의 단어에서는 첫 음절이 중음절인 경우 강세는 첫 음절에 부과되지만, 첫 음절이 경음절인 경우 강세는 두 번째 음절로 옮겨가는 것이 일반적이다.

복합어의 경우에는 강세가 둘 이상이 부과되는데, 첫 형태소에는 주강세(primary stress), 그 다음에 나오는 형태소에는 부강세(secondary stress)가 부과된다. 조사, 의존명사, 보조동사의 경우에는 강세가 오지 않음도 알아 둘 필요가 있다.

---

4) 하지만 경상 방언은 성조 언어적 성격을 가지고 있기 때문에 표준 한국어와 관련하여 기술하는 본문의 설명과 맞지 않게 된다. 따라서 이 부분을 학습하는 학습자는 '한국어'란 표현이 나오면 여기서는 '표준 한국어'를 의미하는 것으로 이해하여 주시기 바란다.

[한국어의 단어 강세 규칙]

규칙		음절별 예시 (강세 부과 음절에 밑줄 표시)
규칙 1	2음절 이하 단어의 경우 첫 음절에 강세가 부과됨	1, 2음절어 : <u>집</u>, <u>탈</u>, <u>책</u>, <u>체</u>조, <u>겨</u>례, <u>건</u>:강, <u>사</u>랑, <u>전</u>:화, <u>전</u>:기, <u>사</u>람
규칙 2	3음절 이상 단어에서 첫 음절이 경음절인 경우 강세는 두 번째 음절로 옮겨감. 그렇지 않을 경우 강세는 첫 음절에 그대로 있음	• 3음절어 : 학<u>용</u>품, 방<u>송</u>실, 지<u>점</u>장, 재<u>력</u>가, <u>사</u>다리※, 개<u>구</u>리※※ • 4음절어 : <u>철</u>지나다, 경<u>거</u>망동, 고<u>속</u>도로, 무<u>자</u>격자, 아<u>롱</u>다롱
규칙 3	복합어에는 구성 형태소의 수에 따라 둘 이상의 강세가 부과됨	복합어 : <u>언</u>어<u>이</u>:론, <u>한</u>국문화, <u>자</u>연보:호, <u>장</u>:기예:금, <u>국</u>민교:육<u>현</u>:장

※, ※※ : '사다리', '개구리'의 경우 첫 음절과 두 번째 음절 모두 경음절로 나타난다. 이런 경우에는 화자에 따라 첫 음절에 강세를 부과하는 경우도 있고 두 번째 음절에 강세를 두어 발음하는 경우도 있다.[5]

제2절 음의 강약과 휴지의 기능

한국어에서 음의 강약이 어떤 단어나 문장의 뜻을 변별하는 기능을 갖지는 않는다. 하지만 문장에서 어떤 단어나 어절을 강하게 발음하면 그 부분이 강조가 되어 **초점(focus)**을 받게 되는 기능이 있다. 예를 들어, '철수가 도서관에서 책을 빌렸다.'라는 문장에서 '철수가'를 강하게 발음하면 다른 사람이 아닌 '철수가'라는 의미가 강조되며, '도서관에서'라는 어절을 강하게 발음하면 다른 장소가 아닌 '도서관에서'라는 부분이 강조된다. '책을'을 강하게 발음하면 다른 물건이 아닌 '책'이라는 것이 강조되며, '빌렸다'를 강하게 발음하면 다른 행동이 아닌 '빌린' 행동이 강조된다.

음의 강약은 연설이나 강의 등에서도 그 기능을 한다. 강약의 변화 없이 같은 어조로 이야기나 연설을 계속하면 청자의 집중력은 떨어지게 된다. 따라서 화자는 강의나 연설의 집중도를 높이기 위해서 '중요한 부분'에서는 강하게, 그 외의 부분에서는 보통 정도의 세기로, 또 강하게 발음해야 할 부분과 대조를 이루는 부분에서는 약하게 발음하여 청자의 몰입도를 높인다.

휴지는 의미나 통사 정보와 관련하여 중요한 역할을 한다. 예를 들어, '아버지가방에 들어가신다.'라는 문장에서 휴지를 '−지' 다음에 놓느냐 '−가' 다음에 놓느냐에 따라 '아버지 가방에 들어가신다.'라는 문장과 '아버지가 방에 들어가신다.'라는 문장이 나오게 되어 두 문장의 의미가 극명하게 달라진다.

또한 휴지가 통사적 **중의성**을 해소하기도 한다. 여기서 중의성이란 한 단어나 문장이 두 가지 이상의 뜻으로 해석될 수 있는 현상이나 특성을 의미한다. 예를 들어 '모자를 예쁘게 쓴 딸과 어머니'라는 표현은 '딸과 어머니 모두가 모자를 예쁘게 썼다'라는 의미일 수도 있고, '모자를 예쁘게 쓴 딸'과 아무 수식 내용이 없는 '어머니'라는 의미가 될 수도 있다. '−쓴' 다음에 휴지를 두면 첫 번째 의미가 되고, '−과' 다음에 휴지를 두면 두 번째 의미가 된다. 문어에서는 쉼표를 넣음으로써 이 중의성의 문제를 해결할 수 있지만, 구어에서는 휴지를 통해서 중의성의 문제를 해결할 수 있는 것이다.

---

5) 이호영, 『국어운율론』, 한국연구원, 1997.

제1장 운율의 개념 및 언어학적 기능

01 시에서 운율은 음절률(音節律, syllabic system), 음성률(音聲律, stress system) 및 음위율(音位律, rhyme)로 크게 나뉜다.

01 다음 중 시에서 운율에 대한 구분이 <u>아닌</u> 것은?

① 음소율
② 음절률
③ 음성률
④ 음위율

02 음절률은 음수율이라고도 하며, 일정한 음절의 수를 한 단위로 하여 규칙적으로 시에서 반복되는 것을 말한다. 우리나라에서는 시조에서 쓰이는 3・4 내지는 4・4조 같은 자수율(字數律)이 대표적인 예라고 할 수 있다.

02 음절률(音節律, syllabic system)에 대한 설명으로 <u>틀린</u> 것은?

① 음절률은 음수율이라고도 한다.
② 우리나라에서는 자수율이 대표적인 예라고 할 수 있다.
③ 음성의 강약・장단・고저 등의 속성이 한 단위가 된다.
④ 일정한 음절의 수를 한 단위로 하여 규칙적으로 반복되는 것이다.

03 음성률은 음성의 강약(强弱)・장단(長短)・고저(高低) 등의 속성이 한 단위로서 규칙적으로 반복되는 경우를 말한다. 한국어의 시에서는 잘 나타나지 않지만 영시에서는 음보(音步, foot)와 시행(詩行, line)을 통해 이 음성률이 잘 나타난다.

03 음성의 강약(强弱)・장단(長短)・고저(高低) 등의 속성을 가진 것은?

① 음절률
② 음성률
③ 음위율
④ 음수율

정답 01① 02③ 03②

04 다음 중 운율에서 압운을 말하는 것은?

① 음절률
② 음성률
③ 음위율
④ 음수율

04 음위율은 압운을 말하는데, 대표적인 것인 각운(脚韻, end rhyme)이다.

05 다음 중 운율에 해당하는 것이 <u>아닌</u> 것은?

① 휴지
② 리듬
③ 음성의 위치
④ 음성의 길이

05 음성의 강약(크기), 장단(길이), 고저(높낮이)를 운율이라고 하는데, 여기에 덧붙여 휴지(pause), 리듬(rhythm) 등을 더 넣기도 한다.

[주관식 문제]

01 운율에 대하여 약술하시오.

01 **정답**
음성의 강약(크기), 장단(길이), 고저(높낮이)를 운율이라고 한다.
해설
음성의 강약(크기), 장단(길이), 고저(높낮이)를 운율이라고 하는데, 여기에 덧붙여 휴지(pause), 리듬(rhythm) 등을 더 넣기도 한다.

정답 (04 ③ 05 ③)

02 **정답**
언어학에서는 운율을 초분절 요소라고도 하는데, 소리의 길이, 크기, 높낮이는 분절음 위에 얹혀 단어의 의미에 차이를 주거나 화자의 감정을 나타내는 등의 역할을 한다.

해설
정답에 언급된 것 외에도, 초분절 요소는 문장의 종류에 차이를 가져오기도 한다.

03 **정답**
음위율은 압운을 말하는데, 대표적인 것이 각운(脚韻, end rhyme)이다.

해설
음위율은 압운을 말하는데, 대표적인 것이 각운(脚韻, end rhyme)이다. 이 음위율은 영시에서 잘 나타나고, 한국어의 시에서는 시험적으로 적용하는 경우가 있다.

04 **정답**
음절률, 음성률, 음위율

05 **정답**
음성률

02 초분절 요소(suprasegments)에 대해 약술하시오.

03 음위율에 대해 약술하시오.

04 시에서 운율은 크게 어떻게 나뉘는지 쓰시오.

05 음성의 강약·장단·고저 등의 속성이 한 단위로서 규칙적으로 반복되는 경우를 무엇이라고 하는지 쓰시오.

제2장 한국어의 운율 구조

01 다음 중 한 음절에서 말소리의 높낮이를 이르는 말은?

① 성조
② 억양
③ 강세
④ 장단

01 말소리의 높이는 말소리의 단위에 따라 다른 용어로 나뉘어 불리는데, 한 음절에서의 말소리의 높낮이를 '성조(tone)'라고 한다.

02 다음 중 핵억양의 종류에 해당하지 <u>않는</u> 것은?

① 수평조
② 내림조
③ 오르내림조
④ 수평오름조

02 핵억양의 종류는 수평조, 내림조, 오름조, 내리오름조, 오르내림조의 다섯 가지로 나뉜다.

03 다음 중 억양에 대한 설명으로 틀린 것은?

① 단어에 얹히는 말소리의 높낮이이다.
② 화자의 발화 의도나 감정, 태도를 나타낸다.
③ 핵억양에 따라 문장의 종류가 결정된다.
④ 핵억양의 종류는 다섯 가지이다.

03 단어보다 큰 단위인 구나 절, 문장 위에 얹히는 말소리의 높낮이를 억양(intonation)이라고 한다. 억양은 화자의 발화 의도나 감정, 태도 등을 나타내고 특히 핵억양(문미억양), 즉 말마디 경계에서 나타나는 긴 휴지의 바로 앞 음절인 경계 앞 음절의 억양의 높낮이에 따라 문장의 종류가 결정된다. 핵억양의 종류는 수평조, 내림조, 오름조, 내리오름조, 오르내림조의 다섯 가지로 나뉜다.

정답 01 ① 02 ④ 03 ①

04 평서문의 경우에는 수평조나 내림조가 많이 쓰이고, 의문문의 경우 일반 의문문의 경우에는 오름조가 쓰이지만, 의문문의 종류에 따라 수평조나 내림조가 쓰이기도 한다. 명령문이나 청유문의 경우 일반적으로 수평조나 내림조가 쓰이는 경우가 많다.

04 핵억양에 따른 문장 종류에 대한 설명으로 옳은 것은?

① 평서문에는 내림조나 오름조가 많이 쓰인다.
② 일반 의문문에는 오름조가 쓰인다.
③ 의문문은 종류에 따라 수평조나 내리오름조가 쓰이기도 한다.
④ 명령문이나 청유문은 일반적으로 오르내림조가 쓰인다.

05 한 음절에서의 말소리의 높낮이를 '성조(tone)'라고 한다. 이 성조는 단어의 높낮이까지 확대해서 적용하기도 하는데, 이 경우 한국어에서 경상 방언을 성조를 가진 방언으로 규정할 수 있다. 경상 방언에서는 한 단어 내에서의 각 음절의 높낮이의 차이에 따라 그 단어의 의미가 변화되기 때문이다.

05 한국어에서 성조를 가진 방언으로 규정할 수 있는 것은?

① 경기 방언
② 충청 방언
③ 경상 방언
④ 전라 방언

주관식 문제

01 강세에 대하여 서술하시오.

01 **정답**
소리의 높이가 높고, 강도가 세며, 길이가 긴 것이 복합적으로 오는 것을 강세라고 한다.

해설
일반적으로 어떤 음절이 다른 음절에 비해 소리의 높이가 높고, 강도가 세며 길이가 긴 것이 복합적으로 올 때 강세(stress)가 있다고 한다.

정답 04 ② 05 ③

02 한국어에서 중요한 운율 구조 두 가지를 쓰시오.

02 **정답**
말소리의 길이와 높낮이
해설
한국어에서는 말소리의 길이, 높낮이가 중요한 역할을 한다.

03 핵억양의 종류를 쓰시오.

03 **정답**
수평조, 내림조, 오름조, 내리오름조, 오르내림조

04 문장의 종류에 따른 핵억양을 설명하시오.

04 **정답**
평서문의 경우에는 수평조나 내림조가 많이 쓰이고, 의문문 중 일반 의문문의 경우에는 오름조가 쓰인다. 명령문이나 청유문의 경우 일반적으로 수평조나 내림조가 쓰이는 경우가 많다.
해설
핵억양에 따라 평서문, 의문문, 명령문, 청유문이 구분된다. 평서문의 경우에는 수평조나 내림조가 많이 쓰이고, 의문문의 경우 일반 의문문에서는 오름조가 쓰이지만 의문문의 종류에 따라 수평조나 내림조가 쓰이기도 한다. 명령문이나 청유문의 경우 일반적으로 수평조나 내림조가 쓰이는 경우가 많다.

05 **정답**

억양은 단어보다 큰 단위인 구나 절, 문장 위에 얹히는 말소리의 높낮이이다.

해설

단어보다 큰 단위인 구나 절, 문장 위에 얹히는 말소리의 높낮이를 '억양(intonation)'이라고 한다. 억양은 화자의 발화 의도나 감정, 태도 등을 나타내고 특히 핵억양(문미억양), 즉 말마디 경계에서 나타나는 긴 휴지의 바로 앞 음절인 경계 앞 음절의 억양의 높낮이에 따라 문장의 종류가 결정된다.

05 억양에 대해 약술하시오.

제3장 음절

01 다음 중 독립해서 발음할 수 있는 최소의 음성 단위는?

① 음소
② 음운
③ 음절
④ 형태소

01 음절은 일반적으로 음소보다는 크고 단어보다는 작은 단위로, 독립해서 발음할 수 있는 최소의 음성 단위라고 정의할 수 있다.

02 다음 중 음절의 중성에 올 수 있는 것은?

① 자음
② 모음
③ 유음
④ 비음

02 초·중·종성 중 가장 중요한 부분은 중성으로, 중성으로 올 수 있는 것은 모음뿐이다.

03 다음 중 한국어의 음절 유형이 <u>아닌</u> 것은?

① C
② CV
③ VC
④ CVC

03 한국어의 음절은 V, CV, VC, CVC 유형으로 분류할 수 있다.

정답 01 ③ 02 ② 03 ①

04 [문제 하단의 표 참고]

04 다음 중 '얼'의 음절 유형으로 옳은 것은?

① V

② CV

③ VC

④ CVC

»»♀

[한국어의 음절 유형]

유형	음절 예
V	아, 이, 어, 오, 요
CV	가, 다, 자, 바, 쇼
VC	악, 엄, 얼, 울, 염
CVC	몰, 성, 곰, 적, 결

05 음절은 종성 자리에 오는 자음의 유무에 따라 개음절(open syllable)과 폐음절(closed syllable)로 나뉜다. 즉 받침의 유무가 분류 기준이다. 개음절은 종성 자리에 오는 자음이 없는 음절, 즉 받침이 없는 음절이고 폐음절은 종성 자리에 자음이 오는 음절, 즉 받침이 있는 음절이다. 한국어에서는 개음절인가 폐음절인가가 강약의 위치나 모음의 장단 등에 크게 영향을 미치지 않는다.

05 다음 중 음절의 분류에 대한 설명으로 **틀린** 것은?

① 음절은 받침의 유무로 분류할 수 있다.

② 음절은 개음절과 폐음절로 나눌 수 있다.

③ 폐음절은 종성 자리에 자음이 오는 음절이다.

④ 한국어 음절 분류는 모음의 장단에 큰 영향을 미친다.

06 중성은 음절의 중심부 역할을 하며, 중성 없이는 음절 형성 자체가 되지 않는다.

06 다음 중 음절의 중심부 역할을 하는 것은?

① 초성

② 중성

③ 종성

④ 성조

정답 04 ③ 05 ④ 06 ②

07 음절화 중 모음과 그 바로 앞의 자음을 하나의 음절로 묶는 것과 관련 있는 것은?

① 초성 우선의 원칙
② 중성 우선의 원칙
③ 종성 우선의 원칙
④ 자음 우선의 원칙

08 다음 그림과 관계있는 음절화 과정은?

① 1단계
② 2단계
③ 3단계
④ 4단계

»»♀

[단어 '철갑선'의 음절화 과정]

단계 \ 예시	ㅊㅓㄹㄱㅏㅂㅅㅓㄴ (철갑선)
1단계	
2단계	
3단계	

07 음절화 2단계는 모음 바로 앞에 자음이 있으면 그 자음과 모음을 하나의 음절로 묶는다. 이것을 초성 우선의 원칙이라 한다.

08 [문제 하단의 표 참고]

정답 07 ①　08 ②

09 음절화 과정 중 1단계는 음소 연쇄 중 모음을 먼저 찾아 하나의 음절을 만든다.

09 음절화 과정에서 음소 연쇄 중 가장 우선하는 것은?

① 자음
② 모음
③ 초성
④ 종성

10 2단계에서 /ㅇ/[ŋ]을 그 다음 모음과 같이 묶지 않고 3단계로 와서 선행하는 모음과 묶는 것은 한국어에서 [ŋ]은 받침, 즉 종성으로만 쓰이고 초성에는 쓰일 수 없기 때문이다.

10 음절화 2단계에서 모음과 묶지 않고 3단계에서 선행하는 모음과 묶는 것은?

① /ㄱ/
② /ㄹ/
③ /ㅇ/
④ /ㅎ/

주관식 문제

01 **정답**
음절은 일반적으로 음소보다는 크고 단어보다는 작은 단위로, 독립해서 발음할 수 있는 최소의 음성 단위이다.

01 음절의 정의를 약술하시오.

02 **정답**
모음

02 한국어에서 음절을 이루기 위해 필수적인 것이 무엇인지 쓰시오.

정답 (09 ② 10 ③)

03 음성 · 음운론적으로 음절의 중요한 역할을 서술하시오.

03 **정답**
- 음절은 한국어 화자들이 가장 우선적으로 인식하는 음운론적 단위이다.
- 음의 높낮이, 길이, 세기와 같은 초분절 요소들이 음소 위에 얹히기는 하지만, 음절을 단위로 해서 실현되는 것이 일반적이다.
- 음운 현상들, 즉 대치, 탈락, 첨가, 축약 등이 모두 음절과 관련을 맺는 경우가 많다.

해설
음절의 역할 중 첫 번째는 음절은 한국어 화자들이 가장 우선적으로 인식하는 음운론적 단위라는 것이다. 두 번째는 음의 높낮이, 길이, 세기와 같은 초분절 요소들이 음소 위에 얹히기는 하지만, 음절을 단위로 해서 실현되는 것이 일반적이라는 것이다. 이것이 음운론에서 음소와 더불어 음절을 중요하게 여기는 이유가 된다. 세 번째는 음운론에서 가장 중요한 연구 주제로 생각되는 음운 현상들, 즉 대치, 탈락, 첨가, 축약 등이 모두 음절과 관련을 맺는 경우가 많다는 것이다. 따라서 음운 현상들에 대해서 깊이 이해하고 한발 더 나아가 분석 · 설명하기 위해서는 음절에 대한 이해가 동반되어야 한다.

04 한국어의 음절을 세 부분으로 나누어 쓰시오.

04 **정답**
초성, 중성, 종성

05 **정답**

중성만 있으면 음절이 형성되기 때문에 초성과 종성을 음절의 주변부라고 한다.

해설

초성과 종성은 중성에 비해 음절 형성이라는 측면에서 중요성이 떨어지기 때문에 음절의 주변부라고 한다. 이들이 없어도 중성만 있으면 음절이 형성된다.

05 음절의 주변부에 대해 쓰시오.

06 **정답**

개음절은 종성 자리에 오는 자음이 없는 음절, 즉 받침이 없는 음절이고, 폐음절은 종성 자리에 자음이 오는 음절, 즉 받침이 있는 음절이다.

해설

음절은 종성 자리에 오는 자음의 유무에 따라 개음절(open syllable)과 폐음절(closed syllable)로 나뉘는데, 즉 받침의 유무가 분류 기준이다. 개음절은 종성 자리에 오는 자음이 없는 음절, 즉 받침이 없는 음절이고 폐음절은 종성 자리에 자음이 오는 음절, 즉 받침이 있는 음절이다.

06 개음절과 폐음절에 대해 서술하시오.

07 음절의 내부 구조 유형을 모두 쓰시오.

08 음절화의 정의를 쓰시오.

09 음절화의 세 단계를 쓰시오.

07 **정답**
평면 구조, 좌분지 구조, 우분지 구조

08 **정답**
음절이 이루어지려면 음소들이 음절 안에서 초성, 중성, 종성이 결정되는 과정이 있어야 한다. 이런 과정을 음절화라고 한다.

09 **정답**
1단계는 음소 연쇄 중 모음을 먼저 찾아 하나의 음절을 만든다. 2단계는 모음 바로 앞에 자음이 있으면 그 자음과 모음을 하나의 음절로 묶는데, 'ㅇ'은 그대로 둔다. 3단계는 남은 자음은 모두 선행하는 모음과 하나의 음절로 묶는다.

10 **정답**
[문제 하단의 표 참고]

10 한국어 단어 '호랑이'의 음절화 과정을 쓰시오.

>>>◯

[단어 '호랑이'의 음절화 과정]

단계 \ 예시	ㅎㅗㄹㅏㅇㅣ (호랑이)
1단계	σ σ σ | | | ㅎㅗ ㄹㅏ ㅇㅣ
2단계	σ σ σ ╱| ╱| | ㅎㅗ ㄹㅏㅇ ㅣ
3단계	σ σ σ ╱| ╱|╲ | ㅎㅗ ㄹㅏㅇㅣ

제4장 기타 운율 단위

01 다음 중 강세가 오지 <u>않는</u> 것은 무엇인가?

① 조사
② 형용사
③ 부사
④ 관형사

01 조사, 의존명사, 보조동사의 경우에는 강세가 오지 않는다.

02 다음 중 한국어의 단어 강세 규칙으로 <u>틀린</u> 것은?

① 2음절 이하 단어는 첫 음절에 강세를 부과한다.
② 3음절 이상 단어에서 첫 음절이 경음절이면 강세는 두 번째 음절로 옮겨간다.
③ 3음절 이상 단어에서 첫 음절이 경음절이 아니면 강세는 첫 음절에 그대로 있다.
④ 복합어에는 구성 형태소의 수와 상관없이 셋 이상의 강세가 부과된다.

02 [문제 하단의 표 참고]

>>>◯

[한국어의 단어 강세 규칙]

규칙		음절별 예시 (강세 부과 음절에 밑줄 표시)
규칙 1	2음절 이하 단어의 경우 첫 음절에 강세가 부과됨	1, 2음절어 : <u>집</u>, <u>탈</u>, <u>책</u>, <u>체</u>조, <u>겨</u>레, <u>건</u>:강, <u>사</u>랑, <u>전</u>화, <u>전</u>기, <u>사</u>:람
규칙 2	3음절 이상 단어에서 첫 음절이 경음절인 경우 강세는 두 번째 음절로 옮겨감. 그렇지 않을 경우 강세는 첫 음절에 그대로 있음	• 3음절어 : <u>학</u>용품, 방송실, 지<u>점</u>장, 재력가, 사다리, 개<u>구</u>리 • 4음절어 : <u>철</u>지나다, 경<u>거</u>망동, 고속도로, 무<u>자</u>격자, 아롱다롱
규칙 3	복합어에는 구성 형태소의 수에 따라 둘 이상의 강세가 부과됨	복합어 : 언어<u>이</u>:론, <u>한</u>:국문화, <u>자</u>연보:호, <u>정</u>:기예:금, 국민교:<u>육</u>:장

03 중음절은 장모음(長母音)이나 받침을 가지는 음절이라는 조건을 가지고 있다.

03 다음 중 장모음이나 받침을 가지는 음절은?

① 중음절
② 경음절
③ 개음절
④ 폐음절

04 경음절은 받침이 없으면서 모음이 단모음(短母音)인 조건을 가진 음절이다.

04 다음 중 받침이 없으면서 모음이 단모음인 음절은?

① 중음절
② 경음절
③ 개음절
④ 폐음절

05 한국어는 첫 번째 음절이나 두 번째 음절에 강세가 오기 때문에 고정 단어 강세 언어라고 말할 수 있다.
① 표준 한국어에는 강세나 높낮이에 의해 의미가 구별되는 단어쌍이 존재하지 않는다.
③ 영어에서는 강세를 받지 않는 음절에서 모음의 음가 약화 현상이 일어나지만, 표준 한국어에서는 일어나지 않는다.
④ 표준 한국어의 일반적인 발화에서는 강세 음절과 비강세 음절 사이에 큰 운율적 차이가 없다.

05 표준 한국어의 강세 규칙에 대한 설명으로 옳은 것은?

① 표준 한국어에서 강세나 높낮이에 의해 의미가 구별되는 단어쌍이 존재한다.
② 한국어는 고정 단어 강세 언어라고 할 수 있다.
③ 강세를 받지 않는 음절에서 모음의 음가 약화 현상이 일어난다.
④ 일반적인 발화에서 강세 음절과 비강세 음절 사이에 큰 운율적 차이가 나타난다.

정답 　03 ①　04 ②　05 ②

주관식 문제

01 한국어에서 강세 부과와 관련해 고려되는 요소를 쓰시오.

01 **정답**
단어의 음절 수, 첫 음절의 무게

02 중음절의 의미를 쓰시오.

02 **정답**
중음절은 장모음이나 받침을 가지는 음절이다.

03 경음절의 의미를 쓰시오.

03 **정답**
경음절은 받침이 없으면서 모음이 단모음인 음절이다.

04 **정답**

복합어에는 둘 이상의 강세가 부과되는데, 첫 형태소에는 주강세(primary stress), 그 다음에 나오는 형태소에는 부강세(secondary stress)가 부과된다.

04 복합어의 강세에 대해 약술하시오.

05 **정답**

휴지는 의미나 통사 정보와 관련하여 중요한 역할을 한다. 예를 들어 '아버지가방에 들어가신다.'라는 문장에서 휴지를 '−지' 뒤에 두느냐, '−가' 다음에 두느냐에 따라 문장의 의미가 달라진다. 또한 휴지가 통사적 중의성을 해소기도 한다. 예를 들어 '모자를 예쁘게 쓴 딸과 어머니'라는 표현에서 '−쓴' 다음에 휴지를 두면 '딸과 어머니 모두가 모자를 예쁘게 썼다'는 의미가 되고, '−과' 다음에 휴지를 두면 '모자를 예쁘게 쓴 딸'과 아무 수식 내용이 없는 '어머니'라는 의미가 된다.

05 휴지의 기능을 예를 들어 서술하시오.

제 6 편

음운 현상

제 1 장 | 음운 현상의 종류 및 분류 기준

제1절 음운 현상의 정의와 발생 이유 종요

우리는 제5편에서 음절에 대해서 공부했다. 한국어의 음절은 초성, 중성, 종성으로 구성되어 있다. 그런데 (C)V(C)의 **음절 구조**를 충족시킨다고 해서 모든 음소가 다 한국어의 음절을 이룰 수 있는 것은 아니다. 이들이 음절을 구성하는 데에 문제가 없으려면 '음절 구조는, 즉 초성, 중성, 종성은 이래야 한다'는 제약 조건에 위배되어서는 안 된다. 이와 같은 제약을 음절 구조 제약이라고 한다. 이 **음절 구조 제약** 이외에도 음절이라는 단위와는 상관없이 음소와 음소가 연속해서 올 때 어떤 음소의 연결은 허용되지 않는다는 **음소 배열 제약**, 음절과 음절이 만났을 때 음절과 음절의 경계에서 자음과 모음, 모음과 자음, 자음과 자음이 연이어 오는 경우 충돌이 일어나는 경우가 있는데, 이런 충돌 상황을 방지하기 위해 이를 제약으로 분류한 **음절 배열 제약**이 있다. 여기서 언급한 음절 구조 제약, 음소 배열 제약, 음절 배열 제약을 음운론적 제약이라고 한다. 이런 세 종류의 제약을 위배하게 되면 음운 현상이 일어나 이 제약을 어기지 않도록 조정하게 된다. 물론 음운 현상 중에는 이 제약들과 관련이 없는 것들도 있지만, 많은 음운 현상들이 이 제약들을 어기지 않기 위해 일어난다고 볼 수 있다.[1]

음절과 음절이 만났을 때 충돌이 일어날 수 있는 네 가지의 음절 연결 유형 중 특히 자음과 자음이 연결되거나 자음과 모음이 연결될 때 충돌이 주로 일어나게 된다. 이를 다음 표를 통해 자세히 살펴볼 수 있다.

[음절 연결의 유형][2]

모음과 모음	어우, 아아, 아야, 우아, 아이	원래의 형태대로 발음됨
자음과 자음	동태, 탐미, 격노, 탄력, 불소	원래의 형태대로 발음되기도 하고 그렇지 않기도 함(후자의 경우 음운 현상 발생)
모음과 자음	아주, 요구, 교환, 자랑, 사탕	원래의 형태대로 발음됨. 다만 모음 다음에 /ㅎ/이 연결될 때 이 /ㅎ/이 탈락되는 경우가 있다. 이는 표준발음은 아니며, 빠르고 비공식적인 발화에서 나타남
자음과 모음	국어, 군인, 밥알, 붕어, 물약	보통 연음(liaison) 현상이 발생함. 하지만 첫 음절의 말음이 [ŋ]으로 끝난 경우는 두 번째 음절의 첫소리로 연음이 일어난다고 보기는 어려움. 첫 번째 음절의 종성이 유음으로 끝나고 두 번째 음절의 모음이 'ㅣ' 또는 'ㅣ' 선행모음이면 'ㄴ' 첨가 후 유음화가 일어나는 경우도 있음

지금까지의 내용을 다시 정리해 보면 음절과 음절(정확히는 앞 음절의 중성 또는 종성과 뒤 음절의 초성 또는 중성)이 만났을 때를 포함해서 음소와 음소가 만났을 때 각 음소들은 서로 다른 특성들을 지니므로 이들 사이에 충돌이 일어나게 되는 경우가 생기는데, 이때 음운 현상을 통해서 이런 충돌을 해소할 수 있다. 음운 현상을 통해서 음소와 음소 사이에 있는 충돌 요인을 해소함으로써 음소 연쇄는 조화로운 상태를 되찾는 것이다.

---

1) 본문에서는 음운론적 제약으로 음절 구조 제약, 음소 배열 제약, 음절 배열 제약을 언급했는데, 이 외에도 음소 구조 제약, 단어(형태소) 구조 제약, 단어(형태소) 배열 제약이 있다. 적용되는 단위로 보자면 작은 단위부터 '음소 구조 제약 – 음소 배열 제약 – 음절 구조 제약 – 음절 배열 제약 – 단어(형태소) 구조 제약 – 단어(형태소) 배열 제약'이 된다. 구조 제약은 해당 단위의 내부 구조에 관한 제약이고, 배열 제약은 해당 단위끼리 연결될 때 나타나는 제약이다.
2) 배주채, 『한국어의 발음』, 삼경문화사, 2003.

음운 현상은 변화를 겪는 음소(입력부), 변화의 결과(출력부), 변화가 일어나는 환경의 세 요소로 이루어진다. 음운 현상은 다음 표와 같이 도식화할 수 있으며, 이렇게 도식화한 결과를 음운 규칙(phonological rules)이라고 한다.

[음운 현상의 음운 규칙화]

A → B / C __ D	• A : 입력부 • B : 출력부 • C __ D : 환경
해석	C와 D 사이라는 환경에서 A가 B로 됨

제2절 음운 현상의 종류 및 분류 기준

음운 현상은 변화의 양상에 따라 다음과 같이 다섯 가지로 분류할 수 있다.

[음운 현상의 유형] 중요

유형	내용	음운 규칙 도식
대치	한 음소가 다른 음소로 바뀜	A → B / C __ D
탈락	한 음소가 없어짐	A → ∅ / C __ D
첨가	없던 음소가 새로 끼어듦	∅ → B / C __ D
축약	두 음소가 합쳐져 제3의 다른 음소로 바뀜	A + B → C / D __ E
도치	두 음소가 서로 자리를 바꿈	AB → BA / C __ D

이 다섯 가지의 음운 현상의 유형 중 가장 많이 나타나는 음운 현상이 대치이다. 앞으로 다룰 음운 현상의 세부적인 내용 중에 가장 많이 나올 것이기 때문에 특히 신경을 써서 공부해야 한다. 탈락과 첨가는 음운 규칙 도식에서도 살펴볼 수 있듯이 변화의 방향이 서로 반대이다. 이 둘 중 첨가보다는 탈락이 훨씬 흔하게 나타난다. 충돌하는 두 음소가 있을 때, 음운 현상이 일어난 후 음소의 개수가 하나로 줄어드는 음운 현상에는 탈락과 축약 두 가지가 있다. 따라서 일반 언중들은 이 두 개의 음운 현상을 구별하는 데 어려움을 느낄 수도 있다. 이 중 살아남은 음소가 한 음소의 특징만을 나타내면 이는 탈락이 적용된 것이고, 두 음소의 특징을 동시에 가지고 있으면 이는 축약이 적용된 것이다.

도치는 다섯 개의 음운 현상 중 가장 드물게 나타나는 것으로, 현대 국어에서는 도치가 적용된 예가 없다. 중세 국어에서 통시적 변화를 겪은 다음 몇 개의 예에서 도치 현상을 확인할 수 있다.

자음 도치	모음 도치
뱃복 〉 배꼽	하야로비 〉 해오라기

제 **2** 장 │ **대치**

앞에서도 밝혔듯이 대치는 음운 현상의 유형 중 가장 흔하게 나타나는 것이다. 이에 속하는 음운 현상으로는 다음 표와 같이 (음절 말) 평폐쇄음화, 비음화('ㄹ'의 비음화 포함), 유음화(순행적·역행적), 경음화, 활음화(반모음화, 음절 축약), 구개음화, 조음 위치 동화(양순음화, 연구개음화) 등이 있다. 이 중 조음 위치 동화는 수의적으로 일어나는 현상이다. 활음화만 모음과 관련된 음운 현상이고, 다른 음운 현상들은 모두 자음과 관련된 것들이다. **중요**

[대치 유형 음운 현상의 예]

음운 현상		실제 예
자음	음절 말 평폐쇄음화	• 옆 → [엽] • 같다 → [갇따] • 빗다 → [빋따] • 갔다 → [갇따] • 빚 → [빋] • 빛 → [빋] • 엮다 → [역따] • 부엌 → [부억] • 낳는 → [낟는] (→ [난는])
	비음화(비음동화)	• 밥만 → [밤만] • 줍는 → [줌는] • 걷는 → [건는] • 곧 나간다 → [곤나간다] • 국민 → [궁민] • 막는 → [망는]
	'ㄹ'의 비음화	• 십리 → [십니] (→ [심니]) • 국력 → [국녁] (→ [궁녁]) • 삼류 → [삼뉴] • 경력 → [경녁] • 음운론 → [음운논] → [으문논] • 헨리 → [헨니]
	유음화(순행적)	• 달님 → [달림] • 겨울 노래 → [겨울로래] • 벨 나무 → [벨라무]
	유음화(역행적)	• 논란 → [놀란] • 훈련 → [훌련] • 음운론 → [음울론] → [으물론] • 헨리 → [헬리] ※ '음운론', '헨리'의 경우 'ㄹ'의 비음화 항목에서 예로 제시하였듯이 비음화시켜 발음하는 화자도 있으나, 역행적 유음화를 적용하여 발음하는 화자도 있음
	조음 위치 동화 (양순음화, 연구개음화)	• 연보 → [염보] • (텃밭 →) [턷받] → [텁빧]

자음	구개음화	• 입고 → [익꼬] • 담고 → [당꼬] • 닫고 → [닥꼬] • 안고 → [앙꼬]
		• 굳이 → [구지] • 곁이 → [겨치] • 같이 → [가치] • 기름 → [지름] • 길 → [질] • 키 → [치] • 형 → [성] • 힘 → [심]
	(대치로서의) 경음화	• 잡고 → [잡꼬] • 먹다 → [먹따] • 딛소 → [딛쏘] • 적지 → [적찌] • 안다 → [안따] • 품지 → [품찌] • 품소 → [품쏘] • 감고 → [감꼬]
모음	활음화 (반모음화, 음절 축약)	• 피어[pi-ə] → [펴[pjə]] • 기어[ki-ə] → [겨[kjə]] • 가두-어[kadu-ə] → [가둬[kadwə]] • 돌보-아[tolbo-a] → [돌봐[tolbwa]]

제1절 평폐쇄음화 중요

한국어의 음절 구조 제약 때문에 음절 말에 올 수 있는 자음은 /ㄱ, ㄴ, ㄷ, ㄹ, ㅁ, ㅂ, ㅇ/ 7개 뿐이다. 이 중 /ㄴ, ㄹ, ㅁ, ㅇ/은 공명음인 유음과 비음이기 때문에, 장애음(폐쇄음, 파찰음, 마찰음)과는 관련이 없다. 장애음으로서 음절 말에 올 수 없는 /ㅍ, ㅌ, ㅅ, ㅆ, ㅈ, ㅊ, ㅎ, ㄲ, ㅋ/은 음절 말에 올 수 있는 평폐쇄음인 /ㅂ, ㄷ, ㄱ/ 중 하나로 바뀌어야 한다. 나머지 장애음들이 음절 말에서 평폐쇄음으로 바뀌는 데 비해, /ㅎ/의 경우는 그 다음 음절의 초성이 /ㄴ/일 때에만 /ㄷ/으로 바뀐다.

1 /ㅍ/ → /ㅂ/

옆 → [엽]

2 /ㅌ, ㅅ, ㅆ, ㅈ, ㅊ, ㅎ/ → /ㄷ/

- 같다 → [갇따]
- 빗다 → [빋따]
- 갔다 → [갇따]
- 빗 → [빋]
- 빛 → [빋]
- 낳는 → [낟는] (→ [난는])

3 /ㄲ, ㅋ/ → /ㄱ/

- 엮다 → [역따]
- 부엌 → [부억]

예전에는 이 현상을 '중화(中和, neutralization)'란 용어로 많이 지칭하였으나, 이 용어를 쓰면 어떤 음소가 어떤 음소로 바뀌었는지를 명확히 알 수 없다. 또한 중화의 원래 개념이 A와 B라는 두 음소의 대립이 사라지면서 두 음소 중 어느 것도 아닌 원음소(archiphoneme)로 바뀌어 실현되어야 하는데, 평폐쇄음이 아닌 장애음들이 평폐쇄음인 /ㅂ, ㄷ, ㄱ/으로 바뀌어 실현되는 것이니 원음소가 실현되었다고 볼 수 없다. 따라서 중화의 개념에도 맞지 않아 현재는 거의 사용되지 않는 용어이다.

이 현상을 지칭하는 용어로 '음절 말 미파(음)화[未破(音)化]', '음절 말 불파(음)화[不破(音)化]'도 있다. 실제로 음성적으로는 음절 말 종성에서 받침으로 쓰이는 평폐쇄음들이 '폐쇄 – 지속 – 파열'의 과정 중 파열이 일어나지 않으니 정확한 용어이긴 하다. 그렇지만 폐쇄 및 파열의 과정이 없는 마찰음(/ㅅ, ㅆ, ㅎ/)이나 폐쇄는 있되 파열의 과정이 없는 파찰음(/ㅈ, ㅊ/)이 평폐쇄음으로 바뀐 과정을 모르거나 감안하지 않은 상태에서 쓴다면 이는 문제의 소지가 있다고 할 수 있다. 폐쇄, 파열의 과정이 모두 없는 마찰음이나 파열의 과정이 없는 파찰음은 '미파' 또는 '불파'라는 현상 자체가 일어날 수 없기 때문이다. 그 이전 시기에는 '음절 말 내파(음)화[內破(音)化]'라는 용어도 썼는데, 음절 말에서 평폐쇄음은 내파(implosion)의 과정을 전혀 거치지 않으므로 이 용어도 정확한 용어가 될 수 없다.

제2절 　비음화 중요

비음화에는 두 가지 종류가 있다. 첫 번째는 비음동화라고도 불리는 평폐쇄음의 비음화이고, 두 번째는 'ㄹ'의 비음화이다. 두 종류의 비음화를 나누어 설명하도록 하겠다.

1 　비음동화(평폐쇄음의 비음화)

이 음운 현상은 평폐쇄음 /ㅂ, ㄷ, ㄱ/이 비음 앞에서 비음으로 바뀌는 음운 현상이다. 이 현상을 비음화라고 지칭하는 학자도 있다. 이 음운 현상은 음절 배열 제약을 위배하지 않기 위해 일어난다. 공명도가 낮은 앞 음절의 종성인 평폐쇄음이, 뒤 음절의 초성인 비음의 **공명도**보다 낮아지는 것을 막기 위해 비음으로 바뀌는 현상으로 설명할 수 있다. 이 음운 현상은 고유어와 한자어에서 모두 일어난다.

(1) /ㅂ/ → /ㅁ/

> • 밥만 → [밤만]
> • 줍는 → [줌는]

(2) /ㄷ/ → /ㄴ/

> • 걷는 → [건는]
> • 곧 나간다 → [곤나간다]

(3) /ㄱ/ → /ㅇ/

> • 국민 → [궁민]
> • 막는 → [망는]

2 'ㄹ'의 비음화

'ㄹ'의 비음화는 /ㄹ/을 제외한 자음 뒤에 /ㄹ/이 올 때 /ㄹ/이 /ㄴ/으로 바뀌는 음운 현상이다. 이 'ㄹ'의 비음화 현상을 비음동화와 하나로 통합해서 보는 견해도 있다. 왜냐하면 입력부는 평폐쇄음과 유음으로 다르지만 출력부는 모두 비음이 된다는 측면에서 공통점을 지니고 있고, 음절 경계를 사이에 두고 선행자음이 후행자음보다 공명도가 낮을 때 음절 배열 제약을 위배하지 않기 위해 일어나기 때문이다.

하지만 'ㄹ'의 비음화는 비음동화와는 달리 한자어나 외국어에서 온 단어에만 나타나는데, 그 이유는 고유어에서는 유음 /ㄹ/로 시작하는 형태소도 드물뿐더러, 있다 하더라도 그 앞에 모음이 선행('-으러', '-으리', '-으라')하거나 모음으로 끝나는 단어와 결합('-를', '-는')하여 앞 음절의 자음과 직접 맞닿는 경우를 만들지 않기 때문이다.

'ㄹ'의 비음화는 이 외에도 비음동화와 다른 차이점들을 가지고 있다. 비음동화가 후행자음의 영향을 받는 반면 'ㄹ'의 비음화는 선행자음의 영향을 받는다. 또 비음동화의 입력부가 평폐쇄음인 반면 'ㄹ'의 비음화는 입력부가 /ㄹ/이라는 차이점이 있다. 본서에서는 비음동화와 'ㄹ'의 비음화의 차이점이 분명함을 고려하여 두 개를 별개의 음운 현상으로 다루었다.

(1) 평폐쇄음 뒤에서(/ㄹ/ → /ㄴ/)

> • 십리 → [십니] (→ [심니])
> • 국력 → [국녁] (→ [궁녁])

(2) 비음 뒤에서(/ㄹ/ → /ㄴ/)

> • 삼류 → [삼뉴]
> • 경력 → [경녁]
> • 음운론 → [음운논] → [으문논]
> • 헨리 → [헨니]

더 알아두기

음절 배열 제약

음절 배열 제약은 음운론적 제약 중 음절과 음절이 연결될 때의 제약이다. 제약이 작동하는 경우는 크게 두 가지로 볼 수 있다. 첫 번째는 선행음절이 자음으로 끝나고 후행음절이 모음으로 시작할 때이다. 이 경우 음절 배열 제약이 작동하는데, 선행음절의 중성인 모음과 후행음절의 중성인 모음 사이에 놓인 선행음절의 종성인 자음은 세계의 언어에서 언어 보편적으로 후행음절의 초성이 되어야 하므로(제5편 음절화 2단계 참조) '자음으로 끝나는 음절과 모음으로 시작하는 음절이 연이어 올 수 없다.'와 같은 제약이 적용된다. 이 제약을 어기지 않기 위해 '연음 현상'이 일어나는 것이다(예 먹어[먹어] → [머거]).

두 번째는 선행음절의 종성인 자음과 후행음절의 초성인 자음이 만날 때이다. 이때 작동하는 제약은 '<u>자음으로 끝나는 음절과 자음으로 시작하는 음절이 연이어 오는 경우 후행음절 초성의 공명도가 선행음절 종성의 공명도보다 클 수 없다.</u>'이다. 여기서 공명도란 멀리까지 울려나가는 성질인데, 공명도는 '모음 〉 유음 〉 비음 〉 장애음'의 순으로 높다. 학자들 중에는 공명도 대신에 '자음의 음운론적 강도'라는 표현을 써서 제약을 정의하기도 한다. 이때 '자음의 음운론적 강도'는 '자음적 성격'을 의미하는데, 공명도가 낮을수록 자음적 성격은 강해지기 때문에 공명도와 자음의 강도는 반비례의 관계에 있다고 볼 수 있다. 자음의 강도라는 개념으로 두 번째의 음절 배열 제약을 정의하면 '<u>자음으로 끝나는 음절과 자음으로 시작하는 음절이 연이어 오는 경우 후행음절 초성의 음운론적 강도는 선행음절 종성의 음운론적 강도보다 작을 수 없다.</u>'가 된다. 이 제약은 다음과 같이 두 개의 하위 제약으로 나눌 수 있다.

1. 비음 앞에는 장애음이 올 수 없다.
   이 제약을 어기지 않기 위해 선행음절의 종성인 장애음이 비음으로 바뀐다.

   - 국 + 물[국물] → [궁물]
   - 갑 + 문[갑문] → [감문]
   - 걷 + 는[걷:는] → [건:는]

2. 'ㄹ' 앞에는 'ㄹ' 이외의 자음이 올 수 없다.
   이 제약을 어기지 않기 위해 후행 'ㄹ'이 비음 'ㄴ'으로 바뀌거나, 선행자음이 'ㄹ'로 바뀐다.

   - 경 + 력[경력] → [경녁]
   - 목 + 례[목례] → [목녜] → [몽녜]
   - 근 + 로[근:로] → [글:로]

제3절 유음화

유음화도 순행적 유음화와 역행적 유음화의 두 분류로 나눌 수 있다. 순행적 유음화는 / ㄹ/ + / ㄴ/의 순서로 두 음소가 연이어 올 때이고, 역행적 유음화는 / ㄴ/ + / ㄹ/의 순서로 자음들이 연이어 올 때 적용된다.

1 순행적 유음화

순행적 유음화와 바로 다음에 나올 역행적 유음화는 모두 / ㄹ/과 바로 맞닿아 있는 / ㄴ/이 / ㄹ/로 바뀌는 음운 현상이란 점에서 공통점을 갖는다. 하지만 이 둘도 앞의 비음동화와 / ㄹ/의 비음화가 차이점을 가지듯이 차이점을 가진다. 본서에서는 이 둘에 대해서도 차이점들을 고려하여 두 개의 별개의 음운 현상으로 다루기로 한다. 순행적 유음화는 / ㄹ/ + / ㄴ/의 순서로 두 음소가 연이어 올 때 적용되며, 단어와 단어 사이에서도 이런 조건이 되면 적용된다. 이 음운 현상은 음절 배열 제약 중 '자음으로 끝나는 음절과 자음으로 시작하는 음절이 연이어 오는 경우, 후행음절 초성의 공명도가 선행음절 종성의 공명도보다 클 수 없다.'는 제약 조건을 위배하지 않기 때문에 음절 배열 제약과는 관련이 없고, 음소 배열 제약 '/ ㄹ/ + / ㄴ/의 연쇄는 올 수 없다.'는 제약 조건을 위배 하지 않으려고 음운 현상이 일어난 것이다. 이 음운 현상은 고유어 및 한자어에서 모두 일어난다.

- 달님 → [달림]
- 겨울 노래 → [겨울로래]
- 벨 나무 → [벨라무]

2 역행적 유음화

이 음운 현상은 순행적 유음화와는 달리 / ㄴ/ + / ㄹ/의 순서로 자음이 연이어 올 때 적용된다. 역행적 유음화는 'ㄹ'의 비음화와 같이 고유어에서는 일어나지 않고 한자어나 외국어에서 온 단어에만 나타나는데, 그 이유는 이미 앞에서 'ㄹ'의 비음화를 설명하면서 밝힌 바 있다. 이 음운 현상은 선행적 유음화와는 달리 '후행음절 초성의 공명도가 선행음절 종성의 공명도보다 클 수 없다.'는 음절 배열 제약을 어기지 않기 위해 일어난다.

- 논란 → [놀란]
- 훈련 → [훌련]
- 음운론 → [음울론] → [으물론]
- 헨리 → [헬리]

제4절 | 경음화

경음화가 일어나는 이유는 여러 가지가 있는데, 본 절에서는 대치로서의 경음화에 대해 설명하겠다. 대표적인 것은 평폐쇄음 뒤의 경음화와 비음 뒤의 경음화가 있다. 평폐쇄음 뒤의 경음화는 한국어에서 예외 없이 적용되고, 음소 배열 제약을 어기지 않기 위해 나타난다. 음절 말의 평폐쇄음 뒤에 오는 장애음들이 경음화되는 경우와, 용언의 어간 말 비음 뒤에 오는 평음이 경음으로 바뀌는 비음 뒤의 경음화가 있다. 이 경음화는 음운론적 제약과 관련 없이 나타난다.

1 평폐쇄음 뒤의 경음화(/ㅂ, ㄷ, ㄱ, ㅈ, ㅅ/ → /ㅃ, ㄸ, ㄲ, ㅉ, ㅆ/)

- 밉보이다 → [밉뽀이다]
- 잡고 → [잡꼬]
- 먹다 → [먹따]
- 딛소 → [딛쏘]
- 적지 → [적찌]
- 학과 → [학꽈]
- 목수 → [목쑤]

2 비음 뒤의 경음화(/ㄷ, ㄱ, ㅈ, ㅅ/ → /ㄸ, ㄲ, ㅉ, ㅆ/)

- 안다 → [안따]
- 품지 → [품찌]
- 품소 → [품쏘]
- 감고 → [감꼬]

제5절   활음화(반모음화, 음절 축약)

반모음화(활음화)는 단순모음이 /ㅏ/나 /ㅓ/ 모음 앞에서 반모음으로 변화하는 음운 현상이다. 모음은 음절을 이루는 중심적인 소리이기 때문에 [+성절성(成節性, syllabic)]을 가지고 있는데 반해 반모음은 음절핵으로서의 기능을 상실([−성절성])하기 때문에 이 음운 현상은 모음이 성절성을 잃는 음운 현상이라고 설명할 수도 있다. 반모음은 전통적으로 활음이라고도 불리어 왔기 때문에 학자에 따라서는 이 음운 현상을 '활음화'라고 하기도 한다.

또 다르게는 '음절 축약'이라는 용어를 쓸 수도 있는데, '피어 → 펴'의 예를 들어 설명하도록 하겠다. '피'와 '어'라는 두 개의 음절이 '펴'라는 제 3의 음절로 바뀌었다. 앞서 언급했던 제1장 제2절의 [음운 현상의 유형] 표에서 보았듯이, 이는 축약의 정의인 'A + B → C'에 정확히 맞는 결과를 도출하고 있다. 물론 축약의 정의에서는 음소를 예로 들고 있지만, 본 현상에서는 두 개의 '음절'이 새로운 하나의 '음절'로 바뀌었기 때문에 '음절 축약'이라고 표현하는 것이 음절 층위에서는 틀리다고 할 수 없다. 그렇지만 일반적으로 음운 현상을 분류하는 음소 층위에서 보면 단순모음을 반모음으로 바꾸는 음운 현상이기 때문에 '대치'로 분류하는 것이 타당한 것이다.

(1) [i] → [j]

> - 피어[pi−ə] → [펴[pjə]]
> - 기어[ki−ə] → [겨[kjə]]

(2) [u, o] → [w]

> - 가두-어[kadu−ə] → [가둬[kadwə]]
> - 돌보-아[tolbo−a] → [돌봐[tolbwa]]

제6절   구개음화

구개음화를 좀 더 명확하게 호칭하려면 **경구개음화**가 되어야 한다. 일반적으로 경구개음을 구개음으로 줄여 부르고, 연구개음은 연구개음이라고 부르기 때문에 경구개음화를 구개음화라고 줄여서 호칭한다고 할 수 있다. 구개음화는 비구개음이 /i/나 /j/ 앞에서 경구개음으로 바뀌는 음운 현상이다. /i/나 /j/는 모음 또는 반모음이기 때문에 이 두 개의 모음을 발음할 때 혀의 앞부분이 입천장에 직접 붙지는 않는다. 그렇지만 자음인 경구개음을 내기 위한 혀와 입천장의 접촉점 바로 아래에 이 두 모음의 조음 위치가 있기 때문에 결국 비구개음들이 이 두 모음의 조음 위치에 동화되어 구개음으로 바뀌어 소리 나는 현상이라고 할 수 있다. 구개음화가 되는 것들 중에 표준어로 인정되는 것이 있는 반면에 그렇지 않은 것들도 있다. 다음 중 1의 예들은 표준어로 인정받지만 2, 3의 예들은 그렇지 못하다.

1 /ㄷ, ㄸ, ㅌ/ → /ㅈ, ㅉ, ㅊ/

- 굳이 → [구지]
- 곁이 → [겨치]
- 같이 → [가치]

2 /ㄱ, ㄲ, ㅋ/ → /ㅈ, ㅉ, ㅊ/

- 기름 → [지름]
- 길 → [질]
- 키 → [치]

3 /ㅎ/ → /ㅅ/

- 형 → [성]
- 흉하다 → [숭하다]
- 힘 → [심]

여기서 '3. /ㅎ/ → /ㅅ/'의 예를 보면, 바뀐 음 /ㅅ/은 구개음이 아닌 치조음이므로 치조음화라 해야 맞다. 그런데 이를 '구개음화'로 분류하는 이유는 무엇일까? 그 이유는 역사적인 측면에서 찾아야 한다. 중세 국어의 '샤, 셔, 쇼, 슈'가 현대 국어에서는 '사, 서, 소, 수'로 바뀐 예를 찾을 수 있다.[3] 그렇다면 '형님 > 셩님 > 성님'의 변화를 겪은 것으로 볼 수 있는데, 이때 '셩'의 /ㅅ/은 /ɕ/[4]으로 조음되기 때문에 이는 '구개마찰음'에 해당하므

---

3) 이진호, 『국어음운론 강의』, 삼경문화사, 2005.

4) /ㅣ/나 /ㅣ/선행모음(/ㅑ, ㅕ, ㅛ, ㅠ/) 앞에 오는 자음은 이 /ㅣ/계 모음의 영향으로 이들 모음이 조음되는 위치로 이동되어 조음된다. 자연스러운 '구개음화'가 일어나는 것이다. /s/의 경우에는 [ʃ]로 /n/의 경우에는 [ɲ]로 바뀌는 것이 그 예이다. 한국어에서도 이 현상이 나타나는데 /s/의 경우 조음점이 [ʃ] 정도로 뒤로 물러나지는 않고 그보다는 약간 앞에서 소리 나고 입술도 앞으로 튀어나오지 않는 [ɕ]로 소리 난다. 이 현상을 좀 더 분석해 보면 '쇼'의 경우 실제 발음은 [ɕo]로 나기 때문에 철자상으로는 모음이 '이중모음'으로 조음되는 것으로 보이지만, 실제 조음에서는 자음이 구개음으로 소리 나고 모음은 단순모음으로 조음되는 것이다.

로, 이 과정을 중시한다면 '구개음화'라고 해야 맞는 것이다. '힘 → [심]'의 경우에는 '심'의 /ㅅ/은 /ɕ/으로 조음되어 '구개음'으로 소리 난다. 이때는 '구개음화'라고 하는 것이 더 타당할 것이다.

'구개음화'라고 불리는 이유를 살펴보았지만, 변화 결과가 '구개음'이 아니고 '치조음'인 '형 → [성], 흉하다 → [슝하다]'의 경우에는 여전히 그 설명에 아쉬움이 남는다. 여기서 변화된 음들을 한 가지로 아우를 수 있는 '치찰음(sibilant)'을 떠올린다면 문제는 해결된다. 치찰음에는 /ㅅ, ㅆ, ㅈ, ㅉ, ㅊ/이 포함되기 때문에 이 모든 현상을 '치찰음화'라는 명칭으로 묶을 수 있다.[5]

더 알아두기

한국어의 치찰음

'치찰음'은 '쉬쉬'하는 소리 또는 그와 비슷한 소음이 나는 음을 총칭하여 말하는데, 한국어에서는 다른 장애음에 비해서 상대적으로 소음이 큰 특징을 가지고 있다. 한국어의 /ㅅ, ㅆ, ㅈ, ㅉ, ㅊ/이 모두 치찰음으로 분류될 수 있다.

제7절 양순음화 및 연구개음화 : 조음 위치 동화

조음 위치 동화도 음절 경계를 사이에 두고 나타나는 음운 현상이다. 선행음절 종성의 자음과 후행음절 초성(폐쇄음)의 자음이 연결될 때 조음 위치가 다른 경우, 선행음절의 종성이 후행음절 초성의 조음 위치와 같은 위치로 바뀌어 소리 나는 현상이다. 이 현상도 역행동화 현상인 것이다. 그런데 이 음운 현상은 지금까지 살펴보았던 다른 음운 현상들과는 달리 필수적으로 일어나는 것이 아니라 수의적으로 일어나는 현상이다. 의식적이고 또박또박한 발음에서는 위치 동화가 일어나지 않다가 빠르고 편한 발음에서는 이 음운 현상이 일어난다. 이 위치 동화에는 양순음화와 연구개음화가 있는데, 왜 양순음화와 연구개음화가 일어나는지에 대해서 살펴볼 필요가 있다. 앞에서 언급한 **공명도 위계**처럼 폐쇄음의 조음 위치 간에도 위계가 존재한다. 다음 표에서 볼 수 있듯이 연구개 조음 위치가 위계상 가장 강한 위치를 차지하고 그 다음이 양순, 가장 약한 위치가 치조이다. 위계가 낮은 위치에서 발생하는 음이 위계가 높은 위치에서 발생하는 음의 위치에 동화되는 것이다. 따라서 조음 위치 동화는 후행음절의 초성이 연구개음(/ㄱ, ㄲ, ㅋ[6])일 때 선행음절의 종성으로 양순음, 치조음이 올 때 일어나며, 후행음절의 초성이 양순음(/ㅂ, ㅃ, ㅍ, ㅁ/)일 때 선행음절의 종성으로 치조음이 올 때 일어나게 된다.

[폐쇄음의 조음 위치 위계] 중요

연구개음(/ㄱ, ㄲ, ㅋ, ㅇ/ 〉 양순음(/ㅂ, ㅃ, ㅍ, ㅁ/) 〉 치조음(/ㄷ, ㄸ, ㅌ, ㄴ/)

---

5) 이진호, 『국어음운론 강의』, 삼경문화사, 2005.
6) /ㅇ/[ŋ]은 초성에 올 수 없기 때문에 초성에는 연구개음으로 /ㄱ, ㄲ, ㅋ/만 올 수 있다.

> **더 알아두기**
>
> 학습자 중에는 표 안의 조음 위치별 말소리의 예에서 폐쇄음 속에 비음이 섞여 있어 비음이 어떻게 폐쇄음이 되는지에 대해 의문을 가지는 분이 있을 수 있다. 그러나 우리가 일반적으로 폐쇄음이라고 부르는 것은 '구강폐쇄음'을 일컫는 것이고, 비음의 정식 명칭은 '비강폐쇄음'으로 넓은 의미에서는 비음도 역시 폐쇄음의 일종이다.

1 양순음화

(1) /ㄴ/ → /ㅁ/

- 연보 → [염보]
- 간부 → [감부]

(2) /ㄷ/ → /ㅂ/

- (텃밭 →) [턷밭] → [텁빧]
- (샅바 →) [삳바] → [삽빠]

2 연구개음화

(1) /ㅂ, ㄷ/ → /ㄱ/

- 입고 → [익꼬]
- 닫고 → [닥꼬]
- 잡고 → [작꼬]
- 딛고 → [딕꼬]

(2) /ㅁ, ㄴ/ → /ㅇ/

- 담고 → [당꼬]
- 안고 → [앙꼬]
- 품고 → [풍꼬]
- (없고 →) [언고] → [엉꼬]

탈락에 속하는 음운 현상으로는 다음 표와 같이 자음군 단순화, /ㄴ/ 탈락, /ㅎ/ 탈락(후음 탈락), /ㄹ/ 탈락(유음 탈락), /ㅡ/ 탈락, /ㅏ, ㅓ/ 탈락(동일모음 탈락), /j/ 탈락(/ㅣ/ 탈락)이 있다. 이 중 자음과 관련된 것들은 자음 군 단순화, /ㄴ/ 탈락, /ㅎ/ 탈락, /ㄹ/ 탈락 현상이고, /ㅡ/ 탈락, /ㅏ, ㅓ/ 탈락, /j/ 탈락이 모음과 관련한 음운 현상이다.

[탈락 유형 음운 현상의 예]

음운 현상		실제 예
자음	자음군 단순화	• 몫 → [목] • 닭 + 도 → [닥또] • 여덟 + 만 → [여덜만] • 외곬 → [외골] • 값 + 도 → [갑또] • 없 + 고 → [업꼬] • 밝 + 고 → [발꼬] • 밝 + 다 → [박따] • 읊 + 고 → [읍꼬] • 넓 + 고 → [널꼬] • 앉 + 다 → [안따] • 않 + 다 → [안타] • 삶 + 고 → [삼꼬] • 훑 + 고 → [훌꼬] • 옳 + 다 → [올타]
	/ㄴ/ 탈락	• 녀자 → 여자[여자] • 뇨소 → 요소[요소] • 닉명 → 익명[익명] (→ [잉명]) • 인닝(inning) → [이닝] • 런닝(running) → [러닝] • 신너(thinner) → [시너]
	/ㅎ/ 탈락 (후음 탈락)	• 좋으니 → [조으니] • 좋아 → [조아] • 않아서 → [아나서] • 않으면 → [아느면] • 앓아 → [아라] • 앓으면 → [아르면] • 전화 → [전화/저놔] • 신혼 → [신혼/시논] • 지하도 → [지하도/지아도] • 새해 → [새해/새애] • 실험 → [실험/시럼] • 올해 → [올해/오래]

모음	/ㄹ/ 탈락 (유음 탈락)	• 버들 + 나무 → [버드나무] • 아들 + 님 → [아드님] • 딸 + 님 → [따님] • 솔 + 나무 → [소나무] • 달 + 달이 → [다달이] • 얼 + 는데 → [어는데] • 갈 + 는 → [가는] • 알 + 으시니 (→ [알시니]) → [아시니] • 절 + 으시면 (→ [절시면]) → [저시면]
	/ㅡ/ 탈락	• 담그 + 아서 → [담가서] • 끄 + 어도 → [꺼도] • 말 + 으면 → [말면] • 갈 + 으면 → [갈면] • 차 + 으니 → [차니] • 가 + 으면 → [가면] • 말 + 으로 → [말로] • 강철 + 으로 → [강철로] • 서울 + 으로 → [서울로] • 다리 + 으로 → [다리로] • 철사 + 으로 → [철사로] • 경기도 + 으로 → [경기도로]
	/ㅏ, ㅓ/ 탈락 (동일모음 탈락)	• 자 + 아서 → [자서] • 잽싸 + 아도 → [잽싸도] • 차 + 았다 → [찼다] • 서 + 어서 → [서서] • 건너 + 어서 → [건너서] • 나서 + 었다 → [나섰다]
	/j/ 탈락 (/ㅣ/ 탈락)	• 지 + 어 (→ [져]) → [저] • 치 + 어서 (→ [쳐서]) → [처서] • 찌 + 어서 (→ [쪄서]) → [쩌서] • 처지 + 어서 (→ [처져서]) → [처저서] • 다치 + 어서 (→ [다쳐서]) → [다처서] • 살찌 + 어 (→ [살쪄]) → [살쩌]

제1절 ┃ 자음군 단순화

자음군 단순화는 음절 말 종성의 위치에 두 개의 자음이 놓일 때, 종성에는 두 개의 자음이 올 수 없다는 국어의 음절 구조 제약을 반영하여 두 개의 자음 중 탈락된 자음이 아닌 나머지 한 개만 발음하는 음운 현상이다. 이때 어떤 자음을 발음해야 할지는 자음군의 종류에 따라 **표준 발음법 규정**에 맞추어 따라야 하지만, 실제로는 각지역의 방언에 따라 혹은 개인의 성향에 따라 달라지는 경우가 있다. 다음의 예들은 표준 발음법의 규정에 따라 자음군 단순화를 시킨 예들이다.

1 체언

(1) 자음군 중 앞의 것이 발음되는 경우(뒤의 자음이 탈락하는 경우)

- 몫 → [목]
- 여덟 + 만 → [여덜만]
- 외곬 → [외골]
- 값 + 도 → [갑또]

(2) 자음군 중 뒤의 것이 발음되는 경우(앞선 자음이 탈락하는 경우)

닭 + 도 → [닥또]

2 용언

(1) 자음군 중 앞의 것이 발음되는 경우

- 없 + 고 → [업꼬]
- 밟 + 고 → [발꼬]
- 넓 + 고 → [널꼬]
- 앉 + 다 → [안따]
- 훑 + 고 → [훌꼬]
- 앓 + 다 → [안타]
- 옳 + 다 → [올타]7)

(2) 자음군 중 뒤의 것이 발음되는 경우

- 밝 + 다 → [박따]
- 읊 + 고 → [읍꼬]
- 삶 + 고 → [삼꼬]

---

7) /ㅀ/, /ㅀ/이 음절 말 종성의 자음군으로 쓰이는 경우, 그 다음 음절의 초성이 /ㄱ, ㄷ, ㅂ, ㅈ/인 경우 유기음화가 일어나고 /ㅅ/인 경우에는 경음화가 일어나는데, 이때 자음군 단순화보다 유기음화나 경음화가 먼저 일어나는 것으로 보아 자음군 단순화에 넣어 분류하지 않는 학자들도 있다.

> **더 알아두기**
>
> **자음군 단순화**
>
> 연이어 오는 다음 음절이 모음으로 시작되는 경우에는 자음군 중 뒤의 것이 그 다음 음절의 초성이 되고 앞의 것은 원래 소속되어 있는 음절의 종성이 되어 자연스럽게 자음군의 두 개의 자음이 모두 발음된다. 다만 /ᆭ/, /ᆶ/의 경우에는 그 다음 음절이 모음으로 시작되더라도 /ㅎ/이 그 다음 음절의 초성이 되어 발음되지 않는다(표준 발음법 제12항 4.).
>
> **자음군 발음의 혼란**
>
> 표준 발음법의 규정(제4장 받침의 발음, 제10항, 제11항, 제12항)에 따른 음절 말 종성의 자음군의 단순화된 발음에서 어느 것을 발음해야 하는지에 대한 많은 혼란이 있다. 특히 /ㄼ/, /ㄺ/, /ㄿ/의 경우에는 단어에 따른 예외 규정을 두어 혼란을 키우고 있다. 최근에는 이들 자음군을 모두 발음하는 경향이 강화되고 있기도 하다.[8] 자음군 단순화가 제대로 지켜지게 하기 위해서는 규정을 단순화시키고 예외를 줄여 용언의 경우 자음군 중 앞의 것을 발음하게 하는 등의 조치가 있어야만 자음군 발음의 혼란을 줄일 수 있을 것이다.

제2절   /ㄴ/ 탈락

/ㄴ/ 탈락은 크게 두 가지로 나눌 수 있다. 첫 번째는 '/ㄴ/ 두음법칙'(표기에도 반영됨)이라고도 불리는 현상으로, 어떤 단어(한자어)가 /ㄴ/으로 시작할 때 바로 이어 오는 모음이 /ㅣ/ 또는 반모음 /j/로 시작하는 이중모음인 /ㅑ, ㅕ, ㅛ, ㅠ/인 경우 이 /ㄴ/이 탈락한다.[9]

또 다른 /ㄴ/ 탈락은 영어 단어의 한국식 발음에서 나타나는 경우가 많다. 'inning', 'runner'와 같은 단어의 경우 철자에 'n'이 두 개가 겹쳐 나오기 때문에 한국인의 입장에서 보면 'ㄴ'이 두 개가 겹쳐 발음되는 것으로 보여 이를 [인닝], [런너]와 같이 발음했었는데, 최근에는 이들 단어의 발음을 영어에 가깝게 발음하는 경향이 강해지면서 /ㄴ/을 탈락시켜 [이닝], [러너]로 발음하게 되었다. 이것도 /ㄴ/ 탈락이 일어난 것으로 분석할 수 있다.

---

8) 박시균, 「한국어 용언 어간 말 자음군의 발음연구: 서울경기지역과 충남지역 출신의 20대 화자를 중심으로」, 『언어연구』 26-4, 2011.

9) 이 음운 현상은 단어(형태소) 구조 제약을 어기지 않기 위해 나타난다. 단어(형태소) 구조 제약은 두음법칙과 관련이 있다. 이 제약은 고유어나 한자어에만 적용되는데, '/ㄹ/은 어두에 올 수 없다(/ㄹ/ 두음법칙).', '어두에서 /ㅣ/나 /j/ 앞에 /ㄴ/이 올 수 없다(/ㄴ/ 두음법칙).'로 나눌 수 있다.

1 /ㄴ/ 두음법칙

- 녀자 → 여자[여자]
- 뇨소 → 요소[요소]
- 닉명 → 익명[익명] (→ [잉명])

2 영어 단어 발음

- 인닝(inning) → [이닝]
- 런닝(running) → [러닝]
- 신너(thinner) → [시너]

제3절 /ㅎ/ 탈락

본 음운 현상을 후음 탈락이라고도 한다. 후음인 /ㅎ/은 음성학적으로 보았을 때 다른 자음에 비해 그 영향력이 약하다. 이런 현실은 한국어 음운론에서도 반영되어 /ㅎ/ 음은 어두에서만 음가를 유지할 수 있고, 모음과 모음 사이 또는 유음·비음과 모음 사이에서는 탈락한다. 이 음운 현상은 /ㅎ/의 음소 배열 제약 때문에 일어난다. '용언 어간 말 ㅎ 탈락'과 '초성 ㅎ 탈락'으로 나눌 수 있는데, 초성 /ㅎ/ 탈락의 경우 '조음 위치 동화'가 수의적으로 일어난 것처럼 수의적으로 일어난다. 비공식적이고 빠른 발화에서 /ㅎ/ 탈락이 많이 일어난다.

1 용언 어간 말 ㅎ 탈락

- 좋으니 → [조으니], 좋아 → [조아]
- 않아서 → [아나서], 않으면 → [아느면]
- 앓아 → [아라], 앓으면 → [아르면]

2 초성 ㅎ 탈락

- 전화 → [전화/저놔]
- 신혼 → [신혼/시논]
- 지하도 → [지하도/지아도]
- 새해 → [새해/새애]
- 실험 → [실험/시럼]
- 올해 → [올해/오래]

제4절 /ㄹ/ 탈락

/ㄹ/ 탈락은 유음 탈락이라고도 한다. 어간 말에 오는 /ㄹ/이 /ㄴ/, /ㅅ/과 같은 '설정성' 자질을 가지고 있는 어미 앞에서 탈락하거나, **합성어**나 **파생어**를 만들 때 첫 번째 체언의 어말에 위치한 /ㄹ/이 두 번째 체언의 어두에 위치한 '설정성' 자질을 가지고 있는 /ㄴ/, /ㄷ/, /ㅅ/, /ㅈ/ 앞에서 탈락하는 음운 현상이다.

1 합성어, 파생어

- 버들＋나무 → [버드나무]
- 아들＋님 → [아드님]
- 딸＋님 → [따님]
- 솔＋나무 → [소나무]
- 달＋달이 → [다달이]
- 겨울＋살이 → [겨우살이]
- 바늘＋질 → [바느질]

2 /ㄴ, ㅅ/ 어미 앞

- 얼+는데 → [어는데]
- 갈+는 → [가는]
- 알+으시니 (→ [알시니]) → [아시니]
- 절+으시면 (→ [절시면]) → [저시면]

제5절   /ㅡ/ 탈락

/ㅡ/ 탈락은 모음 /ㅡ/가 다른 모음이나 또는 모음에 버금가는 공명도를 가진 유음과 만날 때 탈락하는 음운 현상이다. 이는 모음 /ㅡ/가 음운론적으로 모음 중에 가장 약한 힘을 가진 모음이기 때문이다.

1 용언의 어간 말 /ㅡ/ 탈락

/ㅏ/, /ㅓ/로 시작하는 어미 앞에서 /ㅡ/가 탈락된다.

- 담그+아서 → [담가서]
- 끄+어도 → [꺼도]

2 어미의 두음 /ㅡ/ 탈락

모음이나 유음으로 끝나는 용언 어간 뒤에 오는 어미의 두음이 /ㅡ/로 시작되면 이 /ㅡ/가 탈락된다.

- 말+으면 → [말면]
- 갈+으면 → [갈면]
- 차+으니 → [차니]
- 가+으면 → [가면]

3 조사의 두음 /ㅡ/ 탈락

체언이 모음이나 유음으로 끝나는 경우, 그 뒤에 오는 조사가 /ㅡ/로 시작되면 이 /ㅡ/가 탈락된다.

> - 말 + <u>으</u>로 → [말로]
> - 강철 + <u>으</u>로 → [강철로]
> - 서울 + <u>으</u>로 → [서울로]
> - 다리 + <u>으</u>로 → [다리로]
> - 철사 + <u>으</u>로 → [철사로]
> - 경기도 + <u>으</u>로 → [경기도로]

제6절 /ㅏ, ㅓ/ 탈락(동일모음 탈락)

용언 어간이 /ㅏ/나 /ㅓ/로 끝날 때, 그 뒤에 오는 어미의 두음에 /ㅏ/나 /ㅓ/가 와서 동일모음이 연속되는 경우 그중 한 모음이 탈락되는 음운 현상이다.

1 /ㅏ/ → ∅

> - 자 + <u>아</u>서 → [자서]
> - 잽싸 + <u>아</u>도 → [잽싸도]
> - 차 + <u>았</u>다 → [찼다]

2 /ㅓ/ → ∅

> - 서 + <u>어</u>서 → [서서]
> - 건너 + <u>어</u>서 → [건너서]
> - 나<u>서</u> + <u>었</u>다 → [나섰다]

제7절 /j/ 탈락(/ㅣ/ 탈락)

/ㅣ/ 탈락, 정확히는 /j/ 탈락은 용언 어간의 말음절이 경구개음과 /ㅣ/의 결합(/지, 찌, 치/)일 때, 그 다음에 오는 어미가 /ㅓ/ 모음으로 시작하면 어간의 경구개음과 어미의 모음 /ㅓ/ 사이에 끼인 /j/가 탈락하는 음운 현상이다. 이때 /j/가 탈락하는 이유는 경구개음과 [j]의 조음 위치가 비슷하기 때문에 굳이 /j/를 조음하지 않더라도 발음에 문제가 없기 때문이다. 이 음운 현상은 음소 배열 제약을 어기지 않기 위해 일어난다.

- <u>지</u>+어 (→ [져]) → [저]
- <u>치</u>+어서 (→ [쳐서]) → [처서]
- <u>찌</u>+어서 (→ [쪄서]) → [쩌서]
- 처<u>지</u>+어서 (→ [처져서]) → [처저서]
- 다<u>치</u>+어서 (→ [다쳐서]) → [다처서]
- 살<u>찌</u>+어 (→ [살쪄]) → [살쩌]

제 **4** 장 | **첨가**

첨가에 속하는 음운 현상으로는 다음 표와 같이 /ㄷ/ 첨가, /ㄴ/ 첨가, 활음(반모음) 첨가가 있다. 이 중 자음과 관련된 것들은 /ㄷ/ 첨가, /ㄴ/ 첨가의 음운 현상이고, 활음(반모음) 첨가는 모음과 관련된 음운 현상이다.

[첨가 유형 음운 현상의 예]

음운 현상		실제 예
자음	/ㄷ/ 첨가	• 내＋가 → 냇가[내:까/낻:까] • 코＋등 → 콧등[코뜽/콛뜽] • 귀＋밥 → 귓밥[귀빱/귇빱] • 배＋속 → 뱃속[배쏙/밷쏙] • 고개＋짓 → 고갯짓[고개찓/고갣찓]
	/ㄴ/ 첨가	• 두통＋약 → [두통냑] • 용산＋역 → [용산녁] • 한＋여름 → [한녀름] • 헛＋일 (→ [헏일] → [헏닐]) → [헌닐] • 아름다운 여자 → [아름다운 녀자] • 먼 여정 → [먼 녀정]
모음	반모음 첨가 (j/w 첨가)	• 되＋어 → [되여] • 뛰＋어 → [뛰여] • 좋＋아서 → [조와서] • 추＋어서 → [추워서] • 청주＋에 → [청주예] • 철수＋아 → [철수야]

제1절 **/ㄷ/ 첨가(사잇소리 첨가)**

대치에서의 경음화에서 살펴보았듯이 **평폐쇄음** 뒤에 오는 **평장애음**들은 경음화된다. 이와 관련하여 모음으로 끝나는 음절 뒤에 오는 평장애음으로 시작하는 음절의 초성이 경음화되려면 앞 음절의 받침으로 평폐쇄음이 오는 것이 자연스럽다. 이와 관련하여 철자법상으로는 '사이시옷'이 들어가지만 실제 발음으로는 /ㄷ/ 소리가 첨가(사잇소리 첨가)되어 발음되는 것으로 실현된다. 이 음운 현상이 바로 /ㄷ/ 첨가이다.

> • 내 + 가 → 냇가[내:까/낻:까]
> • 코 + 등 → 콧등[코뜽/콛뜽]
> • 귀 + 밥 → 귓밥[귀빱/귇빱]
> • 배 + 속 → 뱃속[배쏙/밷쏙]
> • 고개 + 짓 → 고갯짓[고개찓/고갣찓]

제2절 /ㄴ/ 첨가

이 음운 현상은 단어(형태소) 배열 제약과 관련이 있는 음운 현상이다. 합성어 및 파생어 구성성분의 경계, 그리고 단어의 경계 사이에서 일어나는 음운 현상인데, 선행어가 자음으로 끝나고 후행어가 /i/나 /j/로 시작할 때 그 경계에서 나타난다. /ㅣ/나 'ㅣ' 선행모음으로 시작되는 모음 앞에 /ㄴ/이 첨가되어 발음을 부드럽게 한다.

1 합성어 경계 사이

> • 두통 + 약 → [두통냑]
> • 용산 + 역 → [용산녁]

2 파생어 경계 사이

> • 한 + 여름 → [한녀름]
> • 헛 + 일 (→ [헏일] → [헏닐]) → [헌닐]

3 단어 경계 사이

- 아름다운 여자 → [아름다운 녀자]
- 먼 여정 → [먼 녀정]

제3절 | **활음(반모음) 첨가(/j/ 첨가, /w/ 첨가)**

이 음운 현상은 우리가 앞에서 공부했던 /j/ 탈락과는 반대로 모음과 모음 사이에서 /j/나 /w/가 첨가되는 음운 현상이다. 이 음운 현상은 다음과 같이 세 가지로 나눌 수 있는데, 모음으로 끝나는 체언 뒤에 호격조사가 오는 경우에는 /j/ 첨가가 필수적으로 일어나야 하지만 그 밖의 경우에는 수의적으로 일어난다. 수의적으로 일어나는 경우 표준 한국어를 구사하는 화자보다는 지역 방언을 쓰는 화자에게서 반모음 첨가가 더 많이 일어나는 경향이 있다.

1 **모음으로 끝나는 용언 어간 뒤에 / ㅏ /, / ㅓ /로 시작하는 어미가 오는 경우(수의적 /j, w/ 첨가)**

(1) ∅ → /j/

- 되 + 어 → [되여]
- 뛰 + 어 → [뛰여]

(2) ∅ → /w/

- 좋 + 아서 → [조와서]
- 추 + 어서 → [추워서]
- ※ 이때의 [추워서]는 '춥다'의 활용형인 '추워서'가 아닌, '춤을 추어서'의 [추어서]가 [추워서]로 발음되는 예이다.

2 모음으로 끝나는 체언 뒤에 모음으로 시작하는 처격조사 '-에', '-에서' 등이 오는 경우(수의적 /j/ 첨가)

- 청주 + 에 → [청주예]
- 나무 + 에서 → [나무예서]

3 모음으로 끝나는 체언 뒤에 모음으로 시작하는 호격조사 '-아'가 오는 경우(필수적 /j/ 첨가)

- 철수 + 아 → [철수야]
- 영호 + 아 → [영호야]
- 은서 + 아 → [은서야]

제 5 장 │ 축약

축약에 속하는 음운 현상으로는 자음과 관련하여 격음화(유기음화, 기식음화)가 있는데, 이는 다음의 [축약 유형 음운 현상의 예] 표를 참조하면 된다. 이 현상은 자음과 관련된 음운 현상이다.

[축약 유형 음운 현상의 예(자음)]

음운 현상		예시
자음	격음화 (유기음화, 기식음화)	• 낳+고 → [나코] • 넣+다 → [너타] • 좋+지 → [조치] • 이직+후 → [이지쿠] • 뻣뻣+하고 → [뻗뻐타고] • 법+학 → [버팍] • 잊+혀지니 → [이처지니]

제1절　격음화(유기음화, 기식음화)

이것은 /ㅎ/과 평폐쇄음, 또는 평파찰음이 만날 때 이들이 결합하여 격음(유기음, 기식음)으로 바뀌는 음운 현상이다. 유기음화에는 순행적 격음화와 역행적 격음화가 있는데, 평폐쇄음이나 **평파찰음**이 /ㅎ/ 뒤에 오면 순행적 격음화, /ㅎ/ 앞에 오면 역행적 격음화라고 한다. 이 음운 현상은 음소 배열 제약을 어기지 않기 위해 일어난다. 표준어에서는 순행적·역행적 격음화가 일어나지만 전라 방언과 일부 경상 방언에서는 평폐쇄음이나 평파찰음 뒤에 /ㅎ/이 오는 경우 /ㅎ/ 탈락이 일어나 격음화가 일어나지 않는 경우가 생기기도 한다.

1 순행적 격음화(/ㅎ/+/ㄱ, ㄷ, ㅈ/ → /ㅋ, ㅌ, ㅊ/)

• 낳+고 → [나코]
• 넣+다 → [너타]
• 좋+지 → [조치]

2 역행적 격음화(/ㄱ, ㄷ, ㅂ, ㅈ/ + /ㅎ/ → /ㅋ, ㅌ, ㅍ, ㅊ/)

- 이직+후 → [이지쿠]
- 뻣뻣+하고 → [뻗뻐타고]
- 법+학 → [버팍]
- 잊+혀지니 → [이처지니]

더 알아두기

모음과 관련한 축약 현상

모음과 관련한 축약에 속하는 음운 현상도 있다. 두 개의 단순모음이 합쳐져 새로운 단순모음으로 변화하거나 이중모음을 이루는 반모음과 단순모음이 합쳐져 새로운 단순모음을 이루는 축약 현상이 그것들이다.

[축약 유형 모음 현상의 예(모음)]

음운 현상		예시
모음	단순모음 축약	• 사이 → [새] • 아이 → [애] • (가히) → [가이] → [개]
	이중모음 축약*	• 벼 → [베] • 며느리 → [메느리] • 뼈 → [뻬] • 놔둬 → [나도] • 줘 → [조] • 권투 → [곤투] • 뭐야 → [모야]

* : 수의적 현상

1. **단순모음 축약**

   단순모음과 단순모음이 인접해 있을 때, 이 두 개의 모음이 합쳐져서 새로운 단순모음으로 바뀌는 음운 현상이다.

   (1) /ㅏ/+/ㅣ/ → /ㅐ/

   - 사이 → [새]
   - 아이 → [애]
   - (가히) → [가이] → [개]

2. **이중모음 축약**

   이중모음을 이루는 반모음과 단순모음이 합쳐져서 새로운 단순모음으로 바뀌는 음운 현상이다. 이 음운 현상은 수의적으로 일어나고 표준어로 인정되지도 않는다. 빠르고 신경을 쓰지 않는 발화에서 자주 나타나는 경향이 있다.

(1) /j/+/ㅓ/ → /ㅔ/

- 벼 → [베]
- 며느리 → [메느리]
- 뼈 → [뻬]

(2) /w/+/ㅓ/ → /ㅗ/

- 놔둬 → [놔도]
- 줘 → [조]
- 권투 → [곤투]
- 뭐야 → [모야]

제1장 음운 현상의 종류 및 분류 기준

01 음절의 내부 구조인 초성, 중성, 종성은 이래야 한다는 제약 조건에 위배되면 안 되는 제약은?

① 음절 구조 제약
② 음절 배열 제약
③ 음소 배열 제약
④ 음소 구조 제약

01 음절 구조는 이래야 한다는, 즉 음절의 내부 구조인 초성, 중성, 종성은 이래야 한다는 제약 조건에 위배되어서는 안 된다. 이와 같은 제약을 음절 구조 제약이라고 한다.

02 다음 중 한 음소가 없어지는 음운 현상 유형은?

① 대치
② 탈락
③ 첨가
④ 축약

02 [문제 하단의 표 참고]

>>>◯

[음운 현상의 유형]

유형	내용	음운 규칙 도식
대치	한 음소가 다른 음소로 바뀜	A → B / C ___ D
탈락	한 음소가 없어짐	A → ø / C ___ D
첨가	없던 음소가 새로 끼어듦	ø → B / C ___ D
축약	두 음소가 합쳐져 제3의 다른 음소로 바뀜	A+B → C / D ___ E
도치	두 음소가 서로 자리를 바꿈	AB → BA / C ___ D

정답 01 ① 02 ②

03 다섯 가지 음운 현상의 유형 중 가장
많이 나타나는 음운 현상은 대치이다.

03 다음 음운 현상 유형 중 가장 많이 나타나는 것은?

① 대치
② 탈락
③ 첨가
④ 축약

04 도치는 다섯 개의 음운 현상 중 가장
드물게 나타나는 것으로 현대 국어
에서는 도치가 적용된 예가 없다. 중
세 국어에서 통시적 변화를 겪은 몇
개의 예(자음 도치 : 뱃복 〉 배꼽, 모
음 도치 : 하야로비 〉 해오라기)에서
도치 현상을 확인할 수 있다.

04 음운 현상 유형 중 도치에 대한 설명으로 옳은 것은?

① 도치는 음운 현상 중 가장 많이 나타나는 유형이다.
② 도치는 두 음소가 합쳐져 제3의 다른 음소로 바뀌는 것이다.
③ 도치는 현대 국어에서는 적용된 예가 없다.
④ 도치는 중세 국어에서는 적용된 예가 없다.

05 음절과 음절이 만났을 때 충돌이 일
어날 수 있는 네 가지 음절 연결 유형
중 특히 자음과 자음, 자음과 모음이
연결될 때 충돌이 주로 일어난다.

**05 음절과 음절이 만났을 때 충돌이 일어날 수 있는 음절 연결 유
형 중 주로 충돌이 일어나는 유형 두 가지를 옳게 고른 것은?**

① 모음과 모음, 자음과 자음
② 자음과 자음, 모음과 자음
③ 모음과 자음, 모음과 모음
④ 자음과 자음, 자음과 모음

정답 03 ① 04 ③ 05 ④

주관식 문제

01 음소 배열 제약에 대해 약술하시오.

01 **정답**
음절이라는 단위와는 상관없이 음소
와 음소가 연속해서 올 때, 어떤 음소
의 연결은 허용되지 않는다는 제약
이다.

02 음절 배열 제약에 대해 설명하시오.

02 **정답**
음절과 음절이 만났을 때 음절과 음
절의 경계에서 자음과 모음, 모음과
자음, 자음과 자음이 연이어 오는 경
우 충돌이 일어나는 경우가 있는데,
이런 충돌 상황을 방지하기 위해 이
를 제약한 것이다.

03 음절 제약을 위배하면 이를 어기지 않도록 조정하는 것이 무엇
인지 쓰시오.

03 **정답**
음운 현상

해설
음절 구조 제약, 음소 배열 제약, 음
절 배열 제약을 위배하게 되면 음운
현상이 일어나 이 제약을 어기지 않
도록 조정하게 된다.

04 **정답**

음소(입력부), 변화의 결과(출력부), 변화가 일어나는 환경

해설

음운 현상은 변화를 겪는 음소(입력부), 변화의 결과(출력부), 변화가 일어나는 환경의 세 요소로 이루어진다.

04 음운 현상의 세 요소를 쓰시오.

---

05 **정답**

음운 규칙

해설

음운 현상은 정답과 같이 도식화할 수 있으며, 이렇게 도식화한 결과를 음운 규칙(phonological rules)이라고 한다.

05 음운 현상을 다음과 같이 도식화한 결과를 무엇이라고 하는지 쓰시오.

A → B / C ___ D	A : 입력부, B : 출력부, C ___ D : 환경
해석	C와 D 사이라는 환경에서 A가 B로 됨

제2장 대치

01 다음 중 대치에 속하는 음운 현상이 <u>아닌</u> 것은?

① (음절 말) 평폐쇄음화
② 비음화
③ 유음화
④ 자음군 단순화

02 평폐쇄음화를 이르는 표현으로 사용되었던 것이 <u>아닌</u> 것은?

① 중화
② 음절 말 미파음화
③ 음절 말 외파음화
④ 음절 말 불파음화

03 다음 중 비음동화에 대한 설명으로 옳은 것은?

① /ㅂ, ㄷ, ㄱ/이 비음 앞에서 비음으로 바뀌는 현상이다.
② 비음동화는 음소 배열 제약을 위배하지 않기 위해 일어난다.
③ 평폐쇄음이 비음보다 공명도가 높아지는 것을 막기 위해 비음으로 바뀌는 것이다.
④ 비음동화는 고유어에서만 일어난다.

---

01 대치에 속하는 음운 현상은 (음절 말) 평폐쇄음화, 비음화('ㄹ'의 비음화 포함), 유음화(순행적, 역행적), 경음화, 활음화(반모음화, 음절 축약) 구개음화 조음 위치 동화(양순음화, 연구개음화) 등이 있다. 자음군 단순화는 탈락에 해당한다.

02 예전에는 평폐쇄음화를 '중화(中和, neutralization)'란 용어로 많이 지칭하였다. 또한 이 현상을 지칭하는 용어로 '음절 말 미파(음)화[未破(音)化]', '음절 말 불파(음)화[不破(音)化]'도 있다. 그 이전 시기에는 '음절 말 내파(음)화[內破(音)化]'라는 용어도 사용하였다.

03 비음동화는 평폐쇄음 /ㅂ, ㄷ, ㄱ/이 비음 앞에서 비음으로 바뀌는 음운 현상이다. 이 음운 현상은 음절 배열 제약을 위배하지 않기 위해 일어난다. 공명도가 낮은 앞 음절의 종성인 평폐쇄음이, 뒤 음절의 초성인 비음의 공명도보다 공명도가 낮아지는 것을 막기 위해 비음으로 바뀌는 현상이다. 이 음운 현상은 고유어와 한자어에서 모두 일어난다.

정답 01 ④ 02 ③ 03 ①

04 대치에 속하는 음운 현상 중 활음화만 모음과 관련된 음운 현상이고 다른 음운 현상들은 모두 자음과 관련된 것들이다.

04 다음 중 모음과 관련 있는 음운 현상은?

① 경음화

② 활음화

③ 구개음화

④ 조음 위치 동화

05 모음은 음절을 이루는 중심적인 소리이기 때문에 [+성절성(成節性, syllabic)]을 가지고 있는데 반해, 반모음(활음)은 음절 핵으로서의 기능을 상실([−성절성])하기 때문에 이 음운 현상은 모음이 성절성을 잃는 음운 현상이라고 설명할 수 있다.

05 다음 중 모음이 성절성을 잃는 음운 현상은 무엇인가?

① 비음화

② 유음화

③ 활음화

④ 경음화

주관식 문제

01 한국어의 음절 말에 올 수 있는 자음을 모두 쓰시오.

01 **정답**

/ㄱ, ㄴ, ㄷ, ㄹ, ㅁ, ㅂ, ㅇ/

해설

한국어의 음절 구조 제약 때문에 음절 말에 올 수 있는 자음은 총 7개(/ㄱ, ㄴ, ㄷ, ㄹ, ㅁ, ㅂ, ㅇ/)뿐이다.

02 비음동화(평폐쇄음의 비음화)에 대해 쓰시오.

02 **정답**

평폐쇄음 /ㅂ, ㄷ, ㄱ/이 비음 앞에서 비음으로 바뀌는 음운 현상이다.

해설

평폐쇄음 /ㅂ, ㄷ, ㄱ/이 비음 앞에서 비음으로 바뀌는 음운 현상으로, 비음화라고도 한다.

정답 (04 ② 05 ③)

03 유음화에 대해 서술하시오.

04 단순모음이 /ㅏ/나 /ㅓ/ 모음 앞에서 반모음으로 변화하는 음운 현상을 쓰시오.

05 폐쇄음의 조음 위치 위계를 쓰시오.

03 **정답**
유음화는 순행적 유음화와 역행적 유음화로 나눌 수 있다. 순행적 유음화는 /ㄹ/ + /ㄴ/의 순서로 두 음소가 연이어 올 때이고, 역행적 유음화는 /ㄴ/ + /ㄹ/의 순서로 자음들이 연이어 올 때 적용된다.

04 **정답**
활음화(반모음화, 음절 축약)

05 **정답**
연구개음 〉 양순음 〉 치조음
해설
폐쇄음의 조음 위치 위계
연구개음(/ㄱ, ㄲ, ㅋ, ㅇ/) 〉 양순음(/ㅂ, ㅃ, ㅍ, ㅁ/) 〉 치조음(/ㄷ, ㄸ, ㅌ, ㄴ/)

제3장   탈락

01 /j/ 탈락은 용언 어간의 말음절이 경구개음과 / l /의 결합인 /지, 찌, 치/일 때 그 다음에 오는 어미가 / ㅓ/ 모음으로 시작하면 어간의 경구개음과 어미의 모음 / ㅓ/ 사이에 끼인 /j/가 탈락하는 음운 현상이다.

01 /j/ 탈락 음운 현상이 일어나는 용언 어간 말음절 자음의 종류는?

① 양순음

② 치조음

③ 연구개음

④ 경구개음

02 /ㅡ/ 탈락은 모음 /ㅡ/가 다른 모음이나 유음과 만날 때 탈락하는 음운 현상이다. 이는 모음 /ㅡ/가 음운론적으로 모음 중에 가장 약한 힘을 가진 모음이기 때문이다.

02 음운론적으로 모음 중 가장 약한 힘을 가진 모음은?

① /ㅡ/   ② / l /

③ / ㅏ/   ④ /ㅜ/

03 자음군 단순화는 음절 말 종성의 위치에 두 개의 자음이 놓일 때, 종성에서는 두 개의 자음이 올 수 없다는 국어의 음절 구조 제약을 반영하여 두 개의 자음 중 한 개만 발음하는 음운 현상이다.
[문제 하단의 표 참고]

03 다음 예시와 관련된 음운 현상은?

> • 몫 → [목]
> • 닭 + 도 → [닥또]
> • 없 + 고 → [업꼬]
> • 밝 + 다 → [박따]

① 자음군 단순화

② /ㄴ/ 탈락

③ /ㄹ/ 탈락

④ /j/ 탈락

>>>🔍

체언	자음군 중 앞의 것이 발음되는 경우	• 몫 → [목] • 여덟 + 만 → [여덜만]
	자음군 중 뒤의 것이 발음되는 경우	닭 + 도 → [닥또]
용언	자음군 중 앞의 것이 발음되는 경우	• 없 + 고 → [업꼬] • 밝 + 고 → [발꼬]
	자음군 중 뒤의 것이 발음되는 경우	• 밝 + 다 → [박따] • 읊 + 고 → [읍꼬]

정답 (01 ④   02 ①   03 ①)

04 탈락에 속하는 음운 현상 중 모음과 관련한 음운 현상이 <u>아닌</u> 것은?

① /ㅡ/ 탈락
② /ㅏ, ㅓ/ 탈락
③ /j/ 탈락
④ 후음 탈락

05 다음 중 /ㅏ, ㅓ/ 탈락을 이르는 말은?

① 동일모음 탈락
② /ㅣ/ 탈락
③ 유음 탈락
④ /j/ 탈락

주관식 문제

01 탈락에 속한 음운 현상 중 자음과 관련된 것들을 쓰시오.

---

04 탈락에 속하는 음운 현상은 다음과 같다.

> (1) 자음군 단순화
> (2) /ㄴ/ 탈락
> (3) /ㅎ/ 탈락(후음 탈락)
> (4) /ㄹ/ 탈락(유음 탈락)
> (5) /ㅡ/ 탈락
> (6) /ㅏ, ㅓ/ 탈락(동일모음 탈락)
> (7) /j/ 탈락(/ㅣ/ 탈락)

이 중 자음과 관련된 것들은 (1)~(4)번의 음운 현상이고, (5)~(7)번은 모음과 관련한 음운 현상이다.

05 /ㅏ, ㅓ/ 탈락(동일모음 탈락)은 용언 어간이 /ㅏ/나 /ㅓ/로 끝날 때 그 뒤에 오는 어미의 두음이 /ㅏ/나 /ㅓ/가 와서 동일모음이 연속되는 경우, 그중 한 모음이 탈락되는 음운 현상이다.

01 **정답**
자음군 단순화, /ㄴ/ 탈락, /ㅎ/ 탈락(후음 탈락), /ㄹ/ 탈락(유음 탈락)

해설
탈락에 속하는 음운 현상은 다음과 같다.

> (1) 자음군 단순화
> (2) /ㄴ/ 탈락
> (3) /ㅎ/ 탈락(후음 탈락)
> (4) /ㄹ/ 탈락(유음 탈락)
> (5) /ㅡ/ 탈락
> (6) /ㅏ, ㅓ/ 탈락(동일모음 탈락)
> (7) /j/ 탈락(/ㅣ/ 탈락)

이 중 자음과 관련된 것들은 (1)~(4)번의 음운 현상이고, (5)~(7)번은 모음과 관련한 음운 현상이다.

정답 (04 ④ 05 ①)

02 자음군 단순화에 대해 쓰시오.

02 **정답**
음절 말 종성의 위치에 두 개의 자음
이 놓일 때, 종성에서는 두 개의 자음
이 올 수 없다는 국어의 음절 구조
제약을 반영하여 두 개의 자음 중 한
개만 발음하는 음운 현상이다.

03 /ㄴ/ 탈락 중 /ㄴ/ 두음법칙에 대해 서술하시오.

03 **정답**
어떤 단어(한자어)가 /ㄴ/으로 시작
할 때, 바로 이어 오는 모음이 / ㅣ /
또는 반모음 /j/로 시작하는 이중모
음인 / ㅑ, ㅕ, ㅛ, ㅠ/인 경우, 즉 '니,
냐, 녀, 뇨, 뉴'를 포함하는 한자어 음
절이 단어 첫머리에 올 때, 이 /ㄴ/이
탈락한다.

04 /ㄹ/ 탈락에 대해 예를 들어 서술하시오.

---

05 /ㅏ, ㅓ/ 탈락 모음에 대해 간략하게 서술하시오.

---

04 **정답**

/ㄹ/ 탈락은 어간 말에 오는 /ㄹ/이 /ㄴ/, /ㅅ/과 같은 '설정성' 자질을 가지고 있는 어미 앞에서 탈락하거나, 합성어나 파생어를 만들 때 첫 번째 체언의 어말에 위치한 /ㄹ/이 두 번째 체언의 어두에 위치한 /ㄴ/, /ㄷ/, /ㅅ/, /ㅈ/ 앞에서 탈락하는 음운 현상이다. 첫 번째 음운 현상의 예로는 '얼+는데 → [어는데]'가 있고, 두 번째 음운 현상의 예시로는 '버들 + 나무 → [버드나무]'가 있다.

해설

/ㄹ/ 탈락은 유음 탈락이라고도 한다. 어간 말에 오는 /ㄹ/이 /ㄴ/, /ㅅ/과 같은 '설정성' 자질을 가지고 있는 어미 앞에서 탈락하거나 합성어나 파생어를 만들 때 첫 번째 체언의 어말에 위치한 /ㄹ/이 두 번째 체언의 어두에 위치한 '설정성' 자질을 가지고 있는 /ㄴ/, /ㄷ/, /ㅅ/, /ㅈ/ 앞에서 탈락하는 음운 현상이다.

例/ㄴ, ㅅ/ 어미 앞
  • 얼+는데 → [어는데]
  • 갈+는 → [가는]
例합성어, 파생어
  • 버들+나무 → [버드나무]
  • 아들+님 → [아드님]
  • 딸+님 → [따님]

05 **정답**

용언 어간이 /ㅏ/나 /ㅓ/로 끝날 때, 그 뒤에 오는 어미의 두음이 /ㅏ/나 /ㅓ/가 와서 동일모음이 연속되는 경우 그중 한 모음이 탈락되는 음운 현상이다.

제4장 첨가

01 첨가에 속하는 음운 현상으로는 /ㄷ/ 첨가, /ㄴ/ 첨가, 활음(반모음) 첨가가 있다.

01 다음 중 첨가에 속하는 음운 현상이 <u>아닌</u> 것은?

① /ㄷ/ 첨가

② /ㄴ/ 첨가

③ /ㅓ/ 첨가

④ 활음 첨가

02 모음으로 끝나는 용언 어간 뒤에 /ㅏ/, /ㅓ/로 시작하는 어미가 오는 경우 수의적으로 /j, w/ 첨가가 일어난다.

02 다음 예시와 관련된 음운 현상은 무엇인가?

> • 되 + 어 → [되<u>여</u>]
> • 뛰 + 어 → [뛰<u>여</u>]

① /ㄷ/ 첨가

② /ㄴ/ 첨가

③ /j/ 첨가

④ /w/ 첨가

03 /ㄴ/ 첨가는 합성어 및 파생어 구성 성분의 경계, 그리고 단어의 경계 사이에서 일어나는 음운 현상이다.

03 다음 중 /ㄴ/ 첨가가 일어나는 환경이 <u>아닌</u> 것은?

① 합성어 경계 사이

② 파생어 경계 사이

③ 단어 경계 사이

④ 문장 경계 사이

정답 (01 ③ 02 ③ 03 ④)

04 다음 중 수의적 반모음 첨가(/j/, /w/ 첨가)가 <u>아닌</u> 것은?

① 철수 + 아 → [철수야]

② 되 + 어 → [되여]

③ 좋 + 아서 → [조와서]

④ 추 + 어서 → [추워서]

04 모음으로 끝나는 체언 뒤에 모음으로 시작하는 호격조사 '-아'가 오는 경우는 필수적 /j/ 첨가에 해당한다.

05 다음 중 두 단어를 합성하였을 때 /ㄷ/ 첨가가 일어나지 <u>않는</u> 것은?

① 코 + 등

② 귀 + 밥

③ 배 + 속

④ 헛 + 일

05 '헛 + 일 → [헌닐]'은 /ㄴ/ 첨가의 예이다.

정답 04 ① 05 ④

01 **정답**
/ㄷ/ 첨가, /ㄴ/ 첨가, 활음(반모음)
첨가

02 **정답**
/ㄷ/ 첨가

해설
철자법상으로는 '사이시옷'이 들어
가지만 실제 발음으로는 /ㄷ/ 소리
가 첨가(사잇소리 첨가)되어 발음되
는 것으로 실현된다. 이 음운 현상이
바로 /ㄷ/ 첨가이다.

03 **정답**
단어(형태소) 배열 제약

주관식 문제

01 첨가에 속하는 음운 현상을 쓰시오.

02 철자법상으로 '사이시옷'이 첨가되는 음운 현상을 쓰시오.

03 /ㄴ/ 첨가와 관련 있는 제약을 쓰시오.

04 활음 첨가가 일어나는 환경의 예를 각각 두 가지씩 쓰시오.

04 **정답**
- 모음으로 끝나는 용언 어간 뒤에 /ㅏ/, /ㅓ/로 시작하는 어미가 오는 경우는, '되 + 어 → [되여], 좋 + 아서 → [조와서]'가 있다.
- 모음으로 끝나는 체언 뒤에 모음으로 시작하는 처격조사 '-에', '-에서' 등이 오는 경우는, '청주 + 에 → [청주예], 나무 + 에서 → [나무예서]'가 있다.
- 모음으로 끝나는 체언 뒤에 모음으로 시작하는 호격조사 '-아'가 오는 경우는, '철수 + 아 → [철수야], 영호 + 아 → [영호야]'가 있다.

05 /ㄴ/ 첨가가 일어나는 환경의 예를 각각 두 가지씩 쓰시오.

05 **정답**
- 합성어 경계 사이에서 일어나는 경우는, '두통 + 약 → [두통냑], 용산 + 역 → [용산녁]'이 있다.
- 파생어 경계 사이에서 일어나는 경우는, '한 + 여름 → [한녀름], 헛 + 일 → [헌닐]'이 있다.
- 단어 경계 사이에서 일어나는 경우는, '아름다운 여자 → [아름다운 녀자], 먼 여정 → [먼 녀정]'이 있다.

제5장 축약

01 축약에 속하는 음운 현상으로는 자음과 관련하여 격음화(유기음화, 기식음화)가 있다.

01 다음 중 축약에 속하는 음운 현상은?

① 유음화
② 경음화
③ 격음화
④ 비음화

02 역행적 격음화의 예
/ㄱ, ㄷ, ㅂ, ㅈ/ + /ㅎ/ → /ㅋ, ㅌ, ㅍ, ㅊ/
• 이직+후 → [이지쿠]
• 뻣뻣+하고 → [뻗뻐타고]
• 법+학 → [버팍]
• 잊+혀지니 → [이처지니]
③의 '좋지 → [조치]'는 순행적 격음화의 예이다.

02 다음 중 역행적 격음화가 <u>아닌</u> 것은?

① 뻣뻣 + 하고 → [뻗뻐<u>타</u>고]
② <u>법</u> + <u>학</u> → [버<u>팍</u>]
③ <u>좋</u> + <u>지</u> → [조<u>치</u>]
④ <u>잊</u> + <u>혀</u>지니 → [이<u>처</u>지니]

03 순행적 격음화는 /ㅎ/ 뒤에 /ㄱ, ㄷ, ㅈ/이 오면 /ㅋ, ㅌ, ㅊ/으로 바뀌는 음운 현상이다.

03 다음 중 순행적 격음화가 일어나지 <u>않는</u> 것은?

① /ㄱ/
② /ㄷ/
③ /ㅅ/
④ /ㅈ/

정답 (01 ③ 02 ③ 03 ③)

04 /ㅎ/과 만나 격음화 현상이 나타나는 소리로 옳게 짝지어진 것은?

① 평폐쇄음, 평파찰음
② 평마찰음, 평파찰음
③ 평파찰음, 경폐쇄음
④ 경파찰음, 평폐쇄음

04 격음화는 /ㅎ/과 평폐쇄음, 평파찰음이 만날 때 이들이 결합하여 격음으로 바뀌는 음운 현상이다.

05 격음화는 어떤 제약을 어기지 않기 위해 일어나는 음운 현상인가?

① 음절 구조 제약
② 음소 배열 제약
③ 음절 배열 제약
④ 단어 배열 제약

05 격음화는 음소 배열 제약을 어기지 않기 위해 일어나는 음운 현상이다.

주관식 문제

01 격음화에 대하여 서술하시오.

01 정답
격음화는 /ㅎ/과 평폐쇄음, 평파찰음이 만날 때 이들이 결합하여 격음 (유기음, 기식음)으로 바뀌는 음운 현상이다.

정답 (04 ① 05 ②)

02 순행적 격음화가 나타나는 조건에 대해 서술하시오.

02 **정답**
평폐쇄음이나 평파찰음이 /ㅎ/ 뒤에 오면 순행적 격음화가 일어난다.

해설
평폐쇄음이나 평파찰음이 /ㅎ/ 뒤에 오면 순행적 격음화가 일어나며, 다음과 같은 예시들이 있다.
예 /ㅎ/+/ㄱ, ㄷ, ㅈ/ → /ㅋ, ㅌ, ㅊ/
  • 낳+고 → [나코]
  • 넣+다 → [너타]
  • 좋+지 → [조치]

03 격음화를 이르는 다른 용어를 모두 쓰시오.

03 **정답**
유기음화, 기식음화

04 격음화의 종류 두 가지를 모두 쓰시오.

04 **정답**
순행적 격음화, 역행적 격음화

해설
격음화의 종류에는 평폐쇄음이나 평파찰음이 /ㅎ/ 뒤에 오면 일어나는 순행적 격음화, /ㅎ/ 앞에 오면 일어나는 역행적 격음화가 있다.

05 역행적 격음화가 일어나는 조건에 대해 서술하시오.

05 **정답**

평폐쇄음이나 평파찰음이 /ㅎ/ 앞에 오면 역행적 격음화가 일어난다. 규칙은 '/ㄱ, ㄷ, ㅂ, ㅈ/+/ㅎ/ → /ㅋ, ㅌ, ㅍ, ㅊ/'으로 정리할 수 있고, 그 예는 다음과 같다.

• 이직+후 → [이지쿠]
• 뻣뻣+하고 → [뻗뻐타고]
• 법+학 → [버팍]
• 잊+혀지니 → [이처지니]

SD에듀와 함께, 합격을 향해 떠나는 여행

제 7 편

사적음운론

해당 편에서는 한 언어의 음 체계가 역사적으로 발달해 가는 과정을 다룬다. 음 변화가 음소의 수, 분포를 바꾸는 것은 음운적 음 변화(phonemic sound change), 음운 변화(phonological change), 기능적 변화(funtion change)라고 하고, 음 변화가 어떤 음소의 이음(異音)들 간의 분포에만 영향을 미칠 때는 음성적 음 변화(phonetic sound change), 음성 변화, 이음 변화(allophonic change)라고 한다.

| 출제 경향 및 수험 대책 |

음 변화의 유형, 무조건 변화, 합류, 분기, 동화, 축약, 음운 도치, 이화, 첨입·첨가, 모음 전환, 조건 변화, 규칙 변화 유형, 규칙의 첨가·간소화·상실·재배열·재어휘화, 변화의 조음적·심리적·사회적 원인, 유추와 차용 등 전반적으로 모든 내용이 중요하므로, 단원 내용에 대한 전반적 이해와 개별 개념에 대해서 철저히 공부할 필요가 있다.

제 **1** 장 ┃ 음 변화의 유형

한 언어가 역사적 변화를 겪는 중에 음 체계가 한 단계에서 그 다음 단계로 바뀌어 갈 때 나타나는 변화를 음 변화라 한다. 이 음 변화는 크게 무조건 변화와 조건 변화로 나눌 수 있는데, 무조건 변화에는 합류와 분기가, 조건 변화에는 대치, 탈락, 첨가, 축약, 도치가 포함된다.

제1절 ┃ 무조건 변화(합류, 분기) 중요

무조건 변화는 일반적으로 음 변화가 어떤 특정한 음성적 환경을 배경으로 일어나는 것과는 달리 어떤 환경에 구애되지 않고 어떤 특정 음이 모든 위치에서 바뀌는 현상을 말한다. 이 무조건 변화는 음운 체계 전체에서 보편 적으로 나타나는 변화라고 해석할 수 있다. 다른 말로는 자생적 변화, 자립 변화, 고립 변화, 산발 변화라고도 한다.

중세 국어의 전기와 후기 사이에 모음 추이(vowel shift)가 있었던 것으로 추정되는데, 이 모음 추이가 무조건 변화의 예가 될 수 있다. 이 무조건 변화의 원인 규명을 위해서 기능적, 구조적 관점의 시도가 있었고 그 이후 생성 음운론에서도 원인 규명을 위한 노력이 있었다.

이 무조건 변화는 두 가지로 나뉘는데, 합류(통합)와 분기(분화)가 그것들이다. 합류는 두 음이 한 음으로 되는 것이고, 반대로 분기는 한 음이 두 음으로 나누어지는 것이다.

1 합류(merger)

두 음소가 하나로 합쳐져 대립성을 잃고 하나로 통합되는 현상이다. 모음 'ㆍ'의 합류가 대표적인 예인데, 15세기 후반에 2음절 이하에서 주로 'ㅡ'로 합류되었고, 특수한 환경에서는 'ㅗ'로 합류되기도 하였다. 16세기 후반에는 'ㅏ'로 합류되는 예가 보이기 시작한다.

1음절에서의 'ㆍ'의 합류는 17세기 초에 '흙 〉 흙'으로 시작되지만 18세기 후반에 와서는 'ㅏ'로 합류되는 경우가 대부분이었다.

2 분기(split)

한 언어의 고형(古形)에서는 한 음소였던 것이 이후 음 변화에 의해 두 음소로 분화되는 현상을 분기라 한다. 영어에서 그 예를 찾아볼 수 있는데, 고대 영어에서 [n]과 [ŋ]은 /n/이라는 음소의 변이음이었다. 따라서 [n]과 [ŋ]은 한 음소에 속했고 [ŋ]은 /k, g/ 앞에서만 나타나 'sing'은 [siŋg]로 발음되었다. 근대 영어로 내려오면서 어말에서 /k, g/가 소실되고, 'sing'의 발음은 [siŋ]으로 바뀌게 되었다. 이 결과로 'sing[siŋ]'은 'sin[sin]'과 음운 대립을 이루게 되고 [ŋ]은 음소로 승격되면서 /ŋ/의 지위를 얻게 되었다. 결과적으로 /n/이 역사적 변화를 겪으면서 /n/과 /ŋ/으로 분화되는 결과를 갖게 된 것이다.

또 다른 예로 고대 영어에서의 /f/가 있다. 고대 영어에서 /f/는 두 개의 변이음 [v]와 [f]를 가지고 있었고 유성음 사이에서는 [v], 그 밖의 환경에서는 [f]가 실현되었는데, 후에 그 밖의 환경에서 [v]를 가진 단어가 나타나자 [f], [v]의 대립이 일어나게 되었다. 이는 [v]가 /v/ 음소로 승격되면서 결국 /f/가 /f/, /v/로 분기되는 결과로 이어졌다.

제2절 | 조건 변화(대치, 탈락, 첨가, 축약, 도치) 종요

어떤 특정한 음성적 환경을 배경으로 일어나는 변화이다. 이 조건 변화는 대치, 탈락, 첨가, 축약, 도치 등의 음운 과정에 따라 원래의 음소 배열이 새롭게 바뀌는 변화라고 할 수 있다. 공시음운론에서 설명한 대치, 탈락, 첨가, 축약, 도치의 설명 내용은 공시음운론과 사적음운론(통시음운론)에서 동일하게 적용된다.

1 대치

유형	내용	음운 규칙 도식
대치	한 음소가 다른 음소로 바뀜	A → B / C __ D

대치는 한 음소가 다른 음소로 바뀌는 음운 현상이다. 위의 정의에 보면 'A → B(A 음소가 B 음소로 바뀜)'로 표시되어 있는데 이때의 화살표는 공시음운론에서 동시대의 음성 자료에서 음이 변화함을 의미한다. 사적음운론에서는 역사적으로 시간을 두고 일어나는 변화를 다루고 있어서 음 변화를 표시할 때에 '>' 기호를 사용한다. 음 변화 설명에서 '>'가 사용되면 통시적인(사적인) 자료의 예로 이해하면 된다.

국어에서 '(꽃이) 디다 > 지다(구개음화)', '믈 > 물(원순모음화)', '즐다 > 질다(전설모음화)', '올창이 > 올챙이(움라우트)', '구룸 > 구름(비원순모음화)' 등이 대치의 예가 된다. 이들 중 '구룸 > 구름'의 예만 불규칙적인 변화이고, 나머지는 모두 규칙적인 변화이다.

2 탈락

유형	내용	음운 규칙 도식
탈락	한 음소가 없어짐	A → ø / C __ D

탈락은 한 음소가 어떤 환경에서 없어지는 음운 현상이다. 역사적인 예를 보면 '쇼 〉 소(치찰음 뒤 단순모음화)', '녀름 〉 여름(어두 ㄴ 탈락)', '나하(낳-아) 〉 나아(용언 말 ㅎ 탈락)', '기르마 〉 길마(어중모음 탈락)' 등이 있다. 이들 중 '기르마 〉 길마'의 예만 불규칙적인 변화이고, 나머지는 모두 규칙적인 변화이다. '쇼 〉 소'로 바뀌는 것을 탈락으로 분류한 이유는 이중모음 /jo/의 반모음 /j/를 개별 음소로 보고 반모음이 탈락해서 단순모음 /o/로 바뀐 것으로 봤기 때문이다.

3 첨가

유형	내용	음운 규칙 도식
첨가	없던 음소가 새로 끼어듦	ø → B / C ___ D

첨가는 없던 음소가 어떤 환경에서 새롭게 끼어드는 음운 현상이다. 사적 자료의 예를 보면 '머추다 〉 멈추다(음절 말 자음 첨가)', '이퍼(잎-어) 〉 으퍼 〉 을퍼(읊어)(음절 말 자음 첨가)'가 있다. 이들 예는 모두 불규칙적인 변화이다.

4 축약

유형	내용	음운 규칙 도식
축약	두 음소가 합쳐져 제3의 다른 음소로 바뀜	A+B → C / D ___ E

두 음소가 합쳐져 어느 한 음소로 바뀌는 것이 아니라 제3의 다른 음소로 바뀌는 음운 현상이다. 역사적인 변화의 예로는 '웃듬 〉 으뜸(ㅅ + ㄷ 〉 ㄸ)', '가히 〉 개(/kaj/) 〉 개(/kɛ/)(a + j 〉 ɛ)'가 있다. 앞의 예는 불규칙적인 변화, 뒤의 예는 규칙적인 변화이다.

5 도치

유형	내용	음운 규칙 도식
도치	두 음소가 서로 자리를 바꿈	AB → BA / C ___ D

도치는 두 음소가 서로 자리를 바꾸어 나타나는 음운 현상이다. 조건 변화의 다섯 가지 음운 현상 유형 중 유일하게 역사적인 자료에서만 나타나는 음운 현상 유형이다.
역사적인 변화의 예를 보면 '빗복 〉 빗곱 〉 배꼽(자음 도치 : ㅂ, ㄱ의 도치)', '이륵이륵 〉 이글이글(자음 도치 : ㄹ, ㄱ의 도치)', '하야로비 〉 해오라기(모음 도치 : ㅏ, ㅗ의 도치)' 등이 있다. 이들은 모두 불규칙적인 변화이다.

제 2 장 | 규칙의 변화 유형

한 언어에서 시간이 지남에 따라 그 언어의 음운 현상이 변하는 경우가 생긴다. 이때 음운 현상이 변한다는 것은 일반적으로는 이런 음운 현상을 만들어내는 음운 규칙에 변화가 생기고 있다는 것을 의미한다. 그런데 어느 경우에는 음운 규칙의 적용을 받는 '어휘' 자체에 변화가 있을 수도 있다. 음운 규칙에 변화가 생기는 것을 '규칙의 변화(rule change)'라 하고, 음운 규칙의 적용을 받는 '어휘' 자체에 변화가 오는 경우를 '재어휘화(relexi-calization)'라 한다.

규칙 변화의 유형에는 '규칙 첨가', '규칙 간소화', '규칙 상실', '규칙 재배열'이 있고, 규칙의 적용을 받는 어휘에 변화가 일어나는 '재어휘화'가 여기에 덧붙는다.

> **더 알아두기**
>
> 재어휘화를 좀 더 광의의 의미로 해석하면 '어휘 변화(lexical change)'라고 할 수도 있다.

제1절 | 규칙 첨가(rule addition) 중요

규칙이 새롭게 첨가되면서 이 음운 규칙에 따라 새로운 음운 현상이 나타나는 경우이다. 18세기에 나타난 국어의 구개음화 현상이 그 예이다. /ㄷ, ㅌ/이 단순모음 /ㅣ/와 이중모음 /ㅑ, ㅕ, ㅛ, ㅠ/ 등의 앞에서 /ㅈ, ㅊ/으로 바뀐 현상인데, 이를 변별 자질로 규칙화하여 표현하면 다음과 같다.

> [+전설성, +설정성] → [−전설성, +설정성] / ___ [+고음성, +공명성]

이 새롭게 첨가된 구개음화 규칙에 의해 새로운 음운 현상이 나타났다고 해석하게 되는 것이다. 규칙 첨가와 관련하여 한 가지 좀 더 미묘하게 살펴볼 부분이 있는데, 바로 **규칙 첨가**와 유사한 **규칙 삽입**(rule insertion)이다. 규칙 첨가는 기존의 음운 규칙군에 덧붙여 음운 규칙군의 마지막에 들어가는 것이고, 규칙 삽입은 새로 나타난 규칙이 기존의 음운 규칙군의 첫 부분이나 중간 부분에 들어가는 것이다. 기존의 규칙군에 속하는 규칙들을 1, 2, 3, 4라 하고, 새로운 규칙을 5라고 하면 규칙 첨가의 경우 '1 − 2 − 3 − 4 − 5'의 순이 되는 것이고 규칙 삽입의 경우에는 '5 − 1 − 2 − 3 − 4'나 '1 − 2 − 5 − 3 − 4'와 같은 순서가 되는 것이다.

이론적으로는 규칙 삽입이 가능하다고 할 수 있지만, 실제 언어의 운용에 있어서는 새로운 규칙이 서로 관련을 맺는 규칙군의 첫 머리나 중간 부분에 들어오게 되면 기존의 음운 규칙 체계가 완전한 혼란을 일으키기 때문에 규칙 삽입은 실제로는 불가능하다고 보는 것이 정설이다. 따라서 일반적으로는 규칙 첨가만 일어난다고 보면 된다.

제2절 규칙 간소화(rule simplification) 종요

규칙 간소화는 음운 규칙의 요소 중 세부적인 내용(specification)이 간소화되는 것이다. 예를 들어 'x → y/ ___ z'라는 규칙이 있을 때, 적용 대상인 x와 적용 환경인 z의 세부적인 내용이 간소화되는 것이다.

규칙 간소화의 예도 역시 구개음화에서 찾을 수 있다. 구개음화가 일반적으로는 치경폐쇄음인 /ㄷ, ㅌ/에만 적용되지만(예 같이 → 같이[가치]), 어느 국어 방언에서 연구개음인 /ㄱ, ㅋ/에도 적용된다고 가정해 보자(예 길 → [질], 기름 → [지름]). 치경음은 [+전방성, +설정성]인데 비해 연구개음은 [−전방성, −설정성]이다. 따라서 치경음과 연구개음을 통합한 음운군의 변별 자질은 [α 전방성, α 설정성]으로 표시된다. +와 −를 각각 나올 때마다 명시하기보다는 α 라는 하나의 변수(variable)로 명시하므로, 이것 또한 더 간소화·보편화되었다고 보아 규칙 간소화의 예가 된다.

또 다른 예를 들어보자. 후설고모음 /u/에만 적용되던 **움라우트** 현상이 모음의 높이에 상관없이 모든 후설모음에 적용되게 되었다고 가정하면, 후설고모음을 나타내는 [+고음성, +후설성]에서 [+후설성]으로 적용 대상의 변별 자질의 명세를 단순화시킬 수 있으므로 역시 이것도 규칙의 간소화가 일어났다고 할 수 있는 것이다.

제3절 규칙 상실(rule loss) 종요

'x → y/ ___z'라는 규칙에서, 실제로는 y 부분의 음이 어떤 이유에서인지 극단적으로 간소화되어 'zero' 소리가 된 상태인데, 이 상태에서도 'x → y(x는 y가 된다)'의 규칙이 공존하게 되면 실제 상황에서는 규칙의 상실이 생기게 된다.

독일어의 표준어와 독일어 스위스 방언 사이에 나타나는 예를 통해 규칙 상실을 알아보도록 하겠다. 표준 독일어에서는 '[−공명성] → [−유성성] / ___#'[1]라는 규칙이 있다. 이에 따라 독일어 단어 'bund(연맹)'는 단어 끝의 음의 경우에는 유성성이 −로 바뀐다는 규칙에 의해 주격인 경우 'bund[bunt]'로 발음되고, 여격인 'bundes'는 그 철자대로 [bundes]로 발음된다. 같은 독일어이지만 스위스 방언에서는 주격의 경우에도 'bund[bund]'로 발음되고, 여격도 'bundes'는 그 철자대로인 [bundes]로 발음된다.

언어	주격	여격
표준 독일어	bund[bunt]	bundes[bundes]
스위스 방언	bund[bund]	bundes[bundes]

주격을 보면 두 개의 예에서 차이를 보인다. 주격에서는 규칙 적용을 받은 표준 독일어의 경우 'd → t'로 바뀌는 변화를 겪지만, 규칙 적용을 받지 않은 스위스 방언에서는 어말에서도 여전히 /d/를 유지하고 있다. 이때 스위스 방언은 결과적으로 '**규칙 상실**'을 겪은 것으로 볼 수 있다.

---

1) 여기서 #는 단어 끝을 의미한다.

제4절 규칙 재배열(rule reordering) 종요

어느 두 규칙이 있을 때, 이 규칙의 형식과 내용은 전혀 변하지 않은 채 적용되는 순서가 달라짐에 따라 음운 변화의 결과가 달라지는 경우가 있다. 이는 결과적으로 규칙의 순서를 바꾸었기 때문인데, 이를 '규칙 재배열'이라고 한다.

고대 그리스어에서 나타나는 두 개의 음운 규칙을 가지고 살펴보도록 하자. 첫 번째 규칙은 어두 또는 모음 사이에서 's'가 'h'로 변하는 규칙이었고, 이 규칙이 나타난 지 수 세기 후에 자음군 /ns/가 간소화되어 /s/로 바뀌면서 선행하는 모음이 **보상적으로 장모음화**하는 현상이 일어났고 규칙화되었다. 대부분의 그리스어 방언에서는 이 두 규칙을 역사적으로 나타난 순서대로 적용한다. 'pansa(모든)'라는 단어가 다음의 과정을 거치면서 [pa:sa]로 발음된다.

pan + sa
① s → h　　　　　————2)
② ns → s　　　　　[pa:sa]

한편 키프로스 방언을 비롯한 몇몇 방언에서는 'pansa(모든)'가 [pa:sa]로 발음되는 것이 아니라 [pa:ha]로 발음되었는데, 그 이유는 두 규칙의 적용 순서가 반대였기 때문이다.

pan + sa
① ns → s　　　　　pa:sa
② s → h　　　　　[pa:ha]

이렇게 규칙의 적용 순서가 달라짐에 따라 그 결과가 달라졌기 때문에 이 예는 규칙 재배열의 예가 되는 것이다. 이와 같이 규칙 재배열은 한 언어의 방언들 사이에서 그 차이를 설명할 때 많이 쓰인다.

제5절 재어휘화(relexicalization) 종요

앞에서 다뤘던 구개음화 현상을 가지고 재어휘화를 살펴보려 한다. '같다'의 활용형은 '같아, 같은, 같이' 등으로 다양하게 나타난다. 이 중 '같아[가타]', '같은[가튼]'은 구개음화가 일어나지 않고 [ㅌ]이 그대로 나타나지만, '같이[가치]'의 경우에는 [ㅌ]이 [ㅊ]으로 교체되어 나타난다. [ㅌ]이 [ㅊ]으로 교체되어 나타나는 현상은 /i/ 또는 /j/ 앞이라는 환경에서만 일어나므로, 이를 '구개음화'라는 음운 규칙으로 설명하게 된다. 이 예에서는 [ㅌ]과 [ㅊ]이 환경에 따라 교체되어 나타나지만, 어떤 경우에는 **교체형**(alternation form)이 나타나지 않는다.

---

2) 여기서 '———'은 해당 규칙이 적용되지 않음을 의미한다.

중세 국어에서 '둏다'는 /ㄷ/이 /j/ 앞에 오므로 구개음화가 적용되어 '[됴타] 〉 [죠타] 〉 [조타]'가 되어 현대 국어에서 '좋다[조타]'로 나타나는 것이다. '같은[가튼] – 같이[가치]'의 예에서 '[ㅌ] – [ㅊ]'의 교체가 나타나고, '같–'의 **기저형**은 '/같/'인 것과는 달리 '좋다'의 경우에는 '좋아, 좋으니, 좋은'과 같이 '좋–'의 [ㅈ]은 교체형이 전혀 나타나지 않는다. 즉 원래의 기저형 /됴/가 구개음화를 겪은 후 /조/로 바뀐 후, 이제는 다시 /됴/로 돌아가거나 '[조] – [됴]' 교체형이 나타나는 경우가 전혀 없이 항상 /조/로만 나타나는 것이다. 따라서 언중의 머릿속에는 이제 /조/만 남아 있게 된 것이고, 이 경우에는 기저형이 /조/로 바뀌었다고 볼 수 있다. 이런 경우가 바로 재어휘화가 일어난 경우이다. 앞으로 이 단어 '좋다'에 새로운 음운 규칙이 적용된다면 바로 재어휘화가 일어난 기저형 /조타/에 새로운 음운 규칙이 적용되게 된다.

제 3 장 | 음 변화의 원인

음운 변화의 원인에 대해서는 학계에서 여러 논의가 있어 왔다. 원인을 명확히 찾아내기 어려운 경우들도 있지만 일반적으로는 음 변화의 원인을 언어 내적 요인, 사회적 요인, 심리적 요인으로 나누어 분석하고 설명한다. 여기서도 음 변화의 원인을 세 가지로 나누어 살펴보도록 하겠다.

제1절   언어 내적 요인 (중요)

언어 내적으로 음운 변화가 일어나는 원인은 '조음의 경제성' 또는 '조음의 편이성(便易性)'[3]과 직접 관련이 있다. 조음을 가장 경제적으로, 또는 가장 편하고 쉽게 하려는 데서 음운 변화가 일어난다는 것이다. 이와 관련한 음운 현상으로는 경구개와 가장 가까이에서 조음되는 /i/나 /j/의 조음 위치의 영향을 받아 /ㄷ, ㅌ, ㄸ/과 /ㄱ, ㅋ, ㄲ/이 /ㅈ, ㅊ, ㅉ/으로 바뀌는 구개음화, 유성음 사이에서 무성음이 유성음으로 바뀌는 유성음화, 비음의 앞·뒤에서 비음이 아닌 음이 비음으로 바뀌는 비음화, 연구개음·양순음·치조음이 서로 맞닿아 있을 때 조음 위치 위계에 의해서 연구개음이나 양순음이 아닌 음이 이 음들의 조음 위치를 따라 조음되는 조음 위치 동화 등이 그 예들이다. 이런 음운 현상들은 언어 내적 요인, 즉 조음적 요인에 의해 나타나는 것들이다.

> **더 알아두기**
>
> **조음 위치 위계(hierarchy of place of articulation)**
> 조음 위치 위계는 '연구개음 〉 양순음 〉 치조음'의 순이다.

제2절   사회적 요인

사회적 요인은 두 언어가 접촉할 때 주로 일어나게 된다. 그 접촉이 어떤 성격인가, 혹은 그 정도는 어떤가에 따라 한 개 또는 두 개의 언어 모두의 음운, 어휘, 문법 체계에 영향을 미치고 변화를 일으키는 경우가 생기게 된다. 차용어 또는 외래어를 과도하게 도입하는 경우, 차용하는 언어의 음운 체계에 변화가 오는 경우가 있다. 영어와 프랑스어에서 그 예를 찾을 수 있는데 다음은 그 내용을 살펴보도록 하겠다.
영어에서 /v/는 원래는 /f/ 음의 이음이었다. 즉 /f/ 음소의 변이음으로 [f]와 [v]가 존재했던 것이다. [v] 이음은 모음 사이에서만 나타났다. 즉 'wife[waif] – wives[waivəz]', 'knife[naif] – knives[naivəz]'의 조합에서 '[f] –

---

3) 학자에 따라서는 이를 '조음의 편이화 원리(the principle of ease of articulation)' 또는 '최소 노력 원리(the principle of the least effort)'라고 하기도 한다.

'[v]' 이음 조합의 적용을 살필 수 있다. 그런데 프랑스어에서 [v] 음이 어두에 있는 차용어가 많이 들어오게 되면서(예 vase, veil 등) 어두에서 [f]와 [v]가 상보적 분포를 가진 이음이 아니라 음소처럼 대립되게 되었다. 이는 결국 [v]가 음소로 승격되면서 영어에서 /f/와 /v/라는 각각의 음소로 자리 잡게 된 것이다.

한국어에서도 영어의 음운적 영향이 나타나는데, 영어가 한국에서 활성화되기 전에는 일반적으로 적용되는 두음법칙이 적용되어 'radio[나지오]', 'lamp[남포]' 등이 일반적인 발음이었으나, 영어가 한국인의 언어생활에 깊숙이 들어오면서 이 두음법칙이 영어권이나 서구에서 들어온 단어에서는 적용되지 않고 'radio[라디오]', 'racket[라켓]', 'romance[로맨스]', 'light[라이트]'와 같이 발음되고 표기되는 쪽으로 변화가 일어났다.

여기까지는 간접적인 접촉의 예이지만, 두 언어 간에 직접적인 접촉이 발생하기도 한다. 전쟁과 같은 원인으로 한 집단이 다른 집단을 지배하게 되는 경우가 이 직접 접촉의 한 유형이다. 지배족이 수적으로 소수일 때, 소수의 지배족의 언어가 다수의 피지배족의 언어에 흔적을 남기게 된다. 이때 이 지배족의 언어를 '**상층**'이라고 한다. 반대로 지배족이 다수일 때는 지배족의 언어가 피지배족의 언어를 완전히 몰아내는 것이 일반적이다. 이때에는 후자(피지배족)의 언어가 전자(지배족)의 언어에 흔적을 남기게 되는데, 이를 '**기층**'이라 한다. 영어의 지명들 중 'Thames', 'London', 'York' 등이 켈트어에서 온 것이며(켈트 기층), 호주의 지명이나 명사들 중 많은 것들도 호주 원주민인 애보리진의 언어에서 온 것이다(예 'Kangaroo', 'Ululu'). 이 어휘들은 '애보리진 기층'의 영향이라고 할 수 있다. 미국의 흑인 영어에는 표준 영어에 없는 현상들이 나타나는데, 이것도 흑인의 모어인 아프리카 제어의 영향이라고 해석하기도 한다.

두 언어의 직접 접촉의 또 다른 유형은 'pidgin'과 'creole'이다. 다른 언어를 쓰는 상인들이 서로 만나서 상거래를 하려 할 때 서로 간의 거래를 성사시키려 임시방편으로 국제어인 영어를 절충하는 절충식 언어를 쓰게 되었는데, 이것이 바로 pidgin어이다. 이 'pidgin'이란 말도 영어의 'business'라는 단어를 잘못 발음해서 생겨난 단어라고 하니 아이러니를 느낄 수밖에 없다. 이런 식으로 임시방편으로 발음하다 보니 음운 현상이 제대로 적용될 수가 없는 것이다. 'this'가 'dis', 'fast'가 'fɛs', 'old'가 'ol'로 바뀌는 식이다. 이 pidgin어로 소통하는 사람들이 만나서 결혼을 하게 되고 그 사이에서 태어난 아이는 이 pidgin어를 모어로 사용하게 되는데, 이런 경우 모국어화된 pidgin어를 'creole'이라고 한다. 이 creole어에서는 비정상적으로 변형된 원어의 음운, 어휘, 문법 현상들이 화석화되면서 자리를 잡게 되고 새로운 언어로서 정착하게 되는 것이다.

제3절 심리적 요인 종요

사회적 요인이 언어와 언어 사이에 영향을 미쳐서 나타나는 음운 변화의 원인이라면, 심리적 요인은 같은 언어에서 나타나는 음운 현상 변화의 원인이다. 또한 언어 내적 요인과는 달리 언어 자체가 내포하고 있는 구조의 불안정성(instability), 불완전성(incompleteness), 불균형성(imbalance)과 관련을 맺고 있다. 이런 언어의 불안정한 특성 자체가 음운 변화의 원인이 될 수 있다. 언어 자체가 가지고 있는 불완전성, 내지는 불안정성, 불균형성과 더불어 아동이 언어를 습득하면서 성인의 언어와 다른 부분이 나타나게 되면 이에 대해 불안감을 느껴 성인의 언어에 가까워지려고 다양한 변화를 시도하는데, 이런 시도가 음운 변화의 원인이 된다면 이 또한 바로 심리적 요인이라고 할 수 있다. 심리적 요인과 관련해서 몇 가지의 소주제로 나누어 살펴보겠다.

1 구조상의 불균형

인간은 일반적으로 어떤 한 사안에서 항목들이 균형을 이루는 것을 좋아한다. 언어의 체계도 마찬가지인데, 어떤 한 체계에서 균형을 이루어야 할 부분이 없거나 빠지게 되면 이 부분을 못 견디는 것이 언중들의 속성이다. 이와 관련하여 영어와 한국어에서의 예를 들어 구조상의 불균형한 부분을 채우기 위해 언어의 변화가 일어나는 예를 보이도록 하겠다.

영어에서는 동사에 '-ive'를 붙여 형용사를 만들고 '-ion'을 붙여 명사를 만드는 규칙이 있다.

동사	형용사	명사	뜻(명사)
progress	progressive	progression	진보
regress	regressive	regression	후퇴
———	aggressive	aggression	공격

'progress'와 'regress'의 예에서 보듯, 동사에 '-ive'를 붙여 형용사를 만들고, '-ion'을 붙여 명사를 만드는데, 'aggressive'와 'aggression'의 경우 표준 영어에서는 원래 동사가 없는 구멍으로 남아 있었다. 그런데 이런 구멍을 메워 구조상의 균형을 맞추기 위해 구어 영어에서 'aggress'라는 동사를 만들어 쓰기 시작했고, 현재 이 단어는 영어사전에 '공세를 취하다, 시비를 걸다'라는 의미를 가진 동사로 당당히 자리 잡았다.

중세 국어에서도 불균형을 채우기 위한 시도가 보인다. 전기 중세 국어의 모음 체계는 전설모음 2개, 중설모음 3개, 후설모음 2개로 균형을 이루고 있었다(다음 표의 첫 번째 자리의 모음 체계).[4] 그런데 무슨 이유인지 확실치는 않지만 'ㅓ'가 'ㅡ' 자리로 후진하면서 'ㅡ'는 'ㅜ'의 자리로 올라가게 되었다. 'ㅜ'는 다시 'ㅗ'의 자리로 이동하고 'ㅗ'는 'ㆍ'의 자리로 밀려 내려 왔다. 그것이 두 번째 자리에 위치한 모음 체계이다.

| ㅣ ㅜ ㅗ
ㅓ ㆍ
ㅏ | → | ㅣ ㅡ ㅜ
ㅓ ㅗ
ㅏ ㆍ | → | ㅣ ㅡ ㅜ
ㅔ ㅓ ㅗ
ㅐ ㅏ | → | ㅣ ㅡ ㅜ
ㅔ ㅓ ㅗ
ㅐ ㅏ | → | ㅣ ㅟ ㅡ ㅜ
ㅔ ㅚ ㅓ ㅗ
ㅐ ㅏ |

이렇게 되자 균형은 깨지고 전설모음 1개, 중설모음 3개, 후설모음 3개의 모음이 분포하게 되었다. 전설모음이 중설·후설모음에 비해 2개가 적은 불균형을 메우기 위해 18세기 말에 이중모음이 단순모음(전설모음)으로 바뀌는 현상이 나타났다.[5] 이 현상에 의해 'ㅔ(əj)'가 [e]로, 'ㅐ(aj)'가 [æ]로 바뀌어 전설·중설·후설모음이 각 3개로 균형을 맞추게 된다(다음 표의 세 번째 자리의 모음 체계).

이후 'ㆍ'가 소실되면서 다시 균형이 깨지게 되고(표의 네 번째 자리의 모음 체계), 이것을 극복하기 위해 후설이중모음인 'ㅟ(uj)'와 'ㅚ(oj)'가 각각 전설원순단순모음인 [y]와 [ø]로 바뀌면서, 'ㅣ'와 'ㅔ' 옆에 각각 자리 잡게 된다(표의 다섯 번째 자리의 모음 체계). 이렇게 하여 다시 균형을 맞추게 된 것이다.

---

4) 이기문, 『국어사개설』, 탑출판사, 1972.
5) 이숭녕, 『조선어음운론연구』, 을유문화사, 1949.
　　이숭녕, 『국어음운론연구』, 을유문화사, 1954.

2 규칙의 최대 적용

규칙이 두 개가 있을 때 규칙의 적용 순서에 따라 어떤 경우에는 모든 규칙이 다 적용될 수 있고, 어떤 경우에는 한 규칙이 적용되면 다른 규칙의 적용이 막히는 경우가 있다. 전자를 두 규칙이 급여(feeding) 관계에 있다고 하고, 후자를 두 규칙이 출혈(bleeding) 관계에 있다고 한다. 이 규칙들을 배열할 때 모든 규칙이 다 적용될 수 있는 급여 관계로 배열하는 것이 일반적이다. 한국어에서 다시 한 번 예를 가져오도록 하겠다. 중세 국어에서 모음 사이에서 ㅎ이 탈락하는 규칙이 있었고, j계 이중모음이 축약되어 단순모음이 되는 모음 축약 규칙이 있었다. 이 두 규칙을 '모음 축약 → ㅎ 탈락' 순으로 배열하면 '가히' 같은 형태소가 '가이'의 형태에 머문다. 그렇지만 'ㅎ 탈락 → 모음 축약' 순으로 배열하면 두 규칙이 모두 적용되어 '가히'는 '개'라는 최종 형태가 된다. 현재도 '개'라는 단어를 쓰기 때문에 'ㅎ 탈락 → 모음 축약' 순으로 규칙을 배열하는 것이 적합한 배열이라는 것을 알 수 있다. 표로 정리하면 다음과 같다.

['모음 축약 → ㅎ 탈락' 순 규칙 배열]

'가히'		
모음 축약	→	ㅎ 탈락
---6)		가이

['ㅎ 탈락 → 모음 축약' 순 규칙 배열]

'가히'		
ㅎ 탈락	→	모음 축약
가이		개

결국 최종형인 '개'를 도출하는 'ㅎ 탈락 → 모음 축약'이 맞는 규칙 적용 순서가 되고, 두 개의 규칙이 모두 적용되기 때문에 '급여 관계'에 있음을 알 수 있다. 반면 모음 축약이 먼저 적용되는 경우 모음 축약 현상 자체가 아예 일어나지 않기 때문에 '모음 축약 → ㅎ 탈락'의 순으로 규칙이 적용되는 경우는 '급여 관계'가 아닌 것이다. 이 예를 통해서 적합한 규칙 배열은 규칙의 '급여 관계'를 따르고 있음을 알 수 있다.

3 이형태의 최소화

앞에서 언중은 구조상의 균형을 이루는 것을 좋아한다고 했다. 이와 비슷한 심리로, 형태소(morpheme)의 이형태(allomorph)의 변형 범위를 축소시키고 통일하려는 경향이 있다. 이런 성향 때문에 이형태의 통일성을 높이기 위해 음운 규칙들을 재배열시키더라도 형태소의 통일성을 높이는 쪽으로 가는 경향이 있다. 이 또한 언중의 심리적 작용에 기인한 것이라고 할 수 있다.

---

6) 여기서 ---은 해당 규칙이 적용되지 않음을 의미한다.

독일어의 예를 살펴보도록 하자. 11세기 초에 어말무성음화 현상이 생기고, 15세기 초에는 유성자음 앞 장모음화 현상이 생겼다. 이 두 규칙을 생긴 시기 순으로 배열하여 '칭찬'이라는 뜻을 가진 'lob'과 그 복수형인 'lob-əs'에 적용하면 다음과 같다.

음운 현상＼단어	lob	lob-əs
무성음화	lop	――
장모음화	――	loːbəs
최종형	[lop]	[loːbəs]

최종형을 살펴보면 단수와 복수형 사이에 [p] – [b]의 대립이 있고, 모음에서도 [o] – [oː]의 대립이 나타난다. [lop]과 [loːb]를 이형태로 볼 수 있는데, 이는 두 개 부분에서 차이가 있어 통일성이 잘 나타났다고 보기 어렵다. 그런데 다음 표와 같이, 현대 독일어에서는 [loːp], [loːbəs]로 구현되어 위의 표의 최종형과 차이가 나타난다. 즉 [p] – [b]의 대립만 있을 뿐, 모음의 장단 차이 없이 모두 장모음으로 실현된다. 이는 이형태의 통일성이 좀 더 높아진 결과로 나타난 것이다. 이런 결과가 나오기 위해서는 비록 무성음화 규칙이 역사적으로 먼저 출현했다 하더라도 장모음화 규칙을 무성음화 규칙보다 먼저 적용함으로써 이형태의 통일성을 높이는 쪽으로 간 것으로 분석할 수 있다.

음운 현상＼단어	lob	lob-əs
장모음화	loːb	loːbəs
무성음화	loːp	――
최종형	[loːp]	[loːbəs]

4 음성적 투명성

언중이 원하는 또 하나의 방향은 음성적 투명성이다. 음운 규칙이 어느 단어에 적용되었는지를 그 단어의 최종형을 보고 알 수 있을 때 이를 '**투명하다**'고 하고, 그렇지 않은 경우를 '**불투명하다**'고 한다. 불투명하게 나타나는 경우는 어떤 규칙이 적용되는 환경이 어떤 연유로 아예 사라져 버리거나 변해서 규칙 적용이 되었는지를 가리기 힘든 경우, 또는 규칙이 적용되는 환경이 있음에도 최종형에 적용이 안 된 경우이다. 이 때문에 언중은 음성적 투명성을 지향하지만, 실제로 불투명하게 나타나는 경우도 많이 있다.

한국어에서의 구개음화 규칙은 앞에서 이미 설명하였다. 이 규칙이 완전하게 투명해지려면 /i/나 /j/ 앞에서 [지, 치]라는 발음만 나타나고 [디, 티]라는 발음은 나타나지 않아야 한다. 그렇지만 '어디, 티눈, 티끌' 등의 예가 나타나 실제 언어에서는 투명성이 지켜지지 않는 경우도 많음을 알 수 있다. 그럼에도 불구하고 언어의 변화 방향은 투명성을 높이는 쪽으로 갈 가능성이 그 반대의 경우보다 훨씬 크다고 할 수 있다.

5 의미 대립의 유지

언어의 목적 중의 하나는 의사소통이다. 이와 관련하여 언중의 심리는 의사소통에 방해되는 요인을 없애거나 낮추고, 의사소통에 도움이 되는 요인은 더 크게 나타나는 쪽으로 갈 가능성이 크다.

그 예로 모음 'ㅢ'가 있다. 의미 대립을 유지하기 위해 'ㅢ' 모음이 전설화라는 대세에서도 전설화되지 않고 이중모음의 지위를 유지하고 있는 것이다. 만약 'ㅢ'가 전설화된다면 'ㅣ'와의 차이가 없어지면서 두 모음이 하나로 합류될 가능성이 높기 때문이다. 'ㅢ'를 제외하고 다른 이중모음들이 이미 전설화가 이루어졌음에도 'ㅢ'만 현대 국어에서까지 이중모음으로 남아있는 것은 'ㅣ'와의 합류로 인한 동음이의어의 증가를 막기 위한 것이라고 할 수 있다. 이 예는 의미 대립의 유지를 위해 언중이 노력하고 있음을 보여준다.

하지만 이런 노력에도 불구하고 현대 국어에서 이중모음인 'ㅢ'는 체계상의 불균형 때문에 환경에 따라 발음에서 단순모음인 [ㅣ]나 [ㅔ]로 실현되고 있기도 하다.

제 **4** 장 | 유추와 차용

언어 변화의 원인을 음운 변화와 유추, 차용으로 보는 고전적 견해가 있다. 유추와 차용은 음운론에서 다루지 못할 부분이 많은 것도 사실이지만, 역설적으로 음운론과 깊은 관련을 맺고 있기도 하므로 본 장에서는 음운론과 관련된 유추와 차용에 대해서 설명하도록 하겠다.

제1절 　유추 종요

유추는 문법 변화와 깊은 관련을 맺고 있는 중요한 절차로, 이미 존재하는 어떤 문법 유형을 보고 이것을 따라 다른 부분의 문법 형태가 새로이 만들어지거나 기존의 문법 형태가 변화되는 경우를 말한다. 중세 국어의 예를 들어보면 동사 '오다'는 선어말 어미로 '-거-' 대신 '-나-'를 가졌었는데(예 오나든, 오나늘) 다른 동사들이 '-거-'라는 선어말 어미를 가진 것을 보고 유추 현상에 의해 선어말 어미로 '-나-' 대신에 '-거-'를 가지게 되었다(예 오거든, 오거늘). 유추를 도식으로 표시할 때는 다음과 같이 비례 4항식을 사용한다.

> 먹- : 먹거늘 = 오- : x

유추가 언어 변화에서 좋은 쪽으로 작용하는 것은 음운 변화를 통해 나타나는 '불규칙적인' 형태들을 '규칙적인' 형태로 다시 돌려놓는 작용을 한다는 것이다. 중세 국어에서 'ㄹ' 뒤의 '-거-'가 '-어-'로 바뀌는 음운 변화가 있었는데(예 알-어늘(知)], 이것이 근대 국어에서 유추에 의해 다시 '알거늘'로 되돌아 온 것이다. 음운 변화에서는 때때로 문법 체계가 불규칙하게 파괴되는 경우가 생기는데 유추는 이것을 다시 체계적으로 돌려놓는 작용을 하는 것이다.

제2절 　차용 종요

차용은 일반적으로 어휘 층위에서 이루어진다. 차용의 결과로 나타나는 어휘를 **차용어(외래어)**라고 한다. 한국어는 고대로부터 근세에 이르는 시기 동안 중국어로부터 차용어를 공급받았고, 중국어만큼 영향을 받지는 않았지만 중세에는 몽골어, 일제강점기 시기에는 일본어가 차용어를 공급하는 언어였다. 현대에 와서는 영어를 필두로 하는 서양어가 그 역할을 하고 있다.

언어와 언어 간의 관계에서는 외국어가 차용어의 공급원 역할을 하지만, 한국어 내에서 보면 방언 간에도 차용어를 서로 공급하고 공급받는 역할을 한다. 예를 들어 경상 방언인 '억수로', 전라 방언인 '거시기하다'가 표준어에 공급되어 차용어로서 사용되는 경우를 볼 수 있다.

언어 간의 차용은 차용어를 공급받는 언어의 음운 체계에 변화를 주기도 한다. 새로운 음소가 추가되기도 하고, 이미 존재하는 음소들의 분포가 바뀌기도 한다. 앞에서 언급한 영어에서의 프랑스어 차용어의 영향에 의한 /v/ 음소의 추가, 한국어에서의 영어나 서양어 차용어 증가에 의해 나타나는 두음법칙 적용 예외 현상[예 레저 (leisure), 라디오(radio), 니트(knit)], 즉 두음법칙을 적용하지 않는 현상이 그 예들이다.

제1장 음 변화의 유형

01 한 언어의 고형(古形)에서는 한 음소였던 것이 이후 음 변화에 의해 두 음소로 분화되는 현상을 분기라고 한다.

01 언어의 고형에서 한 음소였던 것이 음 변화에 의해 두 음소로 분화되는 현상은?

① 합류
② 분기
③ 대치
④ 탈락

02 음 변화 유형의 조건 변화에는 대치, 탈락, 첨가, 축약, 도치가 해당된다.

02 변화의 유형 중 조건 변화가 <u>아닌</u> 것은?

① 대치
② 탈락
③ 첨가
④ 분기

03 대치는 한 음소가 다른 음소로 바뀌는 음운 현상이다.

03 다음 중 대치의 정의로 옳은 것은?

① 한 음소가 다른 음소로 바뀜
② 한 음소가 없어짐
③ 없던 음소가 새로 끼어듦
④ 두 음소가 합쳐져 제3의 다른 음소로 바뀜

정답 01 ② 02 ④ 03 ①

04 다음 예시와 관련된 음 변화의 유형은?

> • 쇼 〉 소
> • 녀름 〉 여름
> • 나하(낳-아) 〉 나아
> • 기르마 〉 길마

① 첨가
② 탈락
③ 축약
④ 도치

04 탈락 현상의 예로는 '쇼 〉 소(치찰음 뒤 단순모음화)', '녀름 〉 여름(어두 ㄴ 탈락)', '나하(낳-아) 〉 나아(용언 말 ㅎ 탈락)', '기르마 〉 길마(어중모음 탈락)' 등이 있다.

05 다음 설명에 해당하는 음운 현상은?

$$\emptyset \rightarrow B \, / \, C \, \underline{\quad} \, D$$

① 대치
② 탈락
③ 첨가
④ 축약

05 [문제 하단의 표 참고]

»»⌕

유형	내용	음운 규칙 도식
첨가	없던 음소가 새로 끼어듦	$\emptyset \rightarrow B \, / \, C \, \underline{\quad} \, D$

정답 04 ② 05 ③

01 **정답**

합류, 분기

해설

무조건 변화는 합류(통합)와 분기(분화)로 나뉜다.

02 **정답**

합류는 두 음이 한 음으로 되는 것이고, 분기는 한 음이 두 음으로 나누어지는 것이다.

03 **정답**

대치, 탈락, 첨가, 축약, 도치

해설

조건 변화는 대치, 탈락, 첨가, 축약, 도치 등의 음운 과정에 따라 원래의 음소 배열이 새롭게 바뀌는 변화이다.

주관식 문제

01 무조건 변화에 해당하는 것을 모두 쓰시오.

02 합류와 분기의 정의에 대해 서술하시오.

03 조건 변화에 해당하는 것을 모두 쓰시오.

04 축약의 정의에 대해 쓰시오.

04 **정답**
두 음소가 합쳐져 제3의 다른 음소로
바뀌는 음운 현상

05 도치에 대해 약술하시오.

05 **정답**
도치는 두 음소가 서로 자리를 바꾸
어 나타나는 음운 현상이다.

해설
도치는 두 음소가 서로 자리를 바꾸
어 나타나는 음운 현상으로, 조건 변
화의 다섯 가지 음운 현상 유형 중
유일하게 역사적인 자료에서만 나타
나는 음운 현상 유형이다.

제2장 규칙의 변화 유형

01 규칙이 새롭게 첨가되면서 이 음운 규칙에 따라 새로운 음운 현상이 나타나는 경우이다. 18세기에 나타난 국어의 구개음화 현상이 그 예로 /ㄷ, ㅌ/이 단순모음 /ㅣ/와 이중모음 /ㅑ, ㅕ, ㅛ, ㅠ/ 등의 앞에서 /ㅈ, ㅊ/으로 바뀐 현상이다.

01 다음 설명에 해당하는 현상은?

> 18세기에 나타난 국어의 구개음화 현상은 /ㄷ, ㅌ/이 단순모음 /ㅣ/와 이중모음 /ㅑ, ㅕ, ㅛ, ㅠ/ 등의 앞에서 /ㅈ, ㅊ/으로 바뀐 현상이다.

① 규칙 첨가
② 규칙 간소화
③ 규칙 상실
④ 규칙 재배열

02 규칙 간소화는 음운 규칙 요소들의 세부적인 내용(specification)이 간소화되는 것이다.

02 음운 규칙의 세부적인 내용이 간소화되는 것을 무엇이라고 하는가?

① 규칙 첨가
② 규칙 간소화
③ 규칙 상실
④ 규칙 재배열

03 규칙 변화의 유형에는 '규칙 첨가', '규칙 간소화', '규칙 상실', '규칙 재배열'이 있다.

03 다음 중 규칙 변화의 유형이 <u>아닌</u> 것은?

① 규칙 첨가
② 규칙 간소화
③ 규칙 상실
④ 조음 위치 위계

정답 (01 ① 02 ② 03 ④)

04 음운 규칙의 적용을 받는 '어휘' 자체에 변화가 오는 것은?

① 규칙 첨가
② 규칙 간소화
③ 재어휘화
④ 규칙 재배열

05 다음 내용에서 괄호 안에 들어갈 알맞은 말은?

> 중세 국어에서 '둏다'는 구개음화가 적용되어 '[됴타] 〉 [죠타] 〉 [조타]'가 되어 현대 국어에서 '좋다[조타]'로 나타난다. '[조] – [됴]' 교체형이 나타나는 경우가 전혀 없이 항상 /조/로만 나타난다. 이 경우 기저형이 /조/로 바뀌었다고 볼 수 있는데, 이것이 (   )의 예가 된다.

① 규칙 첨가
② 재어휘화
③ 규칙 상실
④ 규칙 재배열

04 음운 규칙의 적용을 받는 '어휘' 자체에 변화가 오는 경우를 '재어휘화(relexicalization)라고 한다.

05 중세 국어에서 '둏다'는 구개음화가 적용되어 [됴타] 〉 [죠타] 〉 [조타]가 되어 현대 국어에서 '좋다[조타]'로 나타난다. '[조] – [됴]' 교체형이 나타나는 경우가 전혀 없이 항상 /조/로만 나타난다. 이 경우 기저형이 /조/로 바뀌었다고 볼 수 있는데 이것이 재어휘화의 예가 된다.

정답 (04 ③   05 ②)

01 **정답**
규칙 첨가

주관식 문제

01 다음 내용에서 괄호 안에 들어갈 말을 쓰시오.

> (   )는 기존의 음운 규칙군에 덧붙어 음운 규칙군의 마지막에 들어가는 것이고 규칙 삽입은 새로 나타난 규칙이 기존의 음운 규칙군의 첫 부분이나 중간 부분에 들어가는 것이다.

02 **정답**
규칙 간소화

02 음운 규칙의 세부적인 내용이 간소화되는 것을 무엇이라고 하는지 쓰시오.

03 **정답**
어느 두 규칙이 있을 때 이 규칙의 형식과 내용은 전혀 변하지 않은 채 적용되는 순서가 달라짐에 따라 음운 변화의 결과가 달라지는 경우, 결과적으로 규칙의 순서를 바꾼 것이기 때문에 이를 '규칙 재배열'이라고 한다. 한 언어의 방언들 사이에서 그 차이를 설명할 때 많이 쓰인다.

03 규칙 재배열의 특징을 쓰시오.

04 다음 내용에서 괄호 안에 들어갈 말을 쓰시오.

> 'x → y/ ___z'라는 규칙에서 실제로는 y 부분이 어떤 이유에서인지 음이 극단적으로 간소화되어 'zero' 소리가 된 상태인데, 이 상태에서도 'x → y(x는 y가 된다)'의 규칙이 공존하게 되면 실제 상황에서는 (   )이 생기게 되는 것이다.

04 **정답**
규칙 상실

05 규칙 간소화의 예를 쓰시오.

05 **정답**
후설고모음 /u/에만 적용되던 움라우트 현상이 모음의 높이에 상관없이 모든 후설모음에 적용되었다고 가정하면, 후설고모음을 나타내는 [+고모음, +후설성]에서 [+후설성]으로 적용 대상의 변별 자질의 명세를 단순화시킬 수 있다. 이것을 규칙 간소화가 일어났다고 볼 수도 있다.

제3장 음 변화의 원인

01 언어 내적으로 음운 변화가 일어나는 원인은 '조음의 경제성' 또는 '조음의 편이성'과 직접 관련이 있다. 학자에 따라서는 이를 '조음의 편이화 원리(the principle of ease of articulation)' 또는 '최소 노력 원리(the principle of the least effort)'라고 하기도 한다.

02 음 변화의 사회적 요인의 예를 들면 두음법칙이 영어권이나 서구에서 들어온 단어에 대해서는 적용되지 않고 'radio[라디오]', 'racket[라켓]'과 같이 발음되고 표기되는 쪽으로 변화가 일어난 것 등이 있다.

03 음 변화의 심리적 요인과 관련해 '구조상의 불균형, 규칙의 최대 적용, 이형태의 최소화, 음성적 투명성, 의미 대립의 유지' 등이 나타난다.

정답 (01 ④ 02 ② 03 ④)

01 언어 내적으로 음운 변화가 일어나는 원인과 관계가 <u>없는</u> 것은?

① 조음의 경제성
② 조음의 편이성
③ 최소 노력 원리
④ 이형태의 최소화

02 두음법칙이 영어권이나 서구에서 들어온 단어에 대해서는 적용되지 않도록 변화된 요인은?

① 문학적 요인
② 사회적 요인
③ 물리적 요인
④ 조음적 요인

03 다음 중 음 변화의 심리적 요인과 관계 <u>없는</u> 것은?

① 구조상의 불균형
② 규칙의 최대 적용
③ 이형태의 최소화
④ 최소 노력 원리

04 '괴' 모음이 전설화되지 않고 이중모음의 지위를 유지하고 있는 이유는?

① 구조상의 불균형을 해결하기 위해

② 이형태의 최소화를 위해

③ 음성적 투명성을 위해

④ 의미 대립을 유지하기 위해

04 '괴'를 제외한 다른 이중모음들이 이미 전설화가 이루어졌음에도 '괴'만 현대 국어에서까지 이중모음으로 남아 있는 것은 'ㅣ'와의 합류로 인한 동음이의어의 증가를 막기 위한 것이다.

05 다음 내용과 관계된 음운 변화의 요인은?

> 중세 국어에서 'ㆍ'가 소실되어 모음 체계의 균형이 깨지자, 이를 극복하기 위해 후설이중모음인 'ㅟ'와 'ㅚ'가 각각 전설 원순모음인 [y]와 [ø]로 바뀌면서 'ㅣ'와 'ㅔ' 옆에 자리 잡아 다시 균형을 맞추었다.

① 언어 내적 요인

② 사회적 요인

③ 심리적 요인

④ 조음적 요인

05 심리적 요인 중 구조상으로 불균형한 부분을 채워 균형을 맞추기 위해 언어의 변화가 일어난 예이다.

정답 (04 ④ 05 ③)

주관식 문제

01 음 변화의 원인 중 언어 내적 요인에 대해 예를 들어 서술하시오.

01 **정답**

언어 내적 요인은 '조음의 경제성'과 관련이 있다. 이와 관련한 음운 현상은 구개음화, 유성음화, 비음화, 조음 위치 동화 등이 있다.

해설

언어 내적으로 음운 변화가 일어나는 원인은 '조음의 경제성' 또는 '조음의 편이성'과 관련이 있다. 조음을 가장 경제적으로 또는 가장 편하게 하려는 데서 음운 변화가 일어나는 것이다. 이와 관련한 음운 현상으로는 구개음화, 유성음화, 비음화, 조음 위치 동화 등이 그 예들이다.

02 다음 내용에서 괄호 안에 들어갈 말을 순서대로 쓰시오.

> 지배족이 수적으로 소수일 때 소수의 지배족의 언어가 다수의 피지배족의 언어에 흔적을 남기게 된다. 이때 이 지배족의 언어를 (㉠)이라고 한다. 반대로 지배족이 다수일 때는 지배족의 언어가 피지배족의 언어를 완전히 몰아내는 것이 일반적이다. 이때에는 후자의 언어가 전자의 언어에 흔적을 남기게 되는데 이를 (㉡)이라 한다.

02 **정답**

㉠ 상층
㉡ 기층

03 음 변화의 원인을 세 가지 쓰시오.

03 **정답**

언어 내적 요인, 사회적 요인, 심리적 요인

04 다음 내용에서 괄호 안에 들어갈 용어를 순서대로 쓰시오.

> 다른 언어를 쓰는 상인들이 서로 만나서 상거래를 하려 할 때 서로 간의 거래를 성사시키려 임시방편으로 국제어인 영어를 절충하는 절충식 언어를 쓰게 되었는데, 이것을 (㉠)라고 한다. 그리고 모국어화된 이것을 (㉡)이라고 한다.

04 **정답**
㉠ pidgin어
㉡ creole어

05 다음 내용에서 괄호 안에 들어갈 용어를 순서대로 쓰시오.

> 규칙이 두 개가 있을 때 규칙의 적용 순서에 따라 어떤 경우에는 모든 규칙이 다 적용될 수 있고, 어떤 경우에는 한 규칙이 적용되면 다른 규칙의 적용이 막히는 경우가 있다. 전자를 두 규칙이 (㉠) 관계에 있다고 하고, 후자를 두 규칙이 (㉡) 관계에 있다고 한다.

05 **정답**
㉠ 급여
㉡ 출혈

01 유추는 이미 존재하는 어떤 문법 유
    형을 보고 이것을 따라 다른 부분의
    문법 형태가 새로이 만들어지거나
    기존의 문법 형태가 변화되는 경우
    를 말한다.

02 차용은 일반적으로 어휘 층위에서
    이루어진다. 차용의 결과로 나타나
    는 어휘를 차용어(외래어)라고 한다.
    언어 간의 차용은 차용어를 공급 받
    는 언어의 음운 체계에 변화를 주기
    도 한다.

03 유추가 언어에서 좋은 쪽으로 작용
    하는 것은 음운 변화를 통해 나타나
    는 '불규칙적인' 형태들을 '규칙적인'
    형태로 다시 돌려놓는 작용을 하는
    것이다.

제4장	유추와 차용

01 이미 존재하는 어떤 문법 유형을 보고, 이것을 따라 다른 부분의 문법 형태가 새로이 만들어지거나 기존의 문법 형태가 변화되는 것은?

① 유추
② 차용
③ 재배열
④ 간소화

02 다음 중 차용에 대한 설명으로 틀린 것은?

① 일반적으로 어휘 층위에서 이루어진다.
② 차용의 결과로 나타나는 어휘를 차용어(외래어)라고 한다.
③ 차용의 결과로 음운 체계에 변화가 생긴다.
④ 음운 변화로 불규칙하게 파괴된 문법 체계를 체계적으로 돌려놓는 작용을 한다.

03 다음 중 유추에 대한 설명으로 틀린 것은?

① 이미 존재하는 어떤 문법 유형을 보고 다른 부분의 문법 형태가 새로이 만들어지거나 기존 문법 형태가 변화되는 경우를 말한다.
② 유추는 음운 변화를 통해 '규칙적인' 형태를 '불규칙적인' 형태로 돌려놓는 작용을 한다.
③ 중세 국어에서 '알-어늘(知)'이 근대 국어에서 유추에 의해 '알거늘'로 되돌아왔다.
④ 유추를 도식으로 표시할 때는 비례 4항식을 사용한다.

정답 01 ① 02 ④ 03 ②

주관식 문제

01 유추에 대해 예를 들어 서술하시오.

01 **정답**
유추는 이미 존재하는 어떤 문법 유형을 보고 다른 부분의 문법 형태가 새로이 만들어지거나 기존의 문법 형태가 변화되는 경우를 말한다. 예를 들어 중세 국어에서 동사 '오다'는 '오나든, 오나늘'과 같이 선어말 어미로 '-나-'를 가졌었는데, 다른 동사들이 '-거-'라는 선어말 어미를 가진 것을 보고 '오거든, 오거늘'과 같이 선어말 어미로 '-거-'를 가지게 되었다.

02 차용의 특징을 쓰시오.

02 **정답**
차용은 일반적으로 어휘 층위에서 이루어지는데, 차용의 결과로 나타나는 어휘를 차용어(외래어)라고 한다. 한국어는 중국어, 몽골어, 일본어, 서양어로부터 차용어를 공급받았다. 한국어 내에서는 방언 간에도 차용어를 서로 공급한다. 언어 간의 차용은 차용어를 공급받는 언어의 음운 체계에 변화를 주기도 한다.

03 언어 간의 차용은 차용어를 공급받는 언어의 음운 체계에 변화를 주기도 하는데, 이러한 예를 두 가지 쓰시오.

03 **정답**
영어에서 프랑스어 차용어의 영향으로 인한 /v/ 음소 추가, 한국어에서의 영어나 서양어 차용어 증가로 인한 두음법칙 적용의 예외 현상(두음법칙을 적용하지 않는 현상이 나타나는 것)

해설
언어 간의 차용은 새로운 음소가 추가되기도 하고, 이미 존재하는 음소들의 분포가 바뀌기도 한다.

SD에듀와 함께, 합격을 향해 떠나는 여행

부록

최종모의고사

훌륭한 가정만한 학교가 없고, 덕이 있는 부모만한 스승은 없다.

– 마하트마 간디 –

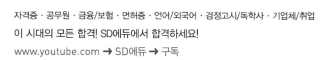

제한시간: 50분 | 시작 ___시 ___분 – 종료 ___시 ___분

⊕ 정답 및 해설 257p

01 혀의 뒷부분이 연구개를 완전히 막았다가 파열이 되면서 기류가 구강을 통해서 나오는 소리들만 옳게 고른 것은?

① /ㅇ/
② /ㄱ, ㅇ/
③ /ㄱ, ㅋ, ㄲ/
④ /ㄱ, ㅋ, ㄲ, ㅇ/

02 다음 설명 중 옳지 <u>않은</u> 것은 무엇인가?

① 일반적으로 자음과 모음 각각을 음소라고 한다.
② 음운은 음소와 운소가 합쳐진 말이다.
③ 운소는 음소나 음절에 얹혀서만 기능하는 초분절적 요소이다.
④ 음운은 음절과 동일한 뜻으로 쓰인다.

03 다음 중 최소대립쌍을 이루는 것은 무엇인가?

① 강 – 콩
② 달 – 딸
③ 밤 – 빵
④ 잠 – 종

04 다음 중 [tʰ], [d], [t˺]은 어떤 음의 변이음인가?

① /ㄱ/
② /ㄷ/
③ /ㅂ/
④ /ㅈ/

05 다음 중 음절 말에서 발음되는 것만 옳게 고른 것은?

① /ㄱ, ㄴ, ㄹ, ㅁ, ㅂ, ㅅ, ㅇ/
② /ㄱ, ㄴ, ㄷ, ㄹ, ㅁ, ㅂ, ㅈ/
③ /ㄱ, ㄴ, ㄷ, ㄹ, ㅁ, ㅂ, ㅇ/
④ /ㄱ, ㄴ, ㄷ, ㄹ, ㅁ, ㅂ, ㅎ/

06 다음 중 폐쇄음의 조음 방법을 순서대로 옳게 나열한 것은?

① 폐쇄 – 지속 – 파열
② 폐쇄 – 파열 – 지속
③ 파열 – 지속 – 폐쇄
④ 파열 – 폐쇄 – 지속

07 다음 중 후설평순모음에 해당하는 것만 옳게 고른 것은?

① /ㅡ, ㅓ, ㅏ/
② /ㅡ, ㅜ, ㅗ/
③ /ㅡ, ㅟ, ㅚ/
④ /ㅡ, ㅔ, ㅐ/

08 다음 설명 중 <u>틀린</u> 것은 무엇인가?

① w-계 이중모음은 발음을 기준으로 봤을 때 최대 5개이다.

② w-계 이중모음은 'ㅜ'나 'ㅗ'와 결합하는 이중모음이다.

③ j-계 상향이중모음은 'ㅣ 선행모음'이라고 부르는 것들이다.

④ j-계 이중모음은 모두 상향이중모음이다.

09 한국어 평음, 유기음, 경음 구별을 위해 꼭 필요한 자질만 옳게 고른 것은?

① [긴장성], [유기성]

② [전방성], [설정성]

③ [자음성], [성절성]

④ [공명성], [지속성]

10 다음 중 [+공명성] 자질을 갖는 소리가 <u>아닌</u> 것은?

① /ㄴ/

② /ㅇ/

③ /ㄹ/

④ /ㅎ/

11 [-고음성], [+저음성], [+후설성], [-원순성]을 모두 가진 음소는?

① /ㅗ/

② /ㅜ/

③ /ㅏ/

④ /ㅓ/

12 다음 중 조음 위치 자질인 것은 무엇인가?

① [전방성]

② [비음성]

③ [소음성]

④ [성절성]

13 다음 중 자유 변이에 대한 설명으로 <u>틀린</u> 것은?

① 동일 위치에서 동일 음소들의 변이음이 자유로이 교체되는 현상이다.

② 수의 변이라고도 한다.

③ '갈비'의 경우 [kalbi]와 [kalβi]가 자유 변이된다.

④ 영어에서는 자유 변이 현상이 나타나지 않는다.

14 다음 중 음절 구성에 필수적인 것을 모두 고른 것은?

① 자음

② 모음

③ 유음

④ 모음, 비음

15 다음 중 한국어에 존재하지 <u>않는</u> 음절 유형은?

① 자음 + 모음

② 모음 + 자음

③ 자음 + 모음 + 자음

④ 자음 + 반모음 + 자음

16 다음 중 음절 수가 2개인 단어는 무엇인가?

① 나   ② 자리
③ 예쁘다   ④ 즐겁다

17 어떤 음절에서 다른 음절에 비해 소리의 높이가 높고, 강도가 세며 길이가 긴 것이 복합적으로 오는 것은?

① 성조   ② 억양
③ 강세   ④ 장단

18 음소와 음소가 연속해서 올 때, 어떤 음소의 연결은 허용되지 않는다는 제약은?

① 음절 구조 제약
② 음소 배열 제약
③ 음절 배열 제약
④ 음소 구조 제약

19 두 음소가 합쳐져 제3의 다른 음소로 바뀌는 음운 현상 유형은?

① 대치   ② 첨가
③ 축약   ④ 도치

20 다음 중 폐쇄음의 조음 위치 위계로 옳은 것은?

① 연구개음 〉 양순음 〉 치조음
② 연구개음 〉 치조음 〉 양순음
③ 양순음 〉 연구개음 〉 치조음
④ 양순음 〉 치조음 〉 연구개음

21 다음 예시와 관련된 음운 현상은 무엇인가?

> • 굳이 → [구지]
> • 겉이 → [겨치]
> • 같이 → [가치]

① 음절 말 평폐쇄음화
② 비음화
③ 조음 위치 동화
④ 구개음화

22 다음 중 모음(반모음)과 관련된 탈락 현상이 <u>아닌</u> 것은?

① 담그 + 아서 → [담가서]
② 자 + 아서 → [자서]
③ 지어 (→ [져]) → [저]
④ 녀자 → [여자]

23 두 음소가 하나로 합쳐져 대립성을 잃고 하나로 통합되는 현상은?

① 합류
② 분기
③ 대치
④ 탈락

24 다음 설명과 관계된 개념은 무엇인가?

> 어느 두 규칙이 있을 때 이 규칙의 형식과 내용은 전혀 변하지 않은 채 적용되는 순서가 달라짐에 따라 음운 변화의 결과가 달라지는 경우이다. 한 언어의 방언들 사이에서 그 차이를 설명할 때 많이 쓰인다.

① 규칙 첨가
② 규칙 간소화
③ 규칙 재배열
④ 규칙 상실

주관식 문제

01 조음 위치, 조음 방법에 따른 자음 분류 기준에 대해 서술하시오.

02 변이음을 분류하는 기준 두 가지를 쓰시오.

03 자음의 축약에 속하는 음운 현상을 쓰시오.

04 재어휘화에 대해 예를 들어 쓰시오.

제한시간: 50분 | 시작 ___시 ___분 – 종료 ___시 ___분

정답 및 해설 262p

01 다음 중 조음 위치에 의한 분류가 <u>아닌</u> 것은?

① 양순음
② 치조음
③ 폐쇄음
④ 성문음

02 다음 중 기식을 주요 기준으로 하여 자음을 구별한 것은?

① ㅋ – ㄲ
② ㄷ – ㄸ
③ ㅂ – ㅃ
④ ㅈ – ㅉ

03 음소가 의미 구별에 관여하는 최소의 문법 단위는?

① 구
② 절
③ 문장
④ 형태소

04 다음 중 종성에서 발음될 수 <u>없는</u> 것은?

① /ㄹ/
② /ㅁ/
③ /ㅂ/
④ /ㅅ/

05 다음 중 변이음과 관련이 <u>없는</u> 것은?

① 상보적 분포
② 대립적 분포
③ 배타적 분포
④ 음성적 유사성

06 다음 중 '달 – 탈'이 최소대립쌍이 되게 하는 음소로 옳게 짝지어진 것은?

① ㄷ – ㅏ
② ㅌ – ㅏ
③ ㄷ – ㅌ
④ ㅏ – ㄹ

07 다음 중 치조폐쇄음에 해당하는 것은?

① /ㄷ, ㅌ, ㄸ/
② /ㅅ, ㅆ/
③ /ㄴ/
④ /ㄹ/

08 다음 중 불파음에 해당하는 것은?

① 초성 'ㅂ'
② 초성 'ㄷ'
③ 종성 'ㄱ'
④ 초성 'ㄱ'

09 다음 중 모음을 혀의 앞뒤 위치로 분류한 것은?

① 전설모음 – 후설모음
② 고모음 – 저모음
③ 원순모음 – 평순모음
④ 단순모음 – 이중모음

10 다음 중 w−계 이중모음이 <u>아닌</u> 것은?

① /ㅘ/
② /ㅙ/
③ /ㅞ/
④ /ㅒ/

11 다음 중 비음 'ㄴ'의 변별 자질로 옳은 것은?

① [+공명성]
② [+지속성]
③ [−비음성]
④ [+소음성]

12 다음 중 [+고음성], [+원순성] 자질을 모두 가진 음소는?

① /ㅓ/
② /ㅚ/
③ /ㅟ/
④ /ㅡ/

13 다음 중 [+긴장성] 자질과 가장 관련이 큰 것은?

① 평음
② 경음
③ 비음
④ 유음

14 다음 중 [−자음성], [+성절성] 자질을 모두 갖는 것은?

① 자음
② 모음
③ 반모음
④ 반자음

15 다음 중 한국어 단자음−장자음의 예가 <u>아닌</u> 것은?

① 가난 – 간난
② 가면 – 감면
③ 하교 – 학교
④ 벌ː(bee) – 벌(punishment)

16 다음 중 억양이 나타내는 것이 <u>아닌</u> 것은?

① 발화 의도
② 감정
③ 태도
④ 음운 현상

17 다음 설명 중 옳은 것은 무엇인가?

① 한국어에서 음의 강약은 단어의 뜻을 변별하는 기능을 갖는다.
② 강약 변화 없이 같은 어조로 이야기하면 집중력을 높일 수 있다.
③ 문어에서는 띄어쓰기가 중의성 문제를 해결한다.
④ 구어에서는 휴지가 중의성의 문제를 풀어주는 역할을 한다.

18 다음 중 음절 연결 유형이 <u>다른</u> 단어는?

① 명태
② 요구
③ 격노
④ 탐미

19 다음 설명과 관련 있는 개념은 무엇인가?

> 음절과 음절이 만났을 때 음절과 음절의 경계에서 자음과 모음, 모음과 자음, 자음과 자음이 연이어 오는 경우 충돌이 일어나는 경우가 있는데, 이런 충돌 상황을 방지하기 위해 제약으로 분류한 것이다.

① 음절 구조 제약
② 음소 배열 제약
③ 음절 배열 제약
④ 음소 구조 제약

20 다음 설명에 해당하는 음운 현상 유형은 무엇인가?

내용	음운 규칙 도식
두 음소가 서로 자리를 바꿈	AB → BA / C ___ D

① 대치
② 탈락
③ 첨가
④ 도치

21 다음 중 순행적 유음화의 예로 옳은 것은?

① 논란 → [놀란]

② 훈련 → [훌·련]

③ 달님 → [달림]

④ 대관령 → [대·괄령]

22 다음의 밑줄 친 부분과 관련된 음운 현상은?

> • 내 + 가 → 냇가[내ː까/낻ː까]
> • 코 + 등 → 콧등[코뜽/콛뜽]

① /ㄷ/ 첨가 ② /ㄴ/ 첨가

③ /j/ 첨가 ④ /w/ 첨가

23 다음 내용은 무엇에 대한 설명인가?

> 후설고모음 /u/에만 적용되던 움라우트 현상이 모음의 높이에 상관없이 모든 후설모음에 적용되게 되었다고 가정했을 때, 후설고모음을 나타내는 변별자질을 [+고모음, +후설성]에서 [+후설성]으로 단순화시킬 수 있다.

① 규칙 첨가

② 규칙 간소화

③ 규칙 상실

④ 규칙 재배열

24 음 변화의 원인 중 심리적 요인과 관계 없는 것은?

① 구조상의 불균형

② 규칙의 최대 적용

③ 이형태의 최소화

④ 조음의 경제성

주관식 문제

01 마찰음과 파찰음의 차이를 서술하시오.

02 주요 부류 자질에 대하여 서술하시오.

03 음절 말 평폐쇄음화 현상에 대해 서술하시오.

04 한국어의 통시적(역사적) 자료를 가지고 대치에 대하여 예를 들어 서술하시오.

01	02	03	04	05	06	07	08	09	10	11	12
③	④	②	②	③	①	①	④	①	④	③	①
13	14	15	16	17	18	19	20	21	22	23	24
④	②	④	②	③	②	③	①	④	④	①	③

	주관식 정답
01	조음 위치는 조음 기관의 막음이나 좁힘이 이루어지는 자리를 말하는데, 조음 위치에 따라 자음을 분류하면 양순음, 치조음, 경구개음, 연구개음, 성문음 등이 있다. 조음 방법은 조음 기관의 막음이나 좁힘이 이루어지는 방법으로, 일차적으로 장애음과 공명음으로 나뉜다. 장애음의 경우 입 안에 든 공기를 내보내는 방법에 따라 폐쇄음, 파찰음, 마찰음으로 나뉘며 비음, 유음 등은 공명음에 속한다.
02	상보적 분포, 음성적 유사성
03	격음화
04	중세 국어에서 '둏다'는 구개음화가 적용되어 '[됴타] 〉 [죠타] 〉 [조타]'가 되고, 현대 국어에서 '좋다[조타]'로 나타난다. '좋다'는 '좋아, 좋으니, 좋은'과 같이 '좋–'의 [ㅈ]는 교체형이 전혀 나타나지 않는데, 기저형이 /조/로 바뀐 것이다. 이런 경우를 재어휘화라고 한다.

01 정답 ③

연구개음(軟口蓋音, velar)은 혀의 뒷부분이 경구개보다 조금 더 뒤쪽에 위치한 입천장의 부드러운 부분(연구개)에 닿아 장애가 일어나서 발음되는 소리이다. 한국어에서 연구개음은 폐쇄음으로 나타나는데, /ㄱ, ㅋ, ㄲ, ㅇ/이 해당된다.

/ㄱ, ㅋ, ㄲ/은 혀의 뒷부분이 연구개를 완전히 막았다가 파열이 되면서 기류가 구강을 통해서 나오는 연구개구강폐쇄음이고, /ㅇ/은 폐쇄에서 지속까지의 과정은 /ㄱ, ㅋ, ㄲ/과 같지만 파열을 비강으로 시켜 기류가 비강을 통해 흘러나가도록 하는 연구개비강폐쇄음(줄여서 연구개비음)으로, 둘은 모두 폐쇄음이지만 조음 방법에서 차이가 있다.

02 정답 ④

일반적으로 자음과 모음 각각을 음소(音素, phoneme)라고 한다. 음소는 말의 의미 차이를 가져오는 가장 작은 소리의 단위이다. 운소(韻素, prosodeme)는 소리의 길이·세기·높낮이 등 음소나 음절에 얹혀 기능하는 언어 단위를 지칭한다. 음운은 원래 음소와 운소를 합쳐 이르는 용어이다. 그런데 음운론에서 음소와 운소를 주요 연구 주제로 다루면서 음소를 음운이라고 지칭하는 경우가 많아지게 되었다. 현재는 음운이 '음소' 및 '음소 + 운소' 양쪽의 뜻으로 다 사용되고 있다. 음절은 독립해서 발음할 수 있는 최소의 음성 단위로, 일반적으로 음소보다는 크고 단어보다는 작은 단위이다. 따라서 음운이 음절과 동일한 뜻으로 쓰인다는 내용은 옳지 않다.

03 정답 ②

최소대립쌍은 다른 음운 환경은 같고 비교되는 말소리 부분만 다르게 나타나는 단어들의 대립쌍이다. '달 – 딸'은 중성과 종성이 동일하게 /ㅏ/와 /ㄹ/이고 초성만 /ㄷ/, /ㄸ/으로 다르다. 반면 '강 – 콩'은 종성만 /ㅇ/으로 동일하고 초성과 중성은 각각 다르다. '밤 – 빵'과 '잠 – 종'도 각각 중성 /ㅏ/, 초성 /ㅈ/만 동일하다. 최소대립쌍이 되려면 비교 음절의 초·중·종성 중 한 음소만 다르고 나머지 음소는 동일해야 한다.

04 정답 ②

음소 /ㄷ/의 변이음은 [t˺], [d], [t˥]이다.

05 정답 ③

어말 위치에서 발음되는 자음은 /ㄱ, ㄴ, ㄷ, ㄹ, ㅁ, ㅂ, ㅇ/으로 총 7개이다.

06 정답 ①

폐쇄음의 조음은 '폐쇄 – 지속 – 파열(개방)'의 단계를 거친다.

07 정답 ①

혀의 앞뒤 입술 모양 혀의 높이	전설모음		후설모음	
	평순모음	원순모음	평순모음	원순모음
고모음	ㅣ	ㅟ	ㅡ	ㅜ
중모음	ㅔ	ㅚ	ㅓ	ㅗ
저모음	ㅐ		ㅏ	

08 정답 ④

한국어의 이중모음 중 w-계 이중모음은 철자법상으로 'ㅜ'나 'ㅗ'와 결합하는 이중모음을 말한다. 따라서 w-계에 속하는 이중모음은 /ㅘ, ㅝ, ㅙ, ㅞ/로 네 개가 있다. 그런데 /ㅟ, ㅚ/의 경우에는 단순모음으로 분류될 수도 있고 이중모음으로 분류될 수도 있기 때문에 이들도 w-계 이중모음으로 넣을 수 있다. 이들을 이중모음으로 분류한다면 w-계 이중모음은 여섯 개가 되지만, 표준 발음법 해설의 내용에 따르면 /ㅞ/와 /ㅚ/의 발음이 [we]로 같기 때문에 이들을 하나로 계산하면 /ㅘ, ㅝ, ㅙ, ㅞ(=ㅚ), ㅟ/의 다섯 개가 된다. j-계 이중모음 중 상향이중모음(rising diphthong)은 /ㅑ, ㅕ, ㅛ, ㅠ, ㅒ, ㅖ/로 총 여섯 개가 있다. 이들은 중·고등학교에서는 쉬운 이해를 위해 'ㅣ 선행모음'이라고 부르는 것들이다. j-계 이중모음에는 하향이중모음(falling diphthong)도 있는데(표준 발음법 해설 기준), 여기에는 /ㅢ/가 해당된다. 이중모음의 개수를 정리하면 w-계에는 /ㅚ, ㅟ/를 넣지 않는 경우 4개, 넣는 경우 5개(발음 기준), j-계에는 상·하향 모두 포함해서 7개가 있어 총 11개 또는 12개가 된다.

09 정답 ①

한국어 장애음(폐쇄·마찰·파찰음)의 경우에는 모두 무성음인 상태에서 기식과 긴장도의 차이에 의해 구별된다. 따라서 한국어 장애음을 이 기식과 긴장도에 의한 차이로 구별하기 위해서 [긴장성], [유기성]이라는 두 개의 변별 자질을 사용하게 된다.

10 정답 ④

[공명성]은 성대 진동이 동반되는 성질을 말하는데, 이 자질을 통해서 유성음과 무성음이 구별된다. 유성음인 비음과 유음은 [+공명성], 폐쇄·마찰·파찰음은 [-공명성]이 된다.

11 정답 ③

모음 자질	ㅣ	ㅔ	ㅐ	ㅟ	ㅚ	ㅡ	ㅓ	ㅏ	ㅜ	ㅗ
고음성	+	−	−	+	−	+	−	−	+	−
저음성	−	−	+	−	−	−	+	−	−
후설성	−	−	−	−	−	+	+	+	+	+
원순성	−	−	−	+	+	−	−	−	+	+

12 정답 ①

조음 위치 자질은 자음의 조음 위치를 구분하기 위한 자질이다. 한국어 자음의 조음 위치는 입의 앞쪽부터 양순음, 치조음, 경구개음, 연구개음, 성문음이다. 성문음을 제외하고, 양순음부터 연구개음까지의 네 개의 다른 조음 위치의 음들을 구별하기 위해서 [전방성]과 [설정성]이라는 두 개의 변별 자질이 필요하다.

※ 성문음은 구강 내에서 조음되는 자음이 아니기 때문에 위치 자질 논의에서는 제외된다.

13 정답 ④

동일한 위치에서 뜻을 변화시키지 않은 채 동일한 음소의 변이음들이 자유로이 교체되어 들어오는 현상을 '자유 변이(free variation)'라고 하는데, 다른 말로 '수의 변이(隨意 變異)'라고 하기도 한다. 한국어의 경우 모음과 모음 사이, 또는 [ㄹ]과 모음 사이에서 /ㄱ/의 변이음인 [g]와 [ɣ], /ㅂ/의 변이음인 [b]와 [β]가 자유 변이된다. 예를 들면 '먹어'의 경우 [məgə]와 [məɣə]가 자유 변이되고, '갈비'의 경우 [kalbi]와 [kalβi]가 자유 변이된다. 영어에서도 자유 변이가 나타나는데, 'stop'이란 단어를 발음할 때 마지막에 자음으로 오는 /p/를 동일 화자라도 어느 경우에는 파열을 일으키지 않는 [p˥]로, 어느 경우에는 파열을 시켜 [pʰ]로 발음한다. 이것 또한 자유 변이의 예라고 할 수 있다.

14 정답 ②

한국어에서는 음절을 이루기 위해서는 모음이 필수적으로 있어야 한다.
음절을 구성할 때 자음은 필수가 아니다.

15 정답 ④

한국어의 음절은 크게 V, CV, VC, CVC 유형으로 분류할 수 있다.
이때 C는 자음, V는 모음을 의미한다.

16 정답 ②

주어진 선지에서 2음절 단어에 해당하는 것은 '자리'이다.
① '나'는 1음절이다.
③·④ '예쁘다', '즐겁다'는 3음절이다.

17 정답 ③

일반적으로 어떤 음절에서 다른 음절에 비해 소리의 높이가 높고, 강도가 세며, 길이가 긴 것이 복합적으로 올 때 강세(stress)가 있다고 한다.

18 정답 ②

음절이라는 단위와는 상관없이 음소와 음소가 연속해서 올 때, 어떤 음소의 연결은 허용되지 않는 제약은 음소 배열 제약이다.

19 **정답** ③

[음운 현상 유형]

유형	내용	음운 규칙 도식
대치	한 음소가 다른 음소로 바뀜	A → B / C ___ D
탈락	한 음소가 없어짐	A → ∅ / C ___ D
첨가	없던 음소가 새로 끼어듦	∅ → B / C ___ D
축약	두 음소가 합쳐져 제3의 다른 음소로 바뀜	A + B → C / D ___ E
도치	두 음소가 서로 자리를 바꿈	AB → BA / C ___ D

20 **정답** ①

폐쇄음의 조음 위치 위계

연구개음(/ㄱ, ㄲ, ㅋ, ㅇ/) > 양순음(/ㅂ, ㅃ, ㅍ, ㅁ/) > 치조음(/ㄷ, ㄸ, ㅌ, ㄴ/)

21 **정답** ④

구개음화의 예시

- 굳이 → [구지]
- 곁이 → [겨치]
- 같이 → [가치]
- 기름 → [지름](방언)
- 길 → [질](방언)
- 키 → [치](방언)
- 형 → [성](방언)
- 힘 → [심](방언)

22 **정답** ④

④ '/ㄴ/ 탈락'으로, 자음과 관련된 탈락 현상에 해당한다.

① '/_/ 탈락'으로, 모음과 관련된 탈락 현상에 해당한다.

② '/ㅏ, ㅓ/ 탈락(동일모음 탈락)'으로, 모음과 관련된 탈락 현상에 해당한다.

③ '/j/ 탈락(/ㅣ/ 탈락)'으로, 모음과 관련된 탈락 현상에 해당한다.

23 **정답** ①

합류(merger)는 두 음소가 하나로 합쳐져 대립성을 잃고 하나로 통합되는 현상이다.

24 **정답** ③

어느 두 규칙이 있을 때 이 규칙의 형식과 내용은 전혀 변하지 않은 채 적용되는 순서가 달라지면서 음운 변화의 결과가 달라지는 경우, 이를 '규칙 재배열'이라고 한다.

주관식 해설

01 **정답**

조음 위치는 조음 기관의 막음이나 좁힘이 이루어지는 자리를 말하는데, 조음 위치에 따라 자음을 분류하면 양순음, 치조음, 경구개음, 연구개음, 성문음 등이 있다. 조음 방법은 조음 기관의 막음이나 좁힘이 이루어지는 방법으로, 일차적으로 장애음과 공명음으로 나눈다. 장애음의 경우 입 안에 든 공기를 내보내는 방법에 따라 폐쇄음, 파찰음, 마찰음으로 나뉘며 비음, 유음 등은 공명음에 속한다.

02 **정답**

상보적 분포, 음성적 유사성

해설

한 음소의 변이음들을 찾아낼 때는 그 변이음들이 '상보 분포(상보적 분포, complementary distribution)'에 있는지, 그리고 '음성적 유사성'이 있는지를 살펴본다.

03 정답

격음화

해설

축약에 속하는 음운 현상으로는 격음화(유기음화, 기식음화)가 있다. 축약은 자음과만 관련된 음운 현상이다.

04 정답

중세 국어에서 '둏다'는 구개음화가 적용되어 '[됴타] 〉 [죠타] 〉 [조타]'가 되고, 현대 국어에서 '좋다[조타]'로 나타난다. '좋다'는 '좋아, 좋으니, 좋은'과 같이 '좋-'의 [ㅈ]은 교체형이 전혀 나타나지 않는데, 이는 기저형이 /조/로 바뀐 것이다. 이런 경우를 재어휘화라고 한다.

해설

중세 국어에서 '둏다'는 구개음화가 적용되어 [됴타] 〉 [죠타] 〉 [조타]가 되고, 현대 국어에서 '좋다[조타]'로 나타난다. '좋다'는 '좋아, 좋으니, 좋은'과 같이 '좋-'의 [ㅈ]은 교체형이 전혀 나타나지 않는다. 즉, 원래의 기저형 /됴/가 구개음화를 겪은 후 /조/로 바뀌어 '[조] – [됴]' 교체형이 나타나는 경우가 전혀 없이 항상 /조/로만 나타난다. 이는 기저형이 /조/로 바뀐 것으로, 이런 경우를 재어휘화라고 한다.

01	02	03	04	05	06	07	08	09	10	11	12
③	①	④	④	②	③	①	③	①	④	①	③
13	14	15	16	17	18	19	20	21	22	23	24
②	②	④	④	④	②	③	④	③	①	②	④

	주관식 정답
01	마찰음은 윗조음자와 아래 조음자가 공기의 흐름에 장애를 일으킬 때 폐쇄음처럼 완전히 폐쇄하는 것이 아니라, 좁은 틈으로 공기를 빠르게 내보내면서 발생하는 마찰을 이용하여 내는 소리이다. 파찰음은 폐쇄를 형성했다가 막힌 부분을 조금만 개방하여 그 좁은 틈으로 공기가 빠르게 지나가면서 마찰음과 비슷하게 조음되는 소리이다. 마찰음은 공기가 완전히 막히는 순간이 없고, 조음하는 동안에는 계속 공깃길을 열어 놓은 상태로 공기의 흐름이 끊어져서는 안 된다는 점이 파찰음과 다르다.
02	주요 부류 자질은 분절음을 구성하는 자음과 모음, 그리고 반모음을 구분하기 위해 사용되는 변별 자질들이다. 한국어에서 자음 이외의 모음과 반모음은 모두 [−자음성] 자질을 갖고, 단독으로 음절을 구성할 수 있는 모음만 [+성절성]을 갖게 된다.
03	한국어의 음절 구조 제약 때문에 음절 말에 올 수 있는 자음은 총 7개(/ㄱ, ㄴ, ㄷ, ㄹ, ㅁ, ㅂ, ㅇ/) 뿐이다. 장애음으로서 음절 말에 올 수 없는 /ㅍ, ㅌ, ㅅ, ㅆ, ㅈ, ㅊ, ㅎ, ㄲ, ㅋ/은 음절 말에 올 수 있는 평폐쇄음인 /ㅂ, ㄷ, ㄱ/ 중 하나로 바뀌어야 한다. 나머지 장애음들이 음절 말에서 평폐쇄음으로 바뀌는 데 비해, /ㅎ/의 경우는 그 다음 음절의 초성이 /ㄴ/일 때에만 /ㄷ/으로 바뀐다.
04	대치는 한 음소가 다른 음소로 바뀌는 음운 현상이다. 국어에서 그 예로는 '(꽃이) 디다 〉 지다(구개음화)', '믈 〉 물(원순모음화)', '즐다 〉 질다(전설모음화)', '올창이 〉 올챙이(움라우트)', '구룸 〉 구름(비원순모음화)' 등이 있다.

01 정답 ③

조음 위치에 따라 자음을 분류하면 양순음(두입술소리, bilabial), 치조음(윗잇몸소리, alveolar), 경구개음(센입천장소리, palatal), 연구개음(여린입천장소리, velar), 성문음(후두음, 목청소리, glottal) 등이 있다.

02 정답 ①

한국어의 자음과 관련하여 중요한 분류 기준으로 나타나는 것이 '기식(aspiration)'과 '긴장도(tensity)'이다. 조음할 때 기식을 수반하는 소리는 유기음(기식음)이며, 기식을 수반하지 않는 소리는 무기음(경음, 평음)이다.

03 정답 ④

음소가 의미 구별에 관여하는 최소의 문법 단위는 형태소이다. 한 언어의 형태소(단어) 단위에서 한 형태소(단어)와 다른 형태소(단어)의 뜻을 구별하게 하는 역할을 하는 것이 음소이다.

여기서 단어는 형태소 중 자립할 수 있는 최소의 자립형태소이다.

04 정답 ④

음절 말에 올 수 있는 자음은 'ㄱ, ㄴ, ㄷ, ㄹ, ㅁ, ㅂ, ㅇ'으로 총 7개이다.

05 **정답** ②

한 음소의 변이음들을 찾아낼 때 그 변이음들이 '상보 분포(상보적 분포, complementary distribution)' 또는 '배타적 분포'에 있는지를 살펴보는데, '음성적 유사성'이 있는지가 '상보적 분포'에 우선한다.

06 **정답** ③

'달 – 탈'이라는 두 단어가 다른 단어가 되게 하는 중요 요소는 바로 각 단어의 초성인 'ㄷ – ㅌ'이다. 이 두 개 음소의 차이가 두 단어를 구별하게 하는 요인이 되는 것이다.

07 **정답** ①

'ㄷ, ㅌ, ㄸ'은 혀끝이 치조 부분을 막았다가 터뜨리는 치조폐쇄음이다.

08 **정답** ③

폐쇄음이 종성으로 쓰일 경우, 공기가 터지지 않은 채 발음이 끝나는 소리를 불파음(不破音)이라고 하며, 종성에서 발음되는 'ㅂ, ㄷ, ㄱ' 등이 여기에 해당된다. 초성 폐쇄음처럼 터지는 소리는 외파음(外破音)에 해당된다.

09 **정답** ①

일반적으로는 혀의 전후 위치에 의한 분류라고 하지만, 정확히 살펴보면 혀의 가장 높은 부분이 구강 내에서 앞쪽에 위치하는지, 뒤쪽에 위치하는지에 의한 분류이다. 예를 들어, /ㅣ/의 경우에는 혀의 가장 높은 부분이 앞쪽에 위치하고, /ㅜ/의 경우에는 혀의 가장 높은 부분이 뒤쪽에 위치한다.

10 **정답** ④

w-계에 속하는 것들은 /ㅘ, ㅝ, ㅙ, ㅞ/로 네 개가 있다. 여기에 더해 /ㅟ, ㅚ/를 w-계 이중모음으로 분류한다면 여섯 개가 되지만, 표준 발음법 해설의 내용에 따라 /ㅞ/와 /ㅚ/를 하나로 계산하면 /ㅘ, ㅝ, ㅙ, ㅞ(=ㅚ), ㅟ/의 다섯 개가 된다. /ㅒ/는 j-계 이중모음에 해당한다.

11 **정답** ①

비음 'ㄴ'의 변별 자질은 [+공명성], [−지속성], [+비음성], [−소음성]이다.

12 **정답** ③

'ㅟ'의 변별 자질은 [+고음성], [+원순성], [−저음성], [−후설성]이다.

13 **정답** ②

경음은 [+긴장성], [−유기성] 자질을 갖는다.

14 **정답** ②

모음은 [−자음성], [+성절성] 자질을 모두 갖는다.

15 **정답** ④

'벌:(bee) – 벌(punishment)'은 장모음–단모음의 예이다.

16 **정답** ④

억양은 화자의 발화 의도나 감정, 태도 등을 나타낸다.

17 정답 ④

④ 구어에서는 휴지를 통해서 중의성의 문제를 해결할 수 있다.

① 한국어에서 음의 강약은 어떤 단어나 문장의 뜻을 변별하는 기능을 갖지는 않는다.

② 음의 강약은 연설이나 강의 등에서도 그 기능을 하는데, 강약의 변화 없이 같은 어조로 이야기나 연설을 계속하면 청자의 집중력은 떨어지게 된다.

③ 문어에서는 쉼표를 넣음으로써 중의성의 문제를 해결할 수 있다.

18 정답 ②

①, ③, ④는 자음과 자음, ②는 모음과 자음으로 연결되었다.

19 정답 ③

음절과 음절이 만났을 때, 음절과 음절의 경계에서 자음과 모음, 모음과 자음, 자음과 자음이 연이어 오는 경우 충돌이 일어나는 경우가 있다. 이런 충돌 상황을 방지하기 위해 이를 제약으로 분류한 것이 음절 배열 제약이다.

20 정답 ④

도치는 공시적으로는 나타나지 않고 통시적으로만 나타난다. 그 예로는 '하야로비 > 해오라기', '뱃복 > 배꼽'을 들 수 있다.

[음운 현상 유형]

유형	내용	음운 규칙 도식
대치	한 음소가 다른 음소로 바뀜	A → B / C ___ D
탈락	한 음소가 없어짐	A → ø / C ___ D
첨가	없던 음소가 새로 끼어듦	ø → B / C ___ D
축약	두 음소가 합쳐져 제3의 다른 음소로 바뀜	A + B → C / D ___ E
도치	두 음소가 서로 자리를 바꿈	AB → BA / C ___ D

21 정답 ③

순행적 유음화는 앞말의 받침 /ㄹ/의 영향을 받아 뒷말의 초성 /ㄴ/이 /ㄹ/로 바뀌는 현상이다. '달님'은 뒷말 '님'의 초성 /ㄴ/이 앞말 '달'의 받침 /ㄹ/의 영향을 받아 /ㄹ/로 바뀌어 [달림]으로 발음되므로 순행적 유음화의 예로 적절하다.

①, ②, ④는 모두 앞말의 받침 /ㄴ/이 뒷말의 초성 /ㄹ/의 영향을 받아 /ㄹ/로 바뀌는 역행적 유음화의 예이다.

22 정답 ①

순우리말로 된 합성어나 순우리말과 한자어로 된 합성어에서 앞말이 모음으로 끝나고, 뒷말의 첫소리가 된소리로 나면 사이시옷을 받치어 적는다. 이때 뒤에 오는 말의 초성이 경음화되려면 앞 음절의 받침으로 평폐쇄음이 오는 것이 자연스럽다. 이에 따라 /ㄷ/ 소리를 첨가(철자법상으로는 사이시옷 첨가)하여 발음하는 것도 허용되는데, 이처럼 /ㄷ/을 첨가하여 발음하는 것이 /ㄷ/ 첨가이다.

23 정답 ②

규칙 간소화는 음운 규칙 요소들의 세부적인 내용(specification)이 간소화되는 것이다.

24 정답 ④

조음의 경제성은 언어 내적 요인과 관계가 있다.

주관식 해설

01 **정답**

마찰음은 윗조음자와 아래 조음자가 공기의 흐름에 장애를 일으킬 때 폐쇄음처럼 완전히 폐쇄하는 것이 아니라, 좁은 틈으로 공기를 빠르게 내보내면서 발생하는 마찰을 이용하여 내는 소리이다. 파찰음은 폐쇄를 형성했다가 막힌 부분을 조금만 개방하여 그 좁은 틈으로 공기가 빠르게 지나가면서 마찰음과 비슷하게 조음되는 소리이다. 마찰음은 공기가 완전히 막히는 순간이 없고, 조음하는 동안에는 계속 공깃길을 열어 놓은 상태로 공기의 흐름이 끊어져서는 안 된다는 점이 파찰음과 다르다.

02 **정답**

주요 부류 자질은 분절음을 구성하는 자음과 모음, 그리고 반모음을 구분하기 위해 사용되는 변별 자질들이다. 한국어에서 자음 이외의 모음과 반모음은 모두 [−자음성] 자질을 갖고, 단독으로 음절을 구성할 수 있는 모음만 [+성절성]을 갖게 된다.

03 **정답**

한국어의 음절 구조 제약 때문에 음절 말에 올 수 있는 자음은 총 7개(/ㄱ, ㄴ, ㄷ, ㄹ, ㅁ, ㅂ, ㅇ/) 뿐이다. 장애음으로서 음절 말에 올 수 없는 /ㅍ, ㅌ, ㅅ, ㅆ, ㅈ, ㅊ, ㅎ, ㄲ, ㅋ/은 음절 말에 올 수 있는 평폐쇄음인 /ㅂ, ㄷ, ㄱ/ 중 하나로 바뀌어야 한다. 나머지 장애음들이 음절 말에서 평폐쇄음으로 바뀌는 데 비해, /ㅎ/의 경우는 그 다음 음절의 초성이 /ㄴ/일 때에만 /ㄷ/으로 바뀐다.

04 **정답**

대치는 한 음소가 다른 음소로 바뀌는 음운 현상이다. 국어에서 그 예로는 '(꽃이) 디다 > 지다(구개음화)', '플 > 물(원순모음화)', '즐다 > 질다(전설모음화)', '올창이 > 올챙이(움라우트)', '구룸 > 구름(비원순모음화)' 등이 있다.

SD에듀와 함께, 합격을 향해 떠나는 여행

년도 전공심화과정
인정시험 답안지(주관식)

전공분야

성명

★ 수험생은 수험번호와 응시과목 코드번호를 표기(마킹)한 후 일치여부를 반드시 확인할 것.

과목코드

| ① ② |
| ① ② ③ ④ ⑤ ⑥ ⑦ ⑧ ⑨ ⑩ |
| ① ② ③ ④ ⑤ ⑥ ⑦ ⑧ ⑨ ⑩ |
| ① ② ③ ④ ⑤ ⑥ ⑦ ⑧ ⑨ ⑩ |
| ① ② ③ ④ ⑤ ⑥ ⑦ ⑧ ⑨ ⑩ |

교시코드

① ② ③ ④

수험번호

	① ② ③ ④ ⑤ ⑥ ⑦ ⑧ ⑨ ⓪
	① ② ③ ④ ⑤ ⑥ ⑦ ⑧ ⑨ ⓪
	① ② ③ ④ ⑤ ⑥ ⑦ ⑧ ⑨ ⓪
	① ② ③ ④ ⑤ ⑥ ⑦ ⑧ ⑨ ⓪
1	① ② ③ ④ ⑤ ⑥ ⑦ ⑧ ⑨ ⓪
—	—
1	① ② ③ ④ ⑤ ⑥ ⑦ ⑧ ⑨ ⓪
—	—
3	① ② ● ④

응시과목

번호	※1차점수	※1차채점	응시과목	※2차확인	※2차채점	※2차점수
1	⓪ ① ② ③ ④ ⑤ ⑥ ⑦ ⑧ ⑨ ⑩					⓪ ① ② ③ ④ ⑤ ⑥ ⑦ ⑧ ⑨ ⑩
2	⓪ ① ② ③ ④ ⑤ ⑥ ⑦ ⑧ ⑨ ⑩					⓪ ① ② ③ ④ ⑤ ⑥ ⑦ ⑧ ⑨ ⑩
3	⓪ ① ② ③ ④ ⑤ ⑥ ⑦ ⑧ ⑨ ⑩					⓪ ① ② ③ ④ ⑤ ⑥ ⑦ ⑧ ⑨ ⑩
4	⓪ ① ② ③ ④ ⑤ ⑥ ⑦ ⑧ ⑨ ⑩					⓪ ① ② ③ ④ ⑤ ⑥ ⑦ ⑧ ⑨ ⑩
5	⓪ ① ② ③ ④ ⑤ ⑥ ⑦ ⑧ ⑨ ⑩					⓪ ① ② ③ ④ ⑤ ⑥ ⑦ ⑧ ⑨ ⑩

답안지 작성시 유의사항

1. ※란은 표기하지 말 것.
2. 수험번호 (2)란, 과목코드, 교시코드는 반드시 컴퓨터용 싸인펜으로 표기할 것
3. 교시코드는 문제지 전면의 교시를 해당란에 컴퓨터용 싸인펜으로 표기할 것.
4. 답란은 반드시 흑·청색 볼펜 또는 만년필을 사용할 것. (연필 또는 적색 필기구 사용불가)
5. 답안을 수정할 때에는 두줄(=)을 긋고 수정할 것.
6. 답란이 부족하면 해당답란에 "뒷면기재"라고 쓰고 뒷면 '추가답란'에 문제번호를 기재한 후 답안을 작성할 것.
7. 기타 유의사항은 객관식 답안지의 유의사항과 동일함.

※ 감독관 확인란
인

절취선

참고문헌

- 강범모, 『언어, 풀어쓴 언어학 개론(개정판 3판)』, 한국문화사, 2010.
- 국립국어원, https://www.korean.go.kr/
- 김선철, 『국어 억양의 음운론』, 경진문화사, 2005.
- 김성규・정승철, 『소리와 발음』, 한국방송통신대학교출판부, 2008.
- 박시균, 「한국어 용언 어간 말 자음군의 발음연구: 서울경기지역과 충남지역 출신의 20대 화자를 중심으로」, 『언어연구』 26-4, 791-816, 2011.
- 박시균, 『한국어 음성 음운 교육론』, 한국문화사, 2013.
- 박시균, 「한국어 음운과정에의 의존음운론 적용」, 『언어연구』 5, 1-39, 1992.
- 박시균・오종철・강영숙, 『데이터와 함께하는 언어학습과 사회통합』, 한국문화사, 2017.
- 배주채, 『국어음운론 개설(제3판)』, 신구문화사, 2018.
- 배주채, 『국어 음운론의 체계화』, 한국문화사, 2008.
- 배주채, 『한국어의 발음』, 삼경문화사, 2003.
- 신지영, 『말소리의 이해(개정판)』, 한국문화사, 2022.
- 신지영, 『우리말 소리의 체계』, 한국문화사, 2003.
- 신지영, 『한국어의 말소리』, 박이정, 2016.
- 유필재, 『서울방언의 음운론』, 도서출판 월인, 2006.
- 이기문, 『국어사개설』, 탑출판사, 1972.
- 이기문・김진우・이상억, 『국어음운론』, 학연사, 2006.
- 이숭녕, 『조선어음운론연구』, 을유문화사, 1949.
- 이숭녕, 『국어음운론연구』, 을유문화사, 1954.
- 이진호, 『국어음운론강의』, 삼경문화사, 2005.
- 이진호, 『국어 음운론 강의(개정 증보판)』, 집문당, 2021.
- 이현복, 『한국어의 표준발음』, 교육과학사, 1998.
- 이현복, 『한국어 발음의 이론과 실용』, 한국학술정보, 2011.
- 이호영, 『국어운율론』, 한국연구원, 1997.
- 이호영, 『국어음성학』, 태학사, 1996.
- 최명옥, 『국어음운론(제2판)』, 태학사, 2008.

- Clark, J. & Yallop, C., 『An Introduction to Phonetics and Phonology』, Oxford: Basil Blackwell, 1990.

- Cruttenden, A., 『Intonation. Cambridge』, Cambridge University Press, 1986.

- Hyman L. M., 『Phonology: Theory and Analysis』, New York: Holt, Rinehart and Winston, 1975.

- Johnson, K., 『Acoustic & Auditory Phonetics』, Cambridge: Blackwell Publishers Inc, 1997.

- Ladefoged, P., 『A Course in Phonetics』 Fourth Edition, Orlando: Harcourt Inc., 2001.

- Ladefoged, P., 『A Course in Phonetics』 Fifth Edition, Boston: Thomson Wadsworth, 2006.

- Lee, H.-B. & Park, S.-G., 「What is the relationship between L1 Phonological system and L2 sound acquisition?」, 『Eoneohak(언어학)』 25, 229-246, 1999.

- Park, S.-G., 「Australian English Pronunciation Acquisition by Korean and Japanese Learner of English」, Ph.D Thesis. The University of Queensland., 1997.

SD에듀 독학사 국어국문학과 3단계 국어음운론

초 판 발 행	2024년 01월 10일 (인쇄 2023년 11월 15일)
발 행 인	박영일
책 임 편 집	이해욱
저 자	박시균
편 집 진 행	송영진 · 김다련
표지디자인	박종우
편집디자인	차성미 · 윤준호
발 행 처	(주)시대고시기획
출 판 등 록	제10-1521호
주 소	서울시 마포구 큰우물로 75 [도화동 538 성지 B/D] 9F
전 화	1600-3600
팩 스	02-701-8823
홈 페 이 지	www.sdedu.co.kr

I S B N	979-11-383-5640-4 (13710)
정 가	22,000원